大学生
心理健康教育

主　编　龚娴静

参　编　徐维玮　傅俏俏　吴佳清

厦门大学出版社　国家一级出版社
XIAMEN UNIVERSITY PRESS　全国百佳图书出版单位

图书在版编目(CIP)数据

大学生心理健康教育/龚娴静主编. —厦门:厦门大学出版社,2017.8(2018.9 重印)
ISBN 978-7-5615-6567-4

Ⅰ.①大… Ⅱ.①龚… Ⅲ.①大学生-心理健康-健康教育 Ⅳ.①B844.2

中国版本图书馆 CIP 数据核字(2017)第 140820 号

出 版 人	郑文礼
策划编辑	张佐群
责任编辑	郑 丹
封面设计	蒋卓群
技术编辑	许克华

出版发行　厦门大学出版社

社　　址	厦门市软件园二期望海路 39 号
邮政编码	361008
总 编 办	0592-2182177　0592-2181406(传真)
营销中心	0592-2184458　0592-2181365
网　　址	http://www.xmupress.com
邮　　箱	xmupress@126.com
印　　刷	厦门市明亮彩印有限公司

开本	787mm×1092mm　1/16
印张	13.25
字数	306 千字
版次	2017 年 8 月第 1 版
印次	2018 年 9 月第 3 次印刷
定价	35.00 元

本书如有印装质量问题请直接寄承印厂调换

厦门大学出版社
微信二维码

厦门大学出版社
微博二维码

前　言

　　21 世纪的科技发展愈加迅速,人才竞争愈加激烈。而高效率、快节奏的学习和生活,日趋复杂的人际关系,观念多元化的冲击,对人才的整体素质,特别是心理素质提出了更新、更高、更全面的要求。这必然要求大学生具备更强的心理应变能力和自我调控能力。由于大学生心理上尚未完全成熟,面对压力,往往无法应对,表现出许多心理不适应甚至心理障碍,影响了大学生的生活、学习和成长。

　　编者针对大学生群体普遍又突出的问题,如对新的学习环境与任务的适应问题、对专业的选择与学习的适应问题、理想与现实的冲突问题、人际关系的处理问题、恋爱中的矛盾问题以及对未来职业的选择问题等,编写了此书,以期帮助他们解决心理发展过程中和日常生活中经常遇到的困惑,提升大学生心理素质,使他们全面、充分、和谐、主动地适应发展的需求。

　　在本书的体例安排上,设置了"心理故事""心理测试""经典实验""身边案例""知识链接""推荐阅读""思考题"等栏目,内容通俗易懂,具有较强的可读性和可操作性。

　　本书的编写分工如下:龚娴静编写第一章、第五章,徐维玮编写第二章、第三章,傅俏俏编写第四章、第八章,吴佳清编写第六章、第七章。全书由龚娴静负责统稿。

　　本书在编写过程中参考和借鉴了同行、前辈的相关资料,在此向原作者表示衷心的感谢!同时,感谢学校教务处、学生处的领导、同事在本书编写过程中给予的大力支持。

　　大学生心理健康教育是一项系统的工程,需要教育者、管理者付出真诚的热情和努力。但愿本教材的编写能够抛砖引玉,为我校心理健康教育工作打开一片新的天地。由于编者的水平、能力有限,书中难免存在疏漏和不当之处,恳请同仁和读者不吝赐教。

编　者

2017 年 5 月

目　录

第一章　揭开心理学的面纱

——心理健康导论

如果没有健康,智慧就难以表现,文化无从施展,力量不能战斗,财富变成废物,知识无法利用。

——赫拉克利特

▶ **本章导读**

本章简述了心理健康的概念、标准以及大学生心理健康的意义,探讨了大学生心理健康的现状,大学生常见的心理困扰、心理障碍及其影响因素,介绍了大学生心理咨询的原则、类型和主要方法,引导大学生主动寻求心理咨询的帮助。

第一节　心理健康概述

一、心理健康的概念

随着社会的发展和人类对自身认识的深化,人们对健康概念的认识日趋丰富和完善。在现代社会中,健康不仅指生理健康,还包括心理健康、社会适应,三者的和谐统一构成了健康的基础。心理健康的标准是动态的,不同年龄层次、不同文化背景、不同时代具有不同的标准。

(一)世界卫生组织对健康的定义

1948年,世界卫生组织(简称 WHO)成立时,在宪章中把健康定义为:"健康乃是一种生理、心理和社会适应都日臻完满的状态,而不仅仅是没有疾病和虚弱的状态。"1977年,恩格尔在《科学》杂志上发表了一篇著名的论文,在该论文中他提出了一个基本的假设:健康和疾病是生物、心理、社会因素相互作用的结果,即生物—心理—社会模式。这立即在医学和健康领域产生了广泛的影响,导致单纯生物医学模式转向了当代生物—心理—社会医学模式。与此相一致,1989年,WHO 又将健康的定义修改为:"健康不仅仅是身体没有缺陷和疾病,而是身体上、精神上和社会适应上的完好状态。"WHO 还提出了健康的十条标准:

(1)有充沛的精力,能从容不迫地担负日常工作和生活而不感到疲劳和紧张;

(2)态度积极,勇于承担责任,不论事情大小都不挑剔;

(3)精神饱满,情绪稳定,善于休息,睡眠良好;

(4)能适应外界环境的各种变化,应变能力强;

(5)自我控制能力强,善于排除干扰;

(6)体重适当,身体匀称,站立时头、肩、臂的位置协调;

(7)眼睛炯炯有神,善于观察,眼睑不发炎;

(8)牙齿洁净,无空洞,无痛感,无出血现象,牙齿和牙龈颜色正常;

(9)头发有光泽,无头屑;

(10)肌肉和皮肤富有弹性,走路轻松协调。

(二)心理健康的概念

1946 年,第三届国际心理卫生大会指出,心理健康是指:"身体、智力、情绪十分协调;适应环境,在人际交往中能彼此谦让;有幸福感;在工作和职业中能充分发挥自己的能力,过有效率的生活。"国内外许多学者从各自关注的不同角度对心理健康进行了论述,但迄今为止,对于什么是心理健康还没有一个统一的、公认的定义。

我们认为,心理健康是指一种生活适应良好的状态。心理健康包括两层含义:一是无心理疾病,这是心理健康的最基本条件,心理疾病包括各种心理与行为异常的情形;二是具有一种积极发展的心理状态,即能够维持自己的心理健康,主动减少问题行为和解决心理困扰。

(三)身心关系

现代行为医学和心理学研究都发现:身体健康与心理健康之间有着密切的交互作用。生理状况的变化,会引起心理(认知、情绪和行为)的相应改变,对心理状况产生影响。同样,心理因素(如思维方式、情绪状态、行为模式、个性特征等)也会影响身体的健康状态。身心是紧密联系、相互作用的。同时,人的社会适应情况又与身心健康状况相互影响。

1.身体健康状况对心理健康状况的影响

(1)身体亚健康会导致心理亚健康。

身体在亚健康状态下,个体虽然没有明显的身体疾病,但也会出现身体、心理不健康的情况。身体方面主要表现为疲劳、乏力、失眠、头晕、心悸等;心理方面主要表现为情绪低落、精神紧张、焦虑、空虚、记忆力下降、反应迟钝、人际关系紧张、家庭关系不和谐等。

(2)疾病会打破心理的平衡。

任何疾病都会打破一个人身体和心理原有的平衡状态。病人在感受躯体不适的同时,也会引发一些心理反应,如害怕、焦虑、无助、怀疑、挫折感、忧郁等,这些反应会干扰人体的正常生理功能,引起高级神经活动机能失调,不但对疾病的康复不利,还会影响心理健康。临床实践证实,疾病心理反应如不能有效调解,会成为一种重要的心理致病因素,诱发新的躯体疾病。

(3)生理周期影响人的情绪状态。

机体有其自身的生理节律,在生命过程中,从分子、细胞到机体各个层次上都有明显的时间周期现象。主要包括以24小时为周期的昼夜节律和以月为周期的生殖周期,这些周期性的变化会引起神经和内分泌的相应变化,并引起一定的情绪反应,对女性来说,月经周期对心理的影响尤为明显,月经周期在引起女性生理不适的同时,也会使女性的情绪呈现周期性的波动。研究发现,女性的情绪在中期最为乐观,自信心最强,而在行经期和经期前期则往往伴随无助、焦虑、敌意和渴望关爱等情绪,变得沮丧、烦躁等。男性也有生理周期,大约28天为一个周期,其间会出现情绪低落、浑身乏力、食欲不振、喜怒无常、悲观不自信等一些非常态表现。

2.心理状态对身体健康的影响

心理因素也会对身体健康产生影响,主要体现在情绪状态、生活习惯、致病行为模式以及社会支持等方面:

(1)情绪状态影响身体健康。

心理因素对身体健康的影响主要通过情绪起作用。现代医学认为,良好的心理状态和情绪有助于分泌有益于健康的激素酶和乙酸胆碱等,可调节机体至最佳状态,提高机体免疫力。而不良的心理状态和情绪,如长期的愤怒、抑郁、焦虑、痛苦、恐惧,可导致免疫系统功能失调,体质下降,引起多种疾病的发生,许多躯体疾病都是由心理因素直接或间接引起的,这类疾病称为身心疾病,如冠心病、原发性高血压、消化性溃疡、支气管哮喘、偏头疼等。

(2)不良生活习惯影响身体健康。

生活习惯与健康有着密切的关系,美国营养学专家在研究中发现,具有良好生活习惯的中年人的平均期望寿命比缺乏良好生活习惯的同龄人高53%,有利于健康的生活习惯包括:生活规律、坚持锻炼、营养适当、饮食合理、不吸烟、不酗酒、适应环境等,不利于健康的生活习惯包括:劳逸无度、嗜烟、饮酒过量、饮食无节、药物滥用、不参加体育活动或骤然活动过量等。

(3)致病性行为模式会产生相应的躯体疾病。

行为模式是个性特点和生活方式的外在典型表现,致病性的行为模式,是指与特异性疾病的发生有密切关系的行为模式,目前医学上主要研究的是A型行为模式和C型行为模式。A型行为模式的表现为:个性强、抱负过高、竞争意识强烈、固执、好争辩、说话带有攻击性、急躁、紧张、好冲动、大声说话、做事快、走路快、说话快、总是匆匆忙忙、富敌意、具有攻击性等,其冠心病的发生率、复发率和死亡率较高。C型行为模式是一种与癌症发生有关的行为模式,表现为个体面对不愉快的、压力大的事情时,压抑自己的情绪,过分地忍让、谦虚,过分依从社会、回避矛盾,容易生闷气。

(4)社会支持影响身体健康。

社会支持是人与人之间积极的有意义的联结。社会支持对健康具有普遍的增益作用,它帮助我们维持良好的情绪体验和身心状况,有益于身心健康。除此之外,它还能在我们面临困难或威胁时发挥保健作用,缓冲压力事件对身心状况的消极影响。

·【经典实验】·

我们只需要一样东西让我们快乐 ◎

持续了75年的哈佛授权研究是历史上进行过的最具广度和深度的实验之一——对268位来自1938—1940届的哈佛男大学生(现在他们正好迈入他们的90岁)用大约75年的时间定期收集他们生活的各种层面的数据,结果表明,爱真的就是一切,只要有爱,我们就能幸福与快乐。

研究的长期负责人、精神病学家乔治对《赫芬顿邮报》说起两种幸福:"一种是爱。另外一种是寻找一个适合生活的方法,不会把爱拒之门外。"举个例子,在刚开始这项研究的时候,一个被试在未来所有方面的稳定性的评分都是最低分,也尝试过自杀,但是在他生命最后的日子,他是最幸福的人之一。为什么? 就像乔治所解释的那样,"他用他的一生去寻找爱,并最终找到了它"。

二、大学生心理健康的标准

大学生的普遍年龄在18～25岁,从心理学的观点来看,正处于青年中期。大学生的心理具有青年中期的许多特点,但作为一个特殊群体,大学生又不能完全等同于社会上的青年。心理是否健康一般采用量表测量,其标准不是固定不变的。心理健康标准随着时代变迁、文化背景变化而变化。根据我国大学生的实际情况,评判大学生的心理健康水平应根据以下几个标准着重考虑:

(一)智力正常

智力是人的观察力、注意力、记忆力、想象力、思维力、创造力及实践活动能力等的综合,包括在经验中学习或理解的能力、获得和保持知识的能力、迅速而成功地对新情境做出反应的能力、运用推理有效地解决问题的能力等。这是大学生学习、生活与工作的基本心理条件,也是适应周围环境变化所必需的心理保证。因此,衡量大学生的智力是否正常,关键在于其是否正常地、充分地发挥了自我效能:有没有强烈的求知欲,是否乐于学习,是否能够积极参与学习活动。

(二)情绪健康

情绪健康的标志是情绪稳定和心情愉快。包括的内容有:愉快情绪多于负性情绪,乐观开朗,富有朝气,对生活充满希望;情绪较稳定,善于控制与调节自己的情绪,既能克制又能合理宣泄自己的情绪,情绪的表达既符合社会的要求又符合自身的需要,在不同的时间和场合有恰如其分的情绪表达;情绪反应与环境相适应,反应的强度与引起这种情绪的环境相符合。

(三)意志健全

意志是人在完成一种有目的的活动时进行的选择、决定与执行的心理过程。意志健全者在行动的自觉性、果断性、顽强性和自制力等方面都表现出较高的水平。意志健全的大学生在各种活动中都有自觉的目的性,能适时地做出决定并运用切实有准备的方式解决所遇到的问题,在困难和挫折面前,能采取合理的反应方式,能在行动中控制情绪并言而有信,而不是行动盲目、畏惧困难、顽固执拗。

(四)人格完整

人格是个体比较稳定的心理特征的总和。人格完善就是指有健全统一的人格,个人的所想、所说、所做都是协调一致的。人格完善包括人格结构的各要素完整统一,具有正确的自我意识,不产生自我同一性混乱,以积极进取的人生观作为人格的核心,并以此为中心把自己的需要、目标和行动统一起来。

(五)自我评价正确

正确的自我评价是大学生心理健康的重要条件,大学生在进行自我观察、自我认定、自我判断和自我评价时,能做到自知,恰如其分地认识自己,摆正自己的位置,既不以自己在某些方面高于别人而自傲,也不以某些方面低于别人而自卑,面对挫折与困境,能够自我悦纳,喜欢自己,接受自己,自尊、自强、自制、自爱适度,正视现实,积极进取。

(六)人际关系和谐

良好而深厚的人际关系,是事业成功与生活幸福的前提。其表现为:乐于与人交往,既有广泛而深厚的人际关系,又有知心朋友;在交往中保持独立而完整的人格,有自知之明,不卑不亢;能客观评价别人和自己,善取人之长补己之短,宽以待人,乐于助人,积极的交往态度多于消极态度,交往动机端正。

(七)社会适应正常

个体应与客观现实环境保持良好秩序,既要进行客观观察以取得正确认识,以有效的办法应付环境中的各种困难,不退缩,又要根据环境的特点和自我意识的情况努力进行协调,或改变环境适应个体需要,或改造自我适应环境。

(八)心理行为符合大学生的年龄特征

大学生是处于特定年龄阶段的特殊群体,大学生应具有与年龄和角色相适应的心理行为特征。

正确理解大学生心理健康的标准应重视以下几个方面:

1. 标准的相对性

事实上,大学生心理健康与不健康也并无明显界限,而是一个连续化的过程,如将正常比作白色,将不正常比作黑色,那么在白色与黑色之间存在着一个巨大的缓冲区域——灰色区,世间大多数人都散落在这一区域内。这说明,对多数大学生而言,在人生的发展过程中面临心理问题是正常的,不必大惊小怪,应积极加以矫正。与此同时,个体灰色区域也是存在的,大学生应提高自我保健意识,及时进行自我调整。人的健康状态的活动是一个发展的问题,当一个人产生了某种心理障碍并不意味着将永远保持。在心理上形成心理冲突是非常正常的,而且是可以自行解决的。

2. 整体协调性

把握心理健康的标准,应以心理活动为本考察其内外关系的整体协调性。从心理过程看,健康的人的心理活动是一个完整统一的协调体,这种整体协调保证了个体在反映客观世界的过程中的高度准确性和有效性。事实表明,认识是健康心理结构的起点,意志行为是人格面貌的归宿,情感是认识与意志之间的中介因素。从心理结构的几个方面看,一旦它们不能符合规律地进行协调运作时,就可能产生一系列的心理困扰或问题。从个性角度看,每个人都有自己长期形成的稳定的个性心理,一个人的个性在没有明显的、剧烈的外部因素影响下是不会轻易发生变化的。从个体与群体的关系看,每个人在其现实性上可划分成不同的群体,不同群体间的心理健康标准是有差异的。

3. 发展性

事实上,不健康的心理可能是人的发展中不可避免的发展性问题,随着个体的心理成长而逐渐调整并趋于健康。

·【心理故事】·

天下只三件事

一件是自己的事,诸如上不上班、吃什么东西、开不开心、结不结婚、要不要帮助别人……自己能安排的事皆属之。

一件是别人的事,诸如小张好吃懒做、小陈婚姻不幸福、老李对我不满意、我帮助别人但别人不感激……别人主导的事情皆属之。

一件是老天爷的事,诸如会不会刮风、地震、发生战争……人的能力范围以外的事情,都属于老天爷管辖的范围。

人的烦恼就是来自:忘了自己的事,爱管别人的事,担心老天爷的事……

要轻松自在很简单:打理好自己的事,不去管别人的事,别操心老天爷的事。

三、大学生心理健康的意义

(一)心理健康是时代发展的要求

当代大学生面临着新世纪的挑战。未来的社会,世界范围内国家间的竞争就是综合国力的竞争,实质上是科学技术的竞争,归根到底是人才的竞争。科技的发展,经济的振兴,乃至整个社会进步都取决于人才素质的提高和合格人才的培养。心理素质是人才素质、系统中的基础,同时又渗透在思想道德素质、科学文化素质、职业素质之中。21世纪的竞争拼的就是人才的心理素质,谁拥有具备良好心理素质的年轻一代,谁就拥有了未来,而心理健康是良好心理素质的基本要求。心理健康教育的目标是提高全体大学生的心理素质,优化每一个学生的人格,帮助学生解决成长发展中的各种困惑及问题,增强适应现代社会生活的能力,开发个体心理潜能,提高心理健康水平,使全体学生都能得到全面发展。由于21世纪对人才的素质要求更高、更全面,与以往任何时期相比,当代大学生更需要心理健康的指导和锻炼。

(二)心理健康是大学阶段的成长课题

大学阶段是人才成长发展的重要阶段,大学生是高级人才的预备队。心理学家的研究证明,大学阶段是掌握专业知识技能和个人自我发展完善的重要时期,两大任务并驾齐驱,缺一不可。自我发展涉及的领域很宽,包括自我评价、社会适应、人际交往、情绪管理、挫折应对、科学思维、团队合作、婚恋态度、潜能开发、求职择业等,重视的是个人全面、健康而均衡的发展。但是,从个体发展的角度看,大学生正处于青年期向成年期的转变阶段,这一发展特点决定了大学生活将是个体逐渐走向成熟、走向独立的重要历程。大学期间,每一个学生都将面临一系列的人生重大课题,如专业知识储备、智力潜能开发、个性品质优化、思想道德修养、求职择业准备、交友恋爱等,而这些人生课题的完成,与大学生的心理健康有着密切的关系。进入大学后,面对生活和环境的新变化,大学生中适应不良的现象很容易出现。虽然学校的心理咨询机构和老师会尽力帮助,但服务面毕竟有限。为了帮助更多学生成长,促进其心理发展,心理健康的知识普及显得非常重要。

(三)大学生的心理健康关系国家的未来

大学生的心理健康不仅关系到大学生个人的成长,也关系到民族素质的提高,更关系到社会主义一代新人的培养,也是社会主义精神文明建设的一个重要方面。因为崇高的理想、良好的修养、和谐的人际关系是一个人心理健康的重要标志。此外,随着我国现代化工业的发展,经济飞速发展,科学技术日新月异,竞争不断加剧,人们的生活和工作节奏大大加快,各种外部刺激越来越多,对人们心身健康造成的威胁、危害也越来越大。在迅速变化的时代,所有青年人都不可避免地要面对充满矛盾的人生,每个人都注定会产生许多心理的困扰。因此,认清客观形势,确立人生目标,肩负民族振兴使命,认真刻苦学习,脚踏实地地实践,培养良好人格,促进心理健康,使自己的生命充满希望和活力,就成了每个大学生的目标。

第二节　大学生常见心理问题及其识别

一、大学生常见的心理冲突

(一)理想与现实的冲突

大学生对未来有自己的设想,一般理想比较高,希望将来能发挥自己的才能,成为对社会有用之人。有的同学立志成为"帅才"或"特才",然而,在现实生活中往往难以找到实现理想的途径;有的同学面对前进道路上的障碍没有信心和方法;有的学生只有美好的向往而没有切实的行动;有的眼高手低,不喜欢"从我做起,从小事做起",只想做大事并一鸣惊人,这就必然会产生理想与现实的冲突。

(二)情绪与理智的冲突

大学生的情绪是丰富而动荡的,往往容易激动、兴奋,或者容易转向反面而消沉、失望。特别在挫折面前,情绪容易走向极端。其原因是心理发育相对滞后,往往从经验直觉出发评价自己和周围的事情,以个人的情趣、好恶为标准处理事务。但大学生渴望成熟,渴望像成人一样稳健地处理所发生的事情,这就必然产生情绪与理智的冲突。

(三)独立与依赖的冲突

从中学进入大学,伴随着生理逐渐成熟,反映在心理上,则增强了独立的倾向,独立意识、自我意识大大加强。他们渴望摆脱家庭和老师的束缚。但是,大学生还处于学习阶段,经济上必须依赖父母的供给,而且缺乏独立生活的经验,还不能真正依靠自己的力量来独立解决生活中遇到的一些问题,不能恰当对待社会交往中的各种关系,一时难以摆脱对家庭、老师的依赖,不可避免地造成了独立与依赖的矛盾。

(四)乐群与防范的冲突

大学生远离亲人,渴望交友,乐于群体活动,但大学新生相处的时间较短,一时难以建立心贴心的真情与友谊,在与他人的交往中,总是带有试探和防范的心理,这就产生了乐群与防范的矛盾。大学生经常感叹接触的人很多,信得过的人却很少,同学很多,知心朋友却很少。

(五)求知与识短的冲突

大学生思想活跃,思维敏捷,求知欲强,渴望成才,但由于他们的社会阅历浅,生活经验匮乏,认识、理解、分析问题的能力较差,常常以自己的好恶判断是非曲直,决定取舍,缺乏全面、辩证的观点,容易出现认识的片面性、随意性和绝对化,个别甚至会走向极端。

(六)自尊与自卑的冲突

经过激烈的竞争进入大学校园,大学生成为青年中的佼佼者,受到社会的称赞、父母的宠爱、同龄人的羡慕,容易产生一种优越感、自豪感,表现出强烈的自尊心。然而,大学里人才济济、高手如林,许多高中时期的尖子生优势不再明显,失去了往日的荣耀,易产生心理失衡。有的同学因此就怀疑自己、否定自己,产生了自卑感、挫折感和焦虑感,表现为自我评价过低、丧失信心、悲观失望、不求进取,甚至走向退学和轻生等极端。

(七)竞争与求稳的冲突

当代大学生平等竞争意识较强,渴望在平等条件下竞争一切,以便最大潜力地发挥自己的能力,实现自己的奋斗目标,深恶那种投机取巧,靠侵害别人的权利获取好处的行为。但在实际竞争中又怕风险,抱怨竞争的残酷性,出现求稳心态。竞争与求稳的冲突在择业时表现得尤为突出。

(八)追求与安逸的冲突

大学生大多追求干一番轰轰烈烈的事业,希望在大学阶段奠定良好基础,但是面对紧张而清苦的大学生活时心中又向往一种安逸的生活。新生和毕业生尤为突出。新生经过十几年寒窗苦读走进大学,认为"大功告成",该松一口气了。毕业生觉得大学几年太辛苦了,毕业论文之后又是工作,不如在毕业前短暂地休息一下。大学生常常在这种矛盾中生活。

(九)性冲动和性压抑的冲突

青春期的大学生性生理已成熟,有了性的欲望和冲动,然而,受社会道德、法律、校纪等方面的制约,性冲动受到压抑。一般大学生通过学习、工作、文体活动和社交活动等途径,能使生理能量得以正常释放,使之得到某种程度的转移和升华,但也有一部分学生由于缺乏性知识,对性问题有偏见,性冲动得不到正常的转移,久而久之造成性冲动与性压抑的尖锐冲突,出现性心理异常。

以上这些心理冲突和矛盾如果得不到合理的解决和正确的引导,就容易导致心理问题。

二、大学生常见的心理障碍

有关研究和统计结果表明,大学生在心理上的确存在着一系列的不良反应和适应障碍,有的甚至到了极为严重的程度,因心理障碍而休学、退学的比率近年来呈上升趋势。大学生中常见的心理障碍有以下几类:

(一)神经症

神经症主要是由心理因素造成的。对于处在青年期的大学生来说,这是一种最为常见的功能性疾病。不健全的个性特征是此类疾病的发病基础。在此基础上,如果遇到重大的心理创伤,便会导致神经症的发生。在大学生中,发病率最高的主要是焦虑症、抑郁症、强迫症和神经衰弱。

1. 焦虑症

焦虑症是一种常见的神经症。大学生进入新的环境,各方面都要重新开始适应和调整。如果对自己期望过高,压力过大,凡事患得患失,时间长了,就会产生持续性的焦虑、不安、担心、恐慌,并且还伴有明显的运动性不安以及各种躯体上的不舒适感。患有焦虑症的人,在其性格上也有一定的特点,大多胆小,做事瞻前顾后,犹豫不决,对新事物、新环境适应能力差,遇上一定的精神刺激就很容易焦虑。

患有焦虑症的人,常感到无明显原因、无明确对象、游移不定、范围广泛的紧张不安,经常提心吊胆,却又说不出具体原因。患者过分关心周围事物,注意力难以集中,从而使工作和学习效率明显下降。对焦虑症,一方面可进行药物治疗,一方面可进行心理训练,如各种自我松弛训练、气功、生物反馈疗法等,都有一定的效果。

2. 抑郁症

抑郁症是大学生中常见的一种心理障碍。主要表现为悲伤、绝望、孤独、自卑、自责等,把外界的一切都看成"灰暗色"的。有的大学生对枯燥的专业学习不感兴趣,对刻板的生活方式感到厌烦,为自己学习或社交的不成功而灰心丧气,陷入抑郁悲观状态。长期的忧郁状态会导致思维迟钝、失眠、体力衰退等,对个体危害是很大的。大学生抑郁症比例较高,有两方面原因:一方面,他们有各种强烈的社会需求,极力想表现出自己的才能;另一方面,他们对社会的复杂缺乏认识,对自身行为的合理性和可能性了解得不够深刻,加上人生观、价值观尚未稳定建立,对挫折的承受能力与心理防卫机能不成熟、不完善,因而很容易表现出抑郁的情绪和心境。

一般来讲,抑郁性神经症患者在病前大多能找到一些精神因素。如生活中的不幸遭遇,学习中遇到重大挫折和困难,在公共场合自尊心受到严重伤害等。该症的发生与性格也有一定的关系。自卑感很强的人,在受到挫折后,很容易感到失望、自卑而导致发病。性格不开朗、多愁善感、好思虑、敏感性强、依赖性强的人,在精神因素作用下,也容易导致抑郁症的发生。

抑郁症的克服,可以采用以下几种方法:一是学会将自己的忧伤、痛苦以恰当的方式宣泄出来,以减轻心理上的压力。例如,倾诉、写日记、哭泣等,都可以降低心理负荷。二是多与其他同学交往,尝试从另一个角度看待自己所面临的问题,开阔视野。三是有意识地参加一些实实在在的活动,如体育锻炼、文化娱乐活动等,将自己从苦恼中解脱出来。

3. 强迫症

强迫症是指患者在主观上感到某种不可抗拒和被迫无奈的观念、情绪、意向或行为存在。患有强迫症的人,明知某种行为或观念不合理,却无法摆脱,因而非常痛苦。这种症状大多是由强烈而持久的精神因素及情绪体验诱发而来的,与患者以往的生活经历、精神创伤或幼年时期的遭遇有一定的联系。患强迫症的大学生多有性格缺陷,如缺乏自信,遇事过分谨慎,生活习惯呆板,墨守成规,常怕出现不幸,活动能力差,主动性不足等。强迫症的根治是比较困难的,行为疗法对强迫动作有一定效果。向患者解释精神生活中的各种知识,增强他们的自信心,对缓解症状有一定效果。

4. 神经衰弱

神经衰弱也是大学生中极为常见的心理障碍。它的特点是容易兴奋,迅速疲倦,并常常伴有各种躯体不适感和睡眠障碍。引起神经衰弱的原因,是长期存在的某些精神因素引起大脑机能活动的过度紧张,使精神活动的能力减弱。有易感素质和不良性格特征的人,更易患神经衰弱。大学生神经衰弱的发生,主要是由缺乏面对现实的勇气和良好的适应能力造成的,如学习负担过重、个体自我调节失灵,对社会、对人生思虑过多,在家庭问题上、恋爱问题上犹豫徘徊等。所有这些,在患者头脑中产生强烈的思想冲突,使得神经活动过程强烈而持久地处于紧张状态,超过了神经系统所能忍受的限度,从而引起崩溃和失调。对神经衰弱的学生,合理安排学习和生活作息,适当参加娱乐活动和体育锻炼,并进行必要的心理治疗,一般可以收到较好的效果。

(二)人格障碍

人格,通俗地讲,就是人的个性。在大学阶段,大学生的人格特征在遗传和后天因素的影响下已基本形成。有一些大学生的人格中存在着不良特质。一方面,这些不良的人格特质严重影响着他们的学习、人际关系及社会性活动,由此产生各种心理问题;另一方面,当大学生意识到这些不良特质及其后果而又无力改变时,会表现出消极性防御反应及自我否定,结果给个体的顺利成长造成严重影响。

一般说来,所谓人格障碍,是指人格系统发展的不协调,主要表现为情感和意志行为方面的障碍。有人格障碍的大学生一般能处理自己的日常生活和学习,智力是正常的,意识是清醒的,但由于缺乏对自身人格的自知,常与周围人发生冲突且很难从错误中吸取应有的教训。人格障碍种类很多,大学生中较为常见的有3种:

1. 偏执型人格障碍

这类人格障碍的特点是主观、固执、敏感、多疑,心胸狭隘,报复心强。一方面,骄傲自大、自命不凡,总认为自己怀才不遇,自我评价甚高;另一方面,在遇到挫折时,又过分敏感,怪罪他人,很容易与他人发生冲突与争执。这类人格障碍多见于男大学生。

2. 情感型人格障碍

这类人格障碍在大学生中所占比例较高。它可以表现为抑郁型人格、狂躁型人格、郁躁型人格等3种形式。抑郁型人格多表现为情绪抑郁、多愁善感、精神不振、少言寡语,看任何事都会从悲观的角度出发,无法体验明快的心情。狂躁型人格则与此相反,多表现为情绪高涨,急躁、热情,有很多设想,但有始无终。终日兴高采烈,雄心勃勃,过于乐观,常常表现出无端的欣喜。郁躁型人格则介于上述两者之间,有周期性的起伏波动,时而情绪高涨,对一切都表现出极大兴趣,很是兴奋,时而情绪低沉,一落千丈,完全表现出抑郁型的特点,干什么都没有兴趣。这种波动的程度、持续时间及周期都因人而异。

3. 分裂型人格障碍

分裂,主要是指这类人的人格在情感、意志、行为上的不一致。主要表现为内向、孤僻,言语怪异,不爱交往,不关心别人对自己的评价,常常处于幻想之中,也可能沉溺于钻研某些纯理论的问题。他们回避竞争性情境,对他人漠不关心,独来独往。具有这种人格障碍的大学生,在孤独的环境中,尚可适应,甚至可以在学业上取得突出成就,但在人多的场合或在带有合作性质的任务中,由于与其他人完全不能相容,往往很难适应,从而导致极度适应不良。

(三)适应障碍——失落、冷漠、自杀

大学生,尤其是低年级的大学生,心理特征表现为敏感而不稳定。进入大学之后,在学习、生活、人际关系等方面,会遇到一系列问题。如何迅速调整自己,使自己尽快适应眼前的现实,主动接受几年大学生活的挑战,是每个大学生都面临的最为实际、最为紧迫的问题。适应障碍,就是指由于适应不良而造成的心理障碍。它主要表现为失落感、冷漠感和自杀。

失落感,主要是指大学生对某一事件前后自身感受、评价的强烈反差而形成的一种内心体验。大学生在刚入学时,往往对生活充满着希望,觉得迈进大学,一切如愿,然而,随着现实生活的展开,发现生活的本来面目并非如想象的那样充满浪漫情怀。这一现实,对于思想比较片面、生活阅历少,而又处于青春躁动期的大学生来说,是未曾料到的。这就很容易导致心理上的不平衡。他们一下子从希望的塔尖坠入失落的谷底。开始阶段,或许尚有信心奋起,但又时时感到自身力量的弱小,感到改变自己、改变环境的困难,因而,很可能索性放弃一切努力,而在情绪上陷入苦闷、彷徨之中。

大学生的冷漠感也是比较普遍的一种现象。它有多种表现形式,如常觉得"干什么都没兴趣""干什么都没劲",似乎这个世界上就没有值得自己为之努力的事。进一步分析,这种现象其实是对自己的存在缺乏一种自觉性,不知自己该干什么,为什么活着。一方面,现代社会信息量剧增,大学生往往感到自身的渺小与无力,容易陷入无力感,同时,身在大都市中,孤独感加重了,个体丧失了与他人的感通性,因而冷漠丛生;另一方面,通过激烈竞争而升入高校的学生,一下子失去了奋斗目标,有些无所适从。再加上人际关系处理不好,对专业不感兴趣,便会倍感心灰意冷,百无聊赖以度时日。

失落与冷漠产生的一个主要原因是目标的丧失。进入大学以前,上大学是众多中学生的第一大梦想。直到梦想成真,他们从狂喜中冷静下来之后,如果未能及时地树立起新的目标,或者未来的目标不具备强大的吸引力,就会觉得生活平淡、乏味与无奈。重新振作需要强大的动力,而人又往往是存在惰性的,很容易就此消沉,以对人对事的冷漠,来维持自身的心理平衡。如果这种情况发展到极端,就很可能诱发出自杀的意念甚至行动。

严格地讲,自杀不是一种心理疾病,它是人在受挫折之后的紧张状态下产生的一种自毁行为。毋庸置疑,自杀与心理压力有着极为密切的关系。据调查,大学生的自杀比例,在同龄人中是较高的。在大学生活环境中,存在着许多引起挫折的因素,如学习上的失败(成绩不理想、考试不及格等)、失恋、学业上的竞争压力、人际关系的紧张、专业不理想以及找工作不顺心等等。此外,由于重病或生理上的缺陷而无法胜任学习,在学习和生活中感到困难,也容易产生挫折感。这些挫折是诱发大学生自杀行为的主要因素。由挫折产生了绝望情绪,而自杀便成了摆脱这种情绪的手段。然而,单凭这些,还不能完全解释大学生中的自杀现象。这里还存在一个对挫折的承受能力的问题。当较大的挫折落到一个挫折承受力弱的人身上,特别是对于情绪低落、性格孤僻的人,自杀的悲剧更有可能发生。

拓展阅读→

15 句不能对抑郁症患者说的话

　　罗宾·威廉姆斯的辞世令人惋惜,也再次警醒世人抑郁症的可怕。世界卫生组织统计,全球约有 3.5 亿人患抑郁症,很多人碍于面子不愿求诊,抑郁症因此成为沉默的杀手。我们应给予抑郁症患者更多的关爱。以下 15 句话请不要对抑郁症患者说。

　　1.别人过得比你还惨。

　　别人过得再惨,也解决不了他的问题。

　　你应该说:听到这个事情我很难过,有什么能为你做的吗?

　　2.明天就会好了。

　　这句话会给人很大的压力,苦苦挣扎了一天,还要在明天再一次去寻找光明。抑郁症不是一夜之间就会消失的。

　　你应该说:我会每天都在你的身边陪伴你,陪你一起度过。

　　3.生活就是这么不公平。

　　这句话会再次打击到他的精神世界。生活也许不公平,但这并不意味着就不能快乐地生活。

　　你应该说:抱歉这件事发生在你身上,但我相信这一切都会顺利地过去的。

　　4.你必须去面对它。

　　与抑郁症做斗争的人每天都在处理这个问题,这样说,会让他们觉得自己做得不够好。

　　你应该说:你不是一个人在战斗,有我在。

　　5.生活还是要继续。

　　这会让患有抑郁症的人觉得生活没有出路,每天都会变得非常难熬。

　　你应该说:你的生活里有那么多的精彩,我会陪你重新探索这一切。

　　6.我知道你是什么感觉,我也曾经抑郁过。

　　没有两个人的感觉会是完全相同的,这样说会让他们觉得你不重视他们的感受。

　　你应该说:我只能想象你正在经历着什么,但我会尽最大的努力去理解。

　　7.你这样太自私了。

　　一个人苦苦地挣扎,他可能已经做了令人难以置信的努力。不要怪他们,因为抑郁症不是一个选择,他也不想这样的。

　　你应该说:我真的很想帮你,我能做些什么吗?

　　8.出去放松一下,喝杯小酒,然后忘掉这一切。

　　抑郁症不是短时就能被治好的,不要强迫他们。

　　你应该说:我好喜欢和你在一起,我的肩膀、胸膛都可以借给你依靠。或许我们哪天可以出去喝杯咖啡聊聊天。

　　9.你搞得我心情也不好了。

再次重复,抑郁症不是一个选择。他们也会感到无助。他们都在努力地自己帮助自己,他们最需要的就是你的帮助。

你应该说:我真不想你这么失落,让我为你做点什么吧。

10.你到底在抑郁什么?

抑郁症并不总是由创伤或悲伤的事情引起的。有时,它就是这么发生了。

你应该说:对不起,我没有意识到你那么痛苦,我就在这陪着你。

11.别再自怨自艾了。

这与顾影自怜有很大的区别,挣扎与放弃,这两个有时是一起的。

你应该说:我看得出你的挣扎,有什么是我能为你做的吗?

12.你出去跑跑就好了。

虽然运动可以帮助个体对抗糟糕的日子,但有人觉得糟糕抑郁的时候是很难走出房门的。

你应该说:我要出去散个步,和我一起出去吧。

13.你就是需要出去透透气。

一样的,让抑郁症患者走出房门真的很难。这需要一定的过程。

你应该说:我不想让你觉得你是一个人,让我陪你出去转转吧。

14.每个人都在应对各种问题,为什么就你不行?

每个人面对压力的承受能力是不同的,抑郁症并不是可以选择的。

你应该说:我知道你正处于一个艰难的时期,我只想让你知道我一直都在。

15.你很坚强,你会没事的。

抑郁会使人感到软弱和无助。

你应该说:我知道你会熬过去的,我会在这里陪你渡过每一个难关。

三、影响大学生心理健康的主要因素

(一)个体因素的影响

大学生心理问题的影响因素首先来自大学生自身,心理环境对大学生心理健康起内因的作用。大学时代是心理断乳的关键期,心理断乳意味着个人离开家庭的监护,彻底切断个人与家庭在心理上联系的"脐带",摆脱对家庭的依赖,成为独立的个体,完成自我心理世界的建构。当多重发展任务同时落到大学生身上时,必然会产生各种各样的心理冲突。

大学生处在一生之中心理发展变化最激烈的青年期。与青年初期的高中生相比,大学生的心理活动出现了许多重大的变化:自我意识更加强烈,心理活动的两极性扩大,自控能力显著提高,社会参与意识明显增强。这些变化是构成大学生心理发展特征的基础,但仍有不成熟之处,容易引发心理问题,具体来说表现在以下方面:

1.思维片面,缺乏深刻性

进入大学阶段,个体的思维达到较高的抽象逻辑思维水平,他们能够对非常抽象的命题进行分析、推论、假设与检验。但是由于缺乏社会阅历，他们对事物的看法还不够稳定，对社会的认识仍存在较大的片面性，思维方式上带有非此即彼的极端化色彩，要么全盘肯定，要么彻底否定。他们的思维敏捷，但想法片面简单；他们批判质疑，但常常轻易否定；他们追求新异，但缺乏分析能力。

2.自我认同的危机

建立积极的自我认同，是青年期的发展任务。良好的自我认同意味着坦诚接纳过去的我，适度激励现在的我以及合理设计将来的我。大学生之所以喜欢探讨自我、反省自我、思考人生，是因为其人格发展的内在需要。然而，要达到良好的自我认同，并不是件容易的事情，其间必然要经历种种内心矛盾和迷惘，如果不能恰当处理好诸多方面的问题，很容易引发心理问题。

3.心理素质不完备，成熟度低

大学生中常有这样的事发生：脏衣服打包回家让妈妈洗，韭菜和麦苗不分，稍遇挫折就怨天尤人或寻死觅活……诸多现象表明，现在的大学生心理成熟度远低于人们的预期。大学生处在自我意识高涨的时期，他们非常注重自己的感受，如果成功，会大喜过望，春风得意，而遇到失败则会一蹶不振。他们仍是以自我为中心的，表现在只顾自己舒服和快乐，不顾及他人的压力与痛苦。大学生消费状况常反映他们对家庭经济的不负责任，挫折耐受力低、缺乏责任感是大学生突出的心理问题。

4.情绪发展不稳定

青年学生的情绪处在最丰富、最动荡和最复杂的时期，鲜明的特征是情绪的两极性。大学生情绪变化常具有冲动性、波动性、多层性和纹饰性。由于这些特点，大学生的情绪起伏过大，摇摆不定，而缺乏对事物的客观判断。强烈的情感需求与内心的闭锁，情绪激荡而缺乏冷静的思考，使他们容易走向极端，常常体验着人生的各种苦恼。

(二)学校因素的影响

大学生活的开始无疑是一种全新的挑战，大学的氛围相对于中学、小学阶段有很多的不同。这不但意味着大学生要远离父母、中学时代的朋友，接触很多陌生的面孔，还意味着必须学会转换学习方式、生活方式等。这就给大学生提出了诸多的新要求。

1.学业期望

大学生学习的重要特点是学习自主性，学生成为学习活动的主体，而教师是学习活动的指导者。因而大学生面临学习方法、学习内容与学习习惯的巨大转变，这也包括对自我学习能力的重新评估。许多学生在中学时代确立了自己的学习优势，有着较高的学业期待。在大学，又面临着学业期待的变化，及学业优势的失落，需要对自己的学业重新定位。如果大学生缺乏足够的思想准备，不能恰当接受和对待学业成绩，就会出现自信心下降、自卑感上升的现象，甚至还会出现强烈的嫉妒心理和攻击行为。

大学的学习目的、学习方式、学习内容都是有别于中学的。社会对大学生要求的提高，用人标准的转变，促使很多在校大学生既要学习专业知识，同时还要选修一些相关知识，如外语、计算机等，考取各类证书，以适应激烈的市场竞争。如果大学生学习方法不当，学习动机不强，学习目的不明确，自我约束能力弱，就容易出现焦虑、紧张等情绪，同时还会严重影响自信心,产生苦恼以及自我否定等心理问题,导致学业失败。学习成绩不理想,以至于学业失败,极大地影响了大学生的心理健康。

2.环境变迁

心理学研究表明:个体所处的环境的巨大变迁也会使个体产生心理应激。虽然环境变迁也是生活事件的一部分,但这种变化对个体适应的影响比较突出。环境的变迁包括生活环境、人际环境以及自己地位的变迁。

(1)生活环境的变迁,对大学生,特别是大学新生来说,是一个不小的挑战。这种变化的主要方面就是要自己独立生活,应付一切生活琐事。例如,几个同学共住一个寝室,彼此生活习惯、语言隔阂,都需要去面对和适应。尤其很多新生远离家乡、亲人,要适应新环境还需一段时间。

(2)大学生对新的人际关系的适应远比对学习和生活环境的适应困难,大学生异地求学,他们来自不同地域,教育背景不同,经济状况不同,带着各自的生活习惯与学业期待来到大学,新的同学心理结构背景存在极大的差异,所以关系建立并不容易,而达成支持感也需要时间。另外,各种新型人际关系的适应也是大学生面临的重要问题:既有对师生关系的理解,也有同班及宿舍同学间的相处,还有异性交往的适应等。

(3)对新环境的适应也包括对自己地位变化的适应。这种变化既包括全新的学习内容与学习方法,也包括新的人际关系、未来的发展定位等。全新的角色要求大学生重新评价自己与他人,重新设计自我。在适应过程中,一个基本的特点是大学生在新的环境中希望自己更优秀,对于刚刚经历巨大环境变迁的新生来讲,不仅存在一个适应外部环境的问题,更重要的是他们也面临一个如何进行自我调适的问题。而以前的新生入学教育更注重的是前者,对后者则相对不太重视。实际上,正是后者对他们的心理健康状况影响较大。总的来看,无论是对学习和生活环境的适应,还是人际关系以及自我地位变化的适应,都会极大地影响到大学生当时的心理健康状况。

(4)大学生在日常生活中也会遇到一些生活事件,给个体带来诸多心理压力。在生活事件中,重要丧失对大学生心理健康起着消极作用。例如,重要的人际关系的丧失,主要指与家人、朋友,特别是异性(恋人)的关系的丧失或出现问题,不但会影响到他们的情绪以及学习、生活,而且可能会极大地影响到大学生对自身及今后人生的看法。再如荣誉的丧失,一般表现为没有获得奖学金,评优、入党没有实现,或者如考试作弊、违纪受处分等。这些都在一定程度上影响到大学生心理健康,严重时会导致心理障碍。

(三)社会环境因素的影响

社会环境是大学生心理问题的外在因素,虽然当今大学生思想开放,更容易接受新事物,独立,更富于挑战性,不再为单一的价值观所束缚,但是社会环境的变迁也对大学生产生了某些负面的影响。现代社会处于多元文化交叉、多种价值观冲突的时代。大学生面对不同于以往的文化背景和多种价值选择,常常感到茫然、疑虑、混乱,陷入压抑、紧张的状态,在人生选择上处于两难和多难的境地,心理的冲突必然带来大学生心理的失调,出现适应不良的种种反应。

精神分析学家霍妮认为,许多心理问题是由于对环境的不良适应而引起的。在现代社会,由于人们的生活方式、价值观念发生了很大变化,人们的心理活动较之以前更复杂。大量新的社会刺激对大学生心理健康的威胁越来越大,心理问题的发生率也就逐年提高。

1.社会文化背景的影响

21世纪,我们处于一个变化更快的时代,而这种急速的变化也给心理带来了更多的问题。社会变化的速度越快,大学生体验的变化也就越多,体验到的不适应、不确定感、不安全感和无能感也就越多,心理的问题也就越来越严重,压力越来越大。同时,随着高校的不断扩招,接受高等教育的人数不断增多,而就业压力又日趋严重,这就意味着大学生的生存竞争、生存压力也不断增大了,面对自谋职业和多种渠道就业的新形势,面对竞争激烈的人才市场,部分大学生感到难以适应。

伴随社会的飞速发展,今天的知识、信息也以爆炸式的速度在更新换代。大学生一方面面临着要获取知识、信息的压力,另一方面面临着此刻已获取的知识不断被质疑、否定的状况,获取信息和确定信息的难度也增加了。新时代的大学生必须尽快适应发展的社会,适应变化中的社会。

2.大众传媒的影响

现代社会的大众传播手段越来越丰富,从报纸杂志到广播电视再到互联网,大众传媒对人们心理的影响越来越大。随着传播媒介手段的日趋丰富,一些格调低下、观念错误的书籍、报刊充斥市场,这些都对求知欲强但辨别力相对弱、崇尚科学但欠缺辩证思维的大学生带来了挑战。一些不健康的作品和观点对他们的思想造成侵蚀,一些不健康的行为甚至直接成为模仿的对象。

3.家庭环境的影响

大量的心理学研究证明,家庭环境对人一生的发展会产生重大的影响,特别是早年形成的人格结构,会在以后的心理发展中打下深深的烙印。家庭的影响主要包括家庭的情绪氛围、父母的教养态度、家庭结构及家庭经济状况4个方面。家庭对学生的成长与成才的影响是长久而深远的。家庭的情绪氛围是良好心理素质形成的前提,家庭成员间的语言及人际氛围,直接影响着家庭中每个成员的心理。父母的教养态度和教育方法应该是民主、平等,而非命令、居高临下,因为这会直接影响孩子的行为和心理。

第三节　大学生心理咨询

一、什么是心理咨询

有人认为心理咨询就是催眠,被催眠的人什么话都对心理咨询师说;还有人以为心理咨询就是和心理咨询师聊聊天;还有很多人以为做心理咨询是心理有问题或精神不正常的人才需要的,被人知道会很丢脸或被歧视。诸如此类的观念,导致很多大学生出现了心理困惑,宁可选择向朋友诉说也不去做心理咨询,有调查研究显示,对于"如遇心理困惑时,一般采取什么方式解决问题",37.4%回答"自己解决",8.6%寻求"家人帮助",32.5%要求"朋友或同学的帮助",只有9.0%希望通过心理咨询师解决,还有12.5%的被测者希望通过其他途径去排解心理困惑。可见,国内大众对心理咨询的了解度和认可度还不是很高,那么究竟什么是心理咨询呢?

心理咨询是心理咨询师协助来访者解决心理问题的过程。心理咨询师运用心理学的理论、方法、技术帮助来访者就问题进行分析、研究和讨论,找出问题的根本原因,经过咨询师的指导和启发,探讨出解决的方法,从而解决心理困惑,维护心身健康。目前国内的各大高校已经全面普及心理咨询,建立了心理咨询中心,配备了心理咨询师,面向全体在校学生提供免费的心理咨询服务,帮助大学生克服各种心理困难,消除各种烦恼,保证他们在大学期间健康成才。

大学生心理咨询是一种针对大学生的个人服务,是一种特殊的助人服务,它涉及个人的内心世界和心理隐私,遵循着保密、非指导性和助人自助3个原则。

(一)保密原则

这是心理咨询的最重要原则,也是心理咨询师的职业道德。没有经过来访者的同意,心理咨询师绝对不能向第三方透露来访者的任何咨询信息,心理咨询记录要严格保存,不让他人查阅,保密原则是鼓励来访者尽情倾诉的心理基础,也是对来访者人格及个人隐私权的最大尊重。

不过也有保密例外的情况:一是来访者有明显的自杀意图或伤害他人的倾向或精神疾病,心理咨询师可以和有关人士、机构联系,尽可能加以阻止和挽救;二是来访者有重大犯罪行为的,心理咨询师在受卫生、司法或公安机关询问时,不能做虚伪的陈述或报告;三是因专业需要进行案例讨论,或采用案例进行教学、科研、写作等工作时,心理咨询师会预先征得来访者的明确同意并隐去一切可能辨认出来访者的有关信息,以保障来访者不被识别出来。

(二)非指导性原则

心理咨询师和来访者的关系不是教导和灌输的师生关系,而是启发和促进的平等关系,心理咨询师要充分尊重来访者的价值观,不能强迫对方接受自己的价值观和道德准则,也不能对来访者的言行做道德评判,咨询师不能代替来访者做决定,也不能直接指示来访者该怎么做,咨询师可以帮助来访者寻求问题产生的根源,和来访者共同探讨、分析、设想问题的解决方案,但不能喧宾夺主,把自己的意见强加于人,最后的决定权在来访者手上。

(三)助人自助原则

心理咨询是一个从他助到互助再到自助的动态过程。心理咨询不是直接告诉来访者答案,而是通过各种方式启发、引导来访者调动自己的资源,发挥自己的潜能,在咨询师的帮助下,学会重新认识自我,重新认识他人和周围环境,学习新的思维方式,学会表达情绪的合理方式,习得新的行为模式,更好地适应环境,树立起自信心,更好地独立,积极主动地掌控自己的人生命运。

二、哪些人可以来做心理咨询

在国内,心理咨询还是一个比较新鲜的事物,许多人以为来做心理咨询的人都是心理不正常的人,去咨询是见不得人的,被人知道了会很丢脸。事实上,心理咨询的来访者中,虽然有一部分人确实有心理疾病,但是大多数的咨询对象是正常人。正常人在日常生活中遇到的心理困扰,比如择业、学业、人际、恋爱、适应、婚姻等都属于心理咨询的工作范围,在现实生活中我们很难找到心理绝对健康的人,我们大多都有这样或那样的心理问题,有些可以自己调整摆脱,也有很多需要求助别人才能够得到解决。心理困扰出现的时候,你可以自己找朋友、同学倾诉,也可以闷在心里,等待时间的消化与淡忘,当然也可以找心理咨询师倾诉,这是一种更有效率的解决方法,也能避免走弯路。有了心理困扰求助于心理咨询师,这本身就是一种勇敢的表现,说明你敢于直视自己的困扰,期望通过科学有效的途径解决问题,这也反映了你的生活态度和人生态度是积极健康的,值得他人赞赏。

按照心理活动是否正常,可以把人的心理分为两种状态:常态心理和异常心理。常态心理又可分为心理健康和心理不健康。

表 1-1　常态心理与异常心理

常态心理		异常心理	
心理健康	心理不健康	神经症	精神疾病
择业、学业、人际、恋爱、适应、婚姻等适应发展性问题	一般心理问题 严重心理问题 神经症性心理问题	抑郁症 强迫症 焦虑症 恐惧症 疑病症 神经衰弱	精神分裂 癔症 人格障碍

心理咨询的对象包括心理健康人群、心理不健康人群,也包括一部分心理异常人群。

一是心理正常、心理健康,但遇到了和心理有关的现实问题,如择业迷茫、学习动力不足、学习压力过大、恋爱失败、人际失调、适应不良等问题,产生了心理困扰的人群。针对这类人群开展的心理咨询属于发展性心理咨询,能帮助来访者做出理想的选择,顺利完成发展任务,度过人生的某个阶段。

二是心理正常,但心理健康出现问题,长期处于心理困扰、心理冲突之中,或者遭到比较严重的精神创伤而失去心理平衡,心理健康遭到严重破坏,但精神仍然正常的人群。这类人群的问题包括一般心理问题、严重心理问题、神经症性心理问题,针对这类人群开展的心理咨询属于障碍性心理咨询,能帮助来访者缓解冲突、消除心理症状,恢复良好的心理功能。

三是特殊对象,神经症和精神病患者经过精神医学临床治愈之后,心理活动基本恢复了正常,基本转为心理正常的人,这时心理咨询和心理治疗是可以介入的,起到辅助治疗的目的,能尽快帮助患者好转。

三、心理咨询的类型

(一)发展性心理咨询和障碍性心理咨询

按照心理咨询的性质可以把心理咨询分为发展性心理咨询和障碍性心理咨询。

1.发展性心理咨询

在每个人成长的各个阶段,都有可能产生不同的困惑和迷茫,比如到了一个新的环境如何更好地适应,面临人生抉择的关口如何做好决策,如何克服个人缺点取得事业成功,如何改善人际关系等一切涉及如何才能发展得更好的问题,这些都属于发展性心理咨询的范围。发展性心理咨询根据个体的个性特点、发展过程中的心理困惑,如新生适应、人际关系、学业问题、择业问题等,重视对这些问题的早期发现和预防。近几年来,学者越来越倾向于认为心理咨询要超越"病态"取向,转为以大多数大学生为主体的发展性心理咨询模式,开展发展性心理咨询已经成为高校心理工作的发展趋势。

2.障碍性心理咨询

个体因各类心理、社会刺激引起焦虑、紧张、恐惧、抑郁等情绪不良状态或因各种挫折引起某些行为问题、明显的心理冲突和心理症状,心理健康遭到破坏,这类问题的咨询就属于障碍性心理咨询,如一些大学生因学习压力过大、自我要求过高,一到考试期间就出现明显的焦虑情绪,心理上很痛苦,也影响了日常的生活。障碍性心理咨询的重点是从根源上消除考试焦虑,预防再次复发。障碍性心理咨询解决的心理问题常常具有较突出的个体性和独特性,这些都与个体不同时期的具体生活情境有密切的关系。

(二)个体心理咨询和团体心理咨询

按照心理咨询的规模可以把心理咨询划分为个体咨询和团体咨询。

1.个体心理咨询

个体心理咨询是心理咨询师和来访者一对一、面对面的咨询。这是最安全的一种心灵释放形式,也是最常用的心理咨询类型,适合处理个人的心理问题,来访者在这种咨询中直接单独面对心理咨询师,可以尽情倾吐内心秘密,顾虑较少。

2.团体心理咨询

团体心理咨询是一个心理咨询师面对多个来访者,将这些有类似问题,有共同需求的来访者集合在一起,提供各种心理帮助和指导,通过团体人际互动,引导来访者共同探讨问题,在观察学习中加深体验,从而更好地认识自我,调整和改善人际关系,学习新的思维方式和行为模式,解决他们共有的发展问题或心理问题。团体心理咨询的人数没有固定的标准,一般控制在 20 人以内。团体心理咨询创设了一个微型社会环境,帮助来访者看到其他人和自己有着类似的痛苦,达到心理慰藉和稳定情绪的作用,营造成员间相互支持、相互影响、相互理解的氛围。团体心理咨询的优点是可以一次性解决多人的心理问题,效率高,特别适合解决人际交往方面的问题,缺点是难以照顾个体差异,不容易深入挖掘个人的深层次问题。

(三)短期心理咨询、中期心理咨询和长期心理咨询

按照咨询时间的长短,可以把心理咨询划分为短期心理咨询、中期心理咨询和长期心理咨询。

1.短期心理咨询

一般在 1～3 周内完成咨询,主要是就事论事,咨询师将精力和时间集中在解决关键问题上,追求短期疗效,适合处理一般心理问题。

2.中期心理咨询

一般在1～3个月内完成咨询,咨询计划和方案比较完整,追求中期疗效,适合处理较严重的心理问题。

3.长期心理咨询

一般在3个月以上才能完成咨询,咨询计划和方案完整、详细、标准,追求彻底解决问题,追求长期疗效,适合处理严重心理问题或神经症性的心理问题。

(四)门诊心理咨询、电话心理咨询、网络心理咨询、现场心理咨询

按照心理咨询的形式可以把心理咨询划分为门诊心理咨询、电话心理咨询、网络心理咨询、现场心理咨询。

·【心灵诗选】·

有一片田野——鲁米

有一片田野,
它位于,
是非对错的界域之外。
我在那里等你。
当灵魂躺卧在那片青草地上时,
世界的丰盛,远超出能言的范围。
观念、言语,甚至像"你我"这样的语句,
都变得毫无意义可言。

四、心理咨询的主要学派和方法

(一)精神分析疗法

没有所谓玩笑,所有的玩笑都有认真的成分。

——弗洛伊德

该疗法的创始人是奥地利精神病学家和临床心理学家弗洛伊德。此流派的理论基础为心理动力学。弗洛伊德的主要理论观点有:

(1)潜意识理论对人的行为决定于个体不自觉的潜意识和童年经验。弗洛伊德认为,支配人的潜意识有两种来源:一是来自本能性冲动,他称此本能性冲动为欲力(或力比

多）。欲力以性为基础,其中包括生之本能和死之本能。另一来源是压抑,即意识中不能由行为表现于外者,被压抑在潜意识境界中。

（2）人格结构:弗洛伊德将人的心理视为由3个"我"组成的一种动力性结构。

①本我:指人格结构的底层,是由潜意识支配的部分。由本我所支配的行为多表现在性的满足或攻击破坏方面,本我遵循享乐原则。

②自我:指人格结构的中层部分,是以现实环境为取向的较为理性的部分。经由自我活动可使本我的需求得到合理的满足,自我遵循现实原则。

③超我:指人格结构中的上层部分,对本我的冲动具有约束作用,来自超我的约束可使人的行为符合社会道德规范,超我遵循道德原则。

本我、自我、超我三者互动良好者人格正常,三者长期冲突是心理异常的主因。

（3）人格发展:弗洛伊德以身体不同部位获得性冲动的满足为标准,将人格发展分为5个时期,是故其人格发展理论称为性心理期发展论:

①口腔期:自出生至2岁阶段。

②肛门期:2~3岁。

③性器期:3~7岁。

④潜伏期:7岁至青春期。

⑤两性期:青春期以后。

（4）精神分析的心理治疗:弗洛伊德的精神分析用于心理治疗时所采用的方法主要有三种。

①自由联想:鼓励患者毫无拘束地道出内心的一切。

②梦的解析:弗洛伊德将梦境分为两个层次,一是当事人所记忆的,称为显性梦境,显性梦境并非梦的真正内容,另一是当事人所不能记忆的,称为潜性梦境,潜性梦境隐含着更重要的意义。心理治疗的目的,即在根据患者的显性梦去解析其潜性梦的含义,从而找出当事人潜意识中的问题。

③移情:分析患者在接受治疗时对心理医师的情感性反应,从而了解患者在感情方面的问题。

（二）行为主义心理治疗

对生活环境进行控制的努力几乎渗透于人一生的所有行为之中,人越能够对生活中的有关事件施加影响,就越能够将自己按照自己喜爱的那样进行塑造。相反,不能对事件施加影响会对生活造成不利的影响,它将滋生忧惧、冷漠和绝望。

——班杜拉

行为主义治疗的理论来源于巴甫洛夫和华生的经典条件作用原理,桑代克和斯金纳的条件作用原理以及班杜拉的模仿学习原理。行为主义认为人的行为是个体为适应环境而产生的躯体反应的总和。人的行为是在环境中受到强化和模仿学习获得的。人的不适应行为是在环境中受到不良强化和不良模仿习得的,因此,通过学习消除不适应的行为,个体就可以获得所缺少的适应行为。行为主义的治疗技术通常是从实验中发展而来的,即以实验为基础。

行为主义治疗常用的技术有放松训练、系统脱敏、模仿学习、角色扮演、信息反馈、决断训练、强化方法等。

(三)以人为中心疗法

如果有人倾听你,不对你评头论足,不替你担惊受怕,也不想改变你,这多美好啊……每当我得到人们的倾听和理解,我就可以用新的眼光看世界,并继续前进……这真神奇啊!一旦有人倾听,看起来无法解决的问题就有了解决办法,千头万绪的思路也会变得清晰起来。

——卡尔·罗杰斯

我们只有彻底地接受自己的真实存在,才能够有所变化,才能够超越自己的现有存在样式。那时,变化在不经意之间就会发生。

本派创始人罗杰斯的主要理论观点有:

(1)人性观:他认为每个人都是有价值的,每个人总体上都是积极的,都有自我实现的倾向,都有成长的潜能。每个人都可以自我改变。

(2)自我概念理论:他认为人的自我概念是由大量的自我经验、体验堆砌而成的,是个人对自己的主观看法。在自我概念中,人有两种评价过程。第一种是有机体的评价过程,这个过程可以真实地反映自我实现的倾向。第二种是价值条件化的过程,这是建立在对他人评价的内化或对他人评价的内投射的基础之上,不能反映个体的实现倾向。这也就是个体为了取得他人的积极评价,把他人的评价当作自己的评价,压抑了自我的真实感受。价值条件化的作用使人的自我概念中的经验和体验不一致,导致心理失调的产生,以人为中心疗法是一种非指导式心理治疗。他不同意传统的精神分析治疗把当事人当作病人看待,他强调人有自我改变的能力。因而他并不注重任何具体的治疗技术,而注重建立一种相互信任的治疗关系,注重治疗者对当事人的态度。

当事人中心疗法的基本要义:心理治疗时以接受治疗的当事人为中心,重视他的人格尊严,将心理治疗过程视为在心理咨询师与当事人之间所设置的一种自我成长的教育机会。在实施心理治疗时,罗杰斯特别强调,要想使治疗有效,咨询师在态度上必须具备3个条件:

①真诚:心理咨询师必须以真诚的态度对待当事人,使当事人感到他言谈恳切,表情自然,从而创造良好的治疗情境。

②同感:咨询师聆听当事人陈述后,能够像当事人自己那样感受他的内心世界并表达出来,使他觉得自己的问题受到重视。

③无条件积极关注:对当事人所陈述的一切,要无条件地接纳,不做任何批评,使他们可以无拘无束地向咨询师倾诉。

(四)合理情绪疗法

人不是被事情本身所困扰,而是被其对事情的看法所困扰。

——埃皮克迪特斯

本派创始人是美国心理学家埃里斯。本流派的主要理论是:

（1）人性观。埃里斯认为，人既有理性也有非理性，人的情绪是伴随着思维产生的，情绪或心理上的困扰是由人们不合理、不合逻辑的思维造成的，人们不断地用内化语言重复不合理的信念就会导致情绪困扰。

（2）ABC 理论。埃里斯认为，情绪障碍 C（consequence）不是由于某一刺激事件 A（activating event）引起的，而是由个体对这一事件的解释和评价 B（belief）所引起的，简称 ABC 理论。埃里斯将导致心理障碍产生的不合理认识归纳为 11 种，即人们对自己、对他人、对周围环境及事物的绝对化要求和信念，这些不合理信念被韦斯勒归纳为 3 个特征：绝对化的要求、过分概括化和糟糕至极。

合理情绪疗法的治疗技术简称 ABCDE 技术。即当事人有了情绪困扰 C（consequence）之后，先请他自行反省目前生活中有什么事件 A（activating event）影响了他的情绪，鼓励当事人自行检验分析，自己对事件的评价中有没有不合理性或不合逻辑的认识 B（belief），引导当事人用合理的认识与不合理的认识辩证，达到以合理的认识取代不合理的认识，这一过程称为 D（dispute），最后以新的情绪和行为 E（effect）来适应生活。

拓展阅读→

格式塔疗法：生活在现在

格式塔心理疗法简称"格式塔疗法"。它是由美国精神病学专家弗雷德里克博士创立的。根据他最简明的解释，"格式塔疗法"是对自己的所作所为的觉察和醒悟。可以说，它是一种修身养性的自我心理疗法。因而，它简便易行，应用范围非常广泛。"格式塔疗法"有 9 项原则，现将其介绍如下。

1. 生活在现在。不要老是惦记明天的事，也不要总是懊悔昨天发生的事，把你的精神集中在今天要干什么上。记住，你现在是生活在此时此刻，而不是生活在昨天和明天里。遗憾、悔恨、内疚和难过并不能改变过去，只会使目前的工作难以进行下去，忧虑本来就是一种没有用处的情绪。

2. 生活在这里。想着你现在就是生活在这里。对于远方发生的事我们无能为力，想它也没有用。杞人忧天，徒劳无益；惶惶不安，对于事情毫无帮助。

3. 停止猜想，面向实际。你也许碰到过这样的情况：当你在单位碰到同学时，你向他打招呼，可他没反应。你可能心里嘀咕：他为什么要这样对待我？甚至会联想到他是不是敌视自己。但是你可能没有注意到，他此刻情绪不好，没有留神注意你，你的胡乱猜想是毫无意义的。很多心理障碍往往是自己没有根据地"想当然"所造成的。

4. 暂停思考，多去感受。"格式塔疗法"的一个特点，就是强调作为思考基础的"感受"，比起思考本身更为重要。没有感受就无从思考。感受可以调整、丰富你的思考，而且，人不是一台计算机，不能白天黑夜地计算个没完，人需要用感受来滋润自己的心田。

5. 要输送不愉快的情感。人们通常都希望有愉快的情感，而不愿意接受那些忧郁的、悲哀的、凄凉的不愉快情感，但这不是正确的态度。因为有愉快，就必然会有悲哀；相反的，有悲哀，也就会有愉快。愉快和不愉快不仅相对而言，同时也是相互存在和相互转化的。因此,正确的态度是:第一,应该认识到既有愉快的情绪,也有不愉快的情绪;第二,要有既接受愉快情绪又接受不愉快情绪的思想准备。如果一个人成年累月总是愉快、兴奋,那反而是失常的现象。

6.不要先判断,要先发表参考意见。"格式塔疗法"认为,对他人的态度和处理人际关系的正确做法应该是先不要判断,要先说出你是怎样认为的。这样做就可以防止和避免与他人的不必要的摩擦、矛盾和冲突,而你自己也可以避免产生无谓的烦恼与苦闷。

7.不要盲目地崇拜偶像和权威。在社会中,有很多变相的权威和偶像,它们会禁锢你的头脑,束缚你的手脚,比如学历、金钱等。"格式塔疗法"对这些一概持否定的态度。我们不要盲目地附和众议,从而丧失独立思考的能力,也不要无原则地屈从他人,从而被剥夺自主行动的能力。

8.我就是我。从起点做起,充分发挥自己的潜能。既不怨天尤人,也不想入非非,要脚踏实地,从我做起,从现在做起,竭尽全力地发挥自己的才能,做好自己能够做的事情。

9.要对自己负责。人们往往容易逃避责任。比如考试成绩不好,会把失败原因归罪为自己的家庭环境不好,学校不好,等等。把自己的过错、失败都推到客观原因上。"格式塔疗法"的一项重要原则就是勇于担当。

在日常工作和生活中,合理运用"格式塔疗法",我们就能调节、控制、把握自己,保持心理健康。

思考题

1.哲学家叔本华说,一个健康的乞丐比患病的国王更幸福。你是如何理解这句话的?你认为健康包含哪些方面?

2.当你心情不好,或无法靠自己的力量渡过生活中的难关时,你会采取什么样的方式来面对?你会选择心理咨询吗?你眼中的心理咨询是怎样的?

推荐阅读→

岳晓东.登天的感觉:我在哈佛大学做心理咨询.北京:北京联合出版公司,2016.

推荐理由:本书记述了作者在哈佛大学心理咨询中心经手的10个心理咨询个案,涉及爱情、婚姻、职业选择、新生适应不良、同性恋等一般心理困惑的咨询,也涉及人格缺陷的矫正及潜意识作用的解析等特殊心理障碍的治疗。

第二章　我是谁

——自我意识与心理健康

吾日三省吾身。

——孔子

▶ 本章导读

　　大学生心理发展的特点之一就是自我意识的急剧发展,真正地认识自我、接受自我和完善自我是大学阶段需要解决的重要问题。本章以大学生的自我意识为主题,探讨自我意识的内涵、发展过程及其特点,使得大学生了解自我意识的诸多方面,进而帮助他们更好地开展自我教育,形成正确的自我价值观。

·【心理故事】·

妈妈不知道我的名字

　　有个小女孩叫娜娜,父母常给她取很多可爱的绰号,在一整天的时间里,妈妈变换着各种不同的名字来叫娜娜。早上妈妈叫她起床:"我可爱的小麻雀,要去幼儿园了,快起来。""我才不是什么小麻雀。我是娜娜!"中午吃饭的时候妈妈说:"要乖乖地吃饭啊,小宝宝。""我才不是什么小宝宝。我是娜娜!"晚上娜娜迟迟不睡觉,妈妈说:"快睡觉,小恶魔。""我才不是什么小恶魔。我是娜娜!"她大哭起来,"妈妈都不爱我了,妈妈都不知道我的名字!"妈妈这才意识到事情的严重性,妈妈体悟到了孩子对于种种昵称的抵抗情绪,终于理解和包容地说出了"你是娜娜,你是我的小宝贝"这句娜娜盼望已久的话。同时妈妈张开双臂,以爱和接纳拥抱娜娜,娜娜的自我认知终于得到了妈妈的认同,她也再次确认了妈妈的爱。于是娜娜抛却了焦虑、紧张和愤怒的情绪,恬然地享受着妈妈温暖的怀抱。

　　父母有时会为家里的小朋友取一个可爱的绰号,以展现亲昵的关系,通常这些绰号具有父母的期待或象征性意义,例如小宝、小乖、小猪仔等。有时父母在不同的情绪下,也会称呼小孩较具负面意义的绰号,如小鬼、小恶魔等,这些绰号有时不见得能让小孩心甘情愿地接受,有时甚至会引起他们的反感。

第一节　自我意识概述

一、自我意识的含义

"我是谁"是每个人都曾经有过的疑问,同时这也是一个人自我意识的体现。大学生自我意识是大学生个性结构的重要组成部分,自我意识的发展水平制约着大学生各个方面的发展,甚至会影响到一生的成败。因此,如果大学生能够清楚了解自我意识的发展、特点及存在的问题,对他们的身心健康发展和人格的完善都大有裨益。

自我意识简单地说就是自己对自己的认识,包括身体、心理和自己与他人之间的关系。如对自己身高、体重、性格、能力、兴趣、爱好等方面的认识。自我意识是区分自己与他人、自己与外界事物的标识,人只有先认识了自我,才能更好地认识其他事物。

二、自我意识的形成和发展

自我意识不是生来就有的,它是随着主体在客观世界中经验的积累而逐渐形成和发展起来的,并且自我意识的发展是多维度的。

(一)按内容分类

从内容上看,自我意识可分为生理自我、社会自我和心理自我。

1.生理自我即自我对身体方面的认识

人并不是一出生就有自我意识,刚出生的新生儿是无法区分自己与他人、自己与外界的,生活在主体和客体混淆的阶段,一般到婴幼儿时期才产生对自己的最初认识,也就是生理自我认识。到七八个月大的时候,婴儿才会有自我意识的萌芽,开始能够意识到自己身体的存在,开始注意到自己身体的各个部位。两岁以前的婴儿是不会用"我"这个词,当婴儿可以用"我"这个词来表达自己的时候,他才可以将自己和外界的事物区分开来。当婴儿到 3 岁时,开始出现了羞耻感,并且对自己身体的支配感逐渐增强,他们想获得一种自主的感觉。他们希望自己去独立完成某件事情,如吃饭、穿衣服、拿玩具等日常活动,他们开始独立地探索外部世界。但这个时期的自我意识是以自我为中心的,不会考虑到其他人,所以这个时期也被称为"自我中心期"。

2.社会自我即自我对自己在社会关系方面的认识

在这个时期,开始注意到自我与他人、社会的关系,开始有角色意识。他们有意识地模仿成人的行为动作,并且在游戏中发展自我的学习能力和社会交往能力。青春期阶段明确了自己的角色,可以从他人的角度出发去思考问题、认识事物,开始听从别人对自己的评价,逐步进入"客观化时期"。

3.心理自我即自我对自己心理情况方面的认识

个体开始将注意焦点从外部世界转移到内部世界,将外部世界的信息经过整合,逐渐形成个体独特的体系。开始关注自己的内心体验和感受,独立的意识日趋强烈,重视自己的个性成长,有很强的自尊心,需要被人认可,更在乎同伴的赞许和重视。这个时期的自我意识趋向主观性,所以称之为"主观化时期"。

(二)按结构分类

从结构上来看,自我意识可分为自我认识、自我体验和自我控制。

1. 自我认识是自我意识在认知能力上的表现

它是自我意识的首要成分,也是自我调节控制的心理基础。它包括自我感觉、自我想象、自我概念、自我观察、自我分析和自我评价。其中,自我分析是在自我观察的基础上对自身状况的反思。自我评价是从社会价值方面对自己行为、能力和品德的评估,它最能体现一个人自我认识的水平。自我评价是随着年龄不断发展变化的,在童年期以前,更多的是以他人评价为主。童年期之后,自我评价才逐步形成和稳定,并逐步摆脱他人评价对自己的影响,更加相信自我的评价。

2. 自我体验是自我意识在情感方面的表现

自我体验具体包括自尊心、自信心、自卑、责任感、内疚感、优越感、自豪感等。其中自信心和自尊心是自我体验的具体内容。自信心是对自己是否能胜任所承担的任务而产生的自我体验。自尊心是指个体在社会比较过程中所获得的有关自我价值的积极的评价与体验。自信心与自尊心都是和自我评价紧密联系在一起的。拥有高度自信心和自尊心的个体,自我评价倾向于积极肯定,如:"我可以!""我能行!"如果个体自尊心长期得不到满足时,就会导致自卑、抑郁、失望,甚至是绝望,自我评价也更加消极,会更多地否定自我。

3. 自我调节又称自我控制,是自我意识的意志成分

自我调节主要表现为个人对自己的行为、活动和态度的调控。它包括自我检查、自我监督、自我控制等。自我检查是主体在头脑中将自己的活动结果与活动目的加以比较、对照的过程。自我监督是一个人以其良心或内在的行为准则对自己的言行实行监督的过程。自我控制是主体对自身心理与行为的主动的掌握。自我调节是自我意识中直接作用于个体行为的环节,它是一个人自我教育、自我发展的重要机制,自我调节的实现是自我意识的能动性质的表现。自我意识的调节作用表现为启动或制止行为,心理活动的转移,心理过程的加速或减速,积极性的加强或减弱,动机的协调,根据所拟订的计划监督检查行动,动作的协调一致等。

(三)按自我观察的角度分类

从自我观察的角度来看,自我意识可分为现实自我、理想自我和他人自我。

(1)现实自我,是指个体认为自己实际上具有的特征和品质,也就是个体对现实中的我进行观察和思考后所得到的认识。

(2)理想自我,是指希望自己成为怎样的人,具有怎样的特征和品质,对将来或者想象的自我的认识。理想与现实总是存在着差距,因此理想自我和现实自我是不完全一致的。理想自我涉及的根本问题是"我将来想成为怎样的一个人""我应该是怎样的一个人"。

(3)他人自我即投射自我,是指自己在与别人接触、交往的过程中,别人认为我是怎样的一个人,对我有怎样的评价。

近代心理学家对个体心理发展做了大量的研究,现在重点介绍一下埃里克森的个体发展的 8 个阶段。埃里克森认为,人格在人的一生中都在不断地发展。他提出了 8 个阶段,认为每一个人都要经历这 8 个阶段,每一个阶段对人格发展都至关重要。

1. 第一阶段:基本信任对不信任

婴儿期(从出生到 2 岁),任务:满足生理需求,发展信任感,克服不信任感,即怀疑感。在出生后,新生儿完全处在周围人的关爱中。婴儿是否得到了充满爱的照料、他们的需要是否得到了满足、他们的啼哭是否得到了注意,这都是他们人格发展中的第一个转折点。需要得到了满足的儿童,会产生基本的信任感。对受到适当的爱和关注的儿童来说,世界是美好的,人们是充满爱意的,是可以接近的。然而,有一些儿童在一生中对他人都会是疏远和退缩的,不相信自己,也不相信他人。

2. 第二阶段:自主性对羞愧和怀疑

儿童早期(从 2 岁到 4 岁),任务:获得自主感而克服羞怯和疑虑,体验着意志的实现。

1 周岁以后,儿童想要知道是谁使他们与外界联系起来? 外界的哪些东西是他们能控制的? 外界的什么东西控制着他们? 大多数儿童在这个阶段产生了"自主性"的意识。他们感到有能力,是独立的,他们有了强烈的个人操控感,有自主感的人有自信能够在障碍之海顺利航行,能够应对生活中的挑战。然而,和阿德勒不赞成溺爱孩子一样,埃里克森发现,父母的过度保护会阻碍儿童自主性的发展。如果不允许儿童进行探索,不能获得个人控制感和对外界施加影响的认识,儿童就会产生一种羞怯和怀疑的情感。他们对自己感到不确定,变得依赖于他人。

3. 第三阶段:主动性对内疚

学前期(从 4 岁到 7 岁),任务:基本的主动感对内疚感。主要是获得主动感,克服内疚感,体验着目的的实现。

在学前期,随着儿童开始与其他儿童交往,他们面临着进入社会生活的挑战。儿童必须学会怎样与其他人一起玩、一起做事,怎样解决不可避免的冲突。儿童通过寻找游戏玩伴以及参与其他的社会性活动,他们的主动性得到了发展。他们学习怎样设定一个目标,通过说服来处理挑战,他们发展了企图心和目的感。不能很好地发展主动性的儿童,在这个阶段会产生内疚感和退缩性,他们可能缺乏目的感,并在社会交往或其他场合中很少表现出主动性。

4. 第四阶段:勤奋对自卑

学龄期(从 7 岁到 12 岁),任务:获得勤奋感而克服自卑感,体验着能力的实现。

大多数儿童进入小学时,都会认为自己没有什么做不了的,但不久,他们发现开始与别的孩子展开了竞争——为学习成绩、为得到大家的欢迎、为引起老师的注意、为体育比赛中的胜利等。他们不可避免地要将自己的聪明和能力与同龄儿童进行比较。如果儿童体验到了成功,他们的竞争意识就会不断增强,这为他们今后成为积极的、有成就的社会成员铺平了道路。但失败的体验,会使儿童产生一种不适当的感情,对今后的创造与生活都期望不高。正是在这个时期,在青春躁动到来之前的少年时期,我们形成了勤奋感和对自己能力的信任感,同时也可能形成了自卑感和对自己天分和能力的低评价。

5. 第五阶段:自我认同感对角色混乱

青年期(从 12 岁到 18 岁),任务:建立同一感和防止同一感混乱,体验着忠诚的实现。

很快地,我们到达了青少年阶段,这是一个迅速发展的时期,是进入成年期的短期准备阶段。青少年阶段可能是人一生中最困难的时期。以前只是对游乐场感兴趣,遇到的问题也很简单。现在,突然要应付生活中的重要问题了,这种跨越造成的混乱使青少年感到烦恼甚至痛苦。埃里克森清楚地看到了这个时期的重要意义。青少年开始提出这样一个重要问题:"我是谁?"如果对这一问题的回答是成功的,他们的自我认同感就形成了,他们对个人价值和宗教问题能独立做出决定,理解了自己是怎样的人,接受并欣赏自己。但是很遗憾,有许多青少年不能形成良好的自我认同感,相反,他们出现了角色混乱。

6. 第六阶段:亲密对孤独

成年早期(从 18 岁到 25 岁),任务:获得亲密感以避免孤独感,体验着爱情的实现。

当亲密关系的发展成为最根本、最重要的需求的时候,年轻人就步入了埃里克森模式中的下一个阶段:发展亲密关系。年轻人开始寻求一种特殊的关系,通过这种关系来发展他的亲密感,并在情感方面得到成长,亲密感发展的结果一般是结婚,或是对另一人的爱的承诺,但也可能有别的结局,例如两人一起分享亲密感而不结婚,也可能很不幸,与人结了婚却没有亲密感。在这一阶段不能形成良好的亲密感的人,就会面临孤独感。他们可能经历了很多次肤浅的关系,但从来没有在真正的亲密关系中获得情感满足,有些人甚至逃避情感承诺。

7. 第七阶段:繁衍对停滞

成年中期,从 25 岁至 50 岁,任务:获得繁衍感而避免停滞感,体验着关怀的实现。

进入中年,人们开始关心下一代。父母们发现,他们通过对孩子的教育,丰富了自己的生活。没有子女的成年人通过与年轻人的接触也会感到这种生活的丰富。没有形成这种繁衍感的成年人会陷入一种停滞感当中,它表现为一种空虚感和对人生目标的怀疑。父母在抚养孩子的过程中发现,生活中充满了有意义和有趣的事情。遗憾的是,还有些父母,他们从教育孩子中很少获得快乐,而是充满了厌烦,对生活感到不满。在孩子成长中不能展示自己的潜力,这对父母和孩子来说都是可悲的。

8. 第八阶段:自我整合对失望

成年晚期,从 50 岁至死亡,任务:获得完善感并避免失望和厌倦感,体验着智慧的实现。

大多数人到老年时都能保持原来的状态,但埃里克森认为,老年人还有一种危机要克服。过去的岁月和经历,走向死亡的必然性,使老年人要么达到一种自我整合,要么产生失望感。以满足的心情回忆往事的人,将以一种完善感走完最后的发展阶段。埃里克森写道:"人对唯一的一次生命,是将它作为不得不是这个样子而接受的,是将它作为必然的、不允许有其他替代物而接受的,是以人的生活是人自己的责任这样一个事实而接受的。"不能形成这种良好整合的人会陷入失望的境地。他们认识到年轻人拥有的选择和机会,他们都没有了,一生将要结束,他们希望用完全不同的方式重新生活一遍,这样的人常常通过对他人的厌恶和轻蔑来表达他们的失望。生活中没有什么东西比一个老年人的失望更悲哀,也没有什么东西比一个充满完善感的老年生活更令人满足。

·【课堂练习】·

1. 写出 20 个"我是谁"，要求选择能反映个人个性风格的语句。

2. 写出父亲眼中的我、母亲眼中的我、兄妹眼中的我、同学眼中的我、朋友眼中的我、我眼中的我和我理想中的我。

拓展阅读→

国外学者关于自我结构的研究

西方心理学对自我的研究中，用得较多的术语是自我概念，而不是自我意识，两者在使用时的意思是比较接近的，一般是指一个人感受自身存在的经验，包括人们通过经验、反思和他人的反馈而获得的关于自身的认识。但对于它的结构，则有不同的理解和研究结果。

1. 詹姆斯的主观我与客观我

詹姆斯最早在心理学的研究中对自我进行了探讨。他认为，自我由主观的我和客观的我两个方面构成：主观的我用"I"表示，即个人的"自己认识的自我"；客观的我用"me"表示，即"个人的所有一切可称之为他的东西的总和"，包括能力、社会性和人格特征等。"I"在句子里是主语成分（我是……我做……），如："我觉得自己有信心完成这项工作""我感到很内疚"等；"me"在句子里是宾语成分，是被观察到的我。

客观的我又分为身体自我、物质自我、社会自我和心理自我。

身体自我指意识到自己仪表、身体的各个部分；物质自我包括对自己的各种物质的东西的意识，如衣着、家庭中的亲人、家庭环境等；社会自我是指自己受到朋友们的认可，给周围人留下的印象，个人的名誉、地位以及自己在所参加的社会群体中的作用；心理自我是指自己的智慧、能力、人格倾向以及感觉知觉的经验、情绪情感体验、各种动机欲望等。

詹姆斯认为，上述四种客观自我，都受到主观自我的价值判断和评价的影响，都会产生自我体验，进而形成自我追求，即主观的我要求客观的我努力保持自己的优势，以受到社会与他人的尊重和赞赏。

2. 库利的镜像自我

库利发现了"与他人交往"在儿童自我概念发展中的特殊作用。他认为，他人对自己的态度是自我觉知的"一面镜子"，儿童的自我概念是通过"镜映过程"形成起来的"镜像自我"，别人对于儿童的态度反映（表情、评价与对待）就像是一面镜子，儿童通过它们来了解和界定自己，并形成相应的自我概念。也就是说，一个人处在一定的社会关系中，是通过与他人相处，从他们对自己的评价中看到自己的形象。

"镜中我"一说来自史密斯的著作《道德情感论》，史密斯谈道："社会好似一面镜子，人们可以从这面镜子中看到自己。在这面镜子之前,我们可以尽可能地以别人的眼光来审视自己行为的合理性。"

自我是一种社会现象,源于各种社会关系。"镜中我"实际上是一种社会我,它包含3个主要成分:对自己在他人眼里的形象和想象、他人对自己所做的评价和判断的自我想象、自己对自己怀有的某种情感(如自尊、自卑等)。

3. 弗洛伊德的本能驱动的我

弗洛伊德以人的本能的力量为重心,研究自我。他将人格结构分为本我、自我和超我。其中本我代表人格中的生物成分,是人格结构中最原始的领域,是人的心理能量的根源和本能的栖息所,它缺乏组织,而且盲目、苛求和固执。本我受快乐原则支配,其目标在于减缓紧张、趋乐避苦。本我缺乏逻辑,没有道德观,只想要享乐以满足本能的需要。本我就像是被宠坏的小孩,永远不会成熟,它只有赤裸裸的欲望和冲动,从不思考,只是期望快乐和行动。本我大部分属于潜意识。

自我代表人格与外在现实世界相接触的部分,而超我则是社会文化因素。弗洛伊德认为,人格是一个复杂而精密的能量系统,人格的动力状态就是将心理能量分配给本我、自我和超我。由于能量有限,当其中一个系统获取过多的能量时,其余两者的能量就会不足。

第二节 大学生自我意识的发展

一、大学生自我意识发展的过程

在个体的发展过程中,童年期是人格开始形成的时期,少年期和青年期则是人格初步形成并定型的时期,成年期是人格成熟时期。自我意识是人格发展的核心要素,在自我认知、自我体验与自我控制三者相互影响、相互作用的过程中,自我意识逐步成熟,其间经历了分化—矛盾—整合的过程。

(一)自我意识的分化

自我意识的分化主要表现在以下6个方面:

1. 主观我与客观我之间的矛盾

自我有主观我与客观我之分。主观我是一个人对社会情境做出的反应,是自我中积极主动的一面。主观自我与客观自我应该是统一的,这种统一是个人对客体的认识与个人愿望的统一,是个人与社会的统一,是"自我同一性"的形成,更是形成良好的自我意识的标志。然而,由于自我的结构是多种多样的,每个人所处的社会环境存在着很大的差异,主观我与客观我并不总是统一的。

大学生的主观我与客观我的矛盾相对突出。一方面,作为同龄人中能够接受高等教育的人,大学生对自我有较高的积极评价,但由于他们远离社会,缺乏社会经验,在校园浓郁的学术与文化氛围中成长,对社会的了解缺乏切肤的实际与客观的目光。另一方面,社会上对当今大学生"重理论轻实践、重专业轻基础,重科学轻人文"的评价及"本科生不专,硕士不研,博士不博"的看法,特别是随着高等教育大众化进程的推进,适龄青年接受高等教育机会的增加,社会对大学生的评价更趋客观。大学生回归本位,光环的消失使他们产生失落感。

2.理想我与现实我的冲突

理想我是指个人想要达到的完美的形象,是个人追求的目标,它引导个体实现理想中的个人自我。现实自我是个人从自己的立场出发,对现实中自我的各种特征的认识。现实自我又称个人自我,主观性较强。在现实生活中,理想自我与现实自我总是存在着一定的差距,合理的差距能够使人不断进步、奋发有为,但是,如果差距过大,则有可能引起自我的分裂,导致一系列心理问题。

青年时期的大学生,心中承载着无数的梦想,他们有抱负、有追求、有理想,成就动机强烈,特别是当市场经济将人们的成就意识凸现时,很多大学生心中涌动着比尔·盖茨般成功的梦想,他们为自己设定了一个美丽的"理想我",也对大学生活进行了理想化的设定,但当他们一脚踏入大学时,现实与心中的理想形成了巨大的反差,新生出现了"理想真空带"与"动力缓冲带",一时间找不到自己生活的方位。对理想自我的渴望与对现实自我的不满构成了这一时期大学生自我意识发展的重要组成部分。值得重视的两个方面是:一是理想我与现实我有一定距离是正常的,它可以激励大学生奋发图强、积极向上,向着梦中的方向飞奔;二是当现实我距离理想我太过遥远时,大学生会产生各种各样的心理不适甚至自暴自弃,变得平庸无为,变得无所事事,变得没有动力。

当理想我与现实我发生冲突时,积极的自我调适便非常必要。这时,大学生要重新调整和评估自己的理想,直到通过努力可以达到为止。

3.独立与依附的冲突

大学生生理与心理的成熟使他们渴望独立,以独立的个体面对生活、学习与工作中遇到的问题,但由于长期的校园生活使他们应有的社会阅历与经验相对匮乏,当应激事件出现时,又盼望亲人、老师、同学能够替自己分忧。另外,大学生心理上的独立与经济上的不独立也形成了明显的反差。在他们迫切希望摆脱约束、追求自立的同时,却又不可能真正摆脱家长、老师的支持和帮助。特别是对于某些独生子女来说,由于长期受到父母的溺爱,这种独立与依赖的矛盾就表现得非常突出。

应当指出的是,独立并非意味着独来独往,独立并非不需要任何人的帮助和指导,并非不需要依赖别人,而在于个人必须对自己的行为负有责任。"一个好汉三个帮",即使是一个独立性很强的人,也有依靠别人的需要。不同的是,独立的人更多的是依靠自己的力量去克服或解决自我的问题,而不是完全依靠他人的帮助,独立的人能够权衡利弊、审时度势,能够勇敢做出决定并能够勇于承担自己的行为责任。

过分的依附使大学生缺乏对客观事物的判断能力与决断能力,显得优柔寡断,缺乏主见;而过分的独立又使部分学生陷入"不需要社会支持"及"凡事都要靠自己",采取我行我素、孤傲自立的行为方式,但在遭遇挫折时又会出现不知如何寻求帮助的情况。事实上,任何心理成熟的独立的现代人,都需要他人的帮助,广泛的社会支持是个体心理健康不可或缺的。

（）

34

大学生心理健康教育

4.渴望交往与心灵闭锁的冲突

没有哪个时期比青少年时期更加渴望拥有友情与爱情的滋养,更加渴望同辈群体的认同与归属感。在这个时期,一方面,每个人都渴望着爱与友谊,渴望着交往与分享,渴望着自我价值得到实现,渴望着探讨人生的真谛、寻找人生的知己,希望成为群体中受尊敬与欢迎的人,然而另一方面,大学生的自我表露又受着心灵闭锁的影响,总是不经意地将自己的内心深藏起来,与同学有意无意地保持着一定的距离,存在着戒备心理,不能完全敞开心扉。这也是大学生常常感到的"交往不如中学那么自如真诚"的原因所在。

5.自负与自卑的冲突

自信是一种健康的心理,是一种自我意识健全与人格成熟的标志。由于大学生的自我意识尚在发展过程中,心理尚未完全成熟,因而对自己的认知往往会出现偏差:自负或自卑。自负是一种过度的自信,拥有这种心理的人,缺乏自知之明,往往以为自己对而别人错,把自己的意志强加在别人身上,不能与人和睦相处。自卑是一种自我否定,表现为对自己缺乏信心,对自己不满和否定,拥有这种心理的人总以为自己存在着不足与失误,因而遇事总会胆怯、心虚、逃避、退缩,缺乏主见。自负与自卑总是紧密相连的,自负表现强烈的人往往也是极度自卑的人。与其他群体相比,大学生体现出较高的自尊与自信,他们渴望成功,不甘落后,对成功的渴望与预期很高,特别是当小小的成就来到身边时,很容易表现出骄傲自大、唯我独尊、以自我为中心,好像世界尽在掌握中。当遭遇失败与挫折时,他们便开始怀疑自己的能力,进而产生自我否定、自我怀疑甚至自暴自弃,陷入强烈的自卑之中。这些都与大学生自我认知不良、自我定位不准确有关。

6.理智与情感的冲突

大学生情绪的一个显著特点是容易两极分化,或高或低,波动性大,易冲动,不易控制。但随着身心的发展,认知水平的提高,大学生渐渐成熟,在遇到客观问题时,既想满足自己情绪与情感的要求,又想服从于社会及他人的需求。特别是当遇到失恋等人生打击时,尽管理智上能够理解,却在感情上难以接受。

(二)大学生自我意识的整合

自我意识的矛盾冲突,常常会给大学生带来不安或心理痛苦,他们总是力图通过自我探究来摆脱这种不安与痛苦。在自我意识的矛盾冲突中,大学生的自我意识也在不断调整、发展,在此过程中,他们极易寻求新的支点,寻找自我意识的统一点来整合自我意识。由于自我意识具有复杂性与多维性,大学生逐渐在多维度中审视自我、调整自我,向理想自我靠近。这也是我们常说的自我同一性的建立。从多维度观察的自我同一性越高,大学生自我意识的发展就越好,人格也越完善。但是,由于大学生的成长背景、家庭教养方式、社会经济地位、个人人生志向、职业目标的不同,他们的自我意识整合的结果与类型也不同。从自我意识的性质看,大学生自我意识的整合表现在3个方面:

1.积极自我的建立:自我肯定

自我肯定,即对自我的认识比较清晰、客观、全面、深刻。这种积极自我的特点是在经过痛苦的选择与调整之后,大学生逐渐成长,使自己的理想我与现实我趋于统一,主观我与他观我趋于一致,对自我的认识更加深刻、客观、理性。积极的自我不仅了解自己的长处与优势,也了解自己的不足与劣势,他能够分析哪些是通过努力可以达到的,哪些是属于无法企及的,从而进行积极的自我肯定,向着理想自我迈进。

2.消极自我的建立:自我否定

消极的自我意识分为两个方面:自我贬损型与自我夸大型。自我贬损型的人由于总在积累失败与挫折的经历,对现实自我的评价较低,并时常伴有自我排斥、自我否定。他们不但不接纳自己,甚至自我拒绝、自我放弃,表现为没有朝气、随波逐流、缺少激情,生活没有目标,其结果则更加自卑,从而失去进取的动力。自我夸大型的人正好相反,他们对自我的评价非常高,往往脱离客观实际,常常以理想自我代替现实自我,盲目自信,虚荣心强,心理防御意识强。

3.自我冲突

自我冲突是指难以达到整合的自我意识,表现为自我评价始终在真实自我上下徘徊,自我认知或高或低,自我体验或好或坏,自我控制时强时弱,心理发展极不平衡,时而显得自信而成熟,时而又表现出自卑和不成熟,让人无法评估。

二、大学生自我意识发展的特点

与同龄群体相比,由于大学生的生活阅历与学习特点决定了大学生自我意识的独特性,主要表现在以下 3 个方面:

(一)时间上的"延缓偿付期"

大学并非人生必经时期,对大学生而言,思想上的独立与经济上的依赖,生理上的成熟与心理社会性成熟的滞后存在着深刻的矛盾。从年龄上看,大学生到了应该是自立的、独立承担社会责任的时候,但校园相对单纯的学习生活又使他们应当承担的社会责任从时间上向后延迟。这种社会责任的向后延迟使学生们处于"准成人"状态。这样也为大学生广泛、深入、细致地思考自我提供了时间的现实可能性。值得重视的是:大学生现实的责任感的后移并不能减轻他们心理上的压力,特别是对于贫困学生。很多学生在作业中写道:"每当自己坐在教室里读书时,常常不自觉地想到操劳的父母,此时自己本应当挑起家庭的重担,为父母分忧解难,却还要花父母的血汗钱,想来就觉得非常难过,感到很不忍心。一种负罪感悄悄地袭上心头。"

(二)空间上的"自主性"

象牙塔为学生提供了一个多元文化背景下的学习环境,网络更为学生提供了无限广阔的、平等自由的学习与交流空间。而东西方文化的交融与发展更为大学生自我意识的发展提供了客观条件。但这种影响是双重的:一方面,大学生的家庭背景不同、来自不同的地区、有着不同的人生追求,在共同的学习生活中,大家互相影响、互相包容,在这种互动的环境中逐渐形成自己的价值观念,特别是在心灵的沟通与碰撞中建立与尝试新的自我;另一方面,大学生在多种价值体系、多种文化的碰撞面前,原来建立的价值观、人生观受到了强烈的冲击,这种冲击有时甚至会使大学生怀疑自己。特别是大学新生,从原来的环境中进入新的环境中,原有的自我价值体系在重建中需要较高的反思能力与自我控制能力,"我是优秀的"可能被期末考试的"红灯"击落得一无是处。这时,调整与反思自我便显得非常重要。

(三)自我意识发展的"不平衡性"

大学生生理、心理与社会自我的发展并非平稳如河川。大学生的主观自我与他观自我往往表现出不一致性,特别是大学高年级学生,一直处于较高的自我意识水平,但随后到来的毕业择业常常使他们长期建立的"高自我意识"与"自我概念"变得摇摇欲坠。一位毕业生说道:"长期以来,一直心存优越感,尽管从多种渠道了解到大学生已不再是天之骄子,但对就业时屡遭冷遇还是接受不了。"高主观自我与他观自我的不平衡,生理、心理与社会自我发展的不平衡都直接影响大学生自我意识发展的水平。造成这种不平衡的主要原因:一是大学生的人生观、世界观尚在形成与健全之中,对自我的认识易受环境的影响;二是大学生自我概念仍在不断的发展变化之中,大一新生到毕业生的自我概念并不一致,只有到大学毕业时才能在不断的变化与调整及社会的需求中建立完整的自我概念;三是经历高考后,大学生真正开始痛苦的"心理断乳"期,适应新环境、新的人际关系必然带来发展着的自我意识与自我概念的不平衡。

从自我意识结构方面来说,大学生自我意识发展的特点体现在以下 3 个方面:

1. 自我认识方面的特点

(1)大学生自我认识更加具有独立性和主动性

跨入大学校园后,大学生面临着新的问题和挑战,如:"我将成为什么样的大学生?"他们不再像儿童那样,听从成人的安排,而是要求独立地处理自己遇到的各种问题。如,怎么样处理与宿舍舍友之间的关系、怎么样处理男女同学之间的关系等。他们渴望摆脱成人的监督和约束,力图用自己的观点、想法来认识和评价他人和外界事物。他们会强调自己所具有的独特的人格特征,如一个学业优秀的学生会强调专业文化知识的重要性。

(2)自我认识的发展由浅入深

儿童对自己的体型外貌很少关心,少年时才开始关注自己的身体容貌,大学生则表现出来对自己的体貌高度重视。他们常常对身体的某一个部位感到不满,如男性比较关注自己的身高、肌肉,女性则对自己的体重、胸臀部比较关注。大学生重视自己的内心活动,他们经常自省,并且关注别人的内心活动,喜欢和他人作对比。关心自己个性品质的发展,探索自己个性的真实面貌。

(3)自我认识更加客观

大学生更多的是根据他人的态度认识自我,他们开始与周围的其他人进行对比来认识自我,能够客观地分析、思考和判断自我。对自我的优缺点有比较正确的认识和评价。

2. 自我体验方面的特点

(1)自我体验具有不稳定性

大学生对他人的评价极为敏感,涉及与"我"有关的词汇和事情时,会产生强烈的情绪体验。既有热情、兴奋、激动、活泼的积极情绪体验,也会有抑郁、低沉的消极情绪体验。

这些情绪体验有时会来得非常迅猛,并且时而积极、时而消极,使得大学生的情绪体验表现出不稳定性。

(2)自我体验表现得十分丰富

各种各样的体验都会从大学生身上表现出来。一项调查表明,大学生自我体验的基调倾向于热情、憧憬、自信、舒畅、紧张、急躁等。其中男性的基调倾向于紧张、自信、热情、憧憬、急躁,女性的基调倾向于热情、急躁、舒畅、憧憬、愁闷等。

(3)渴望被尊重和肯定

大学生要求被其他人平等对待、尊重和肯定。喜欢得到别人的羡慕和注意,害怕被别人瞧不起。这显示出大学生对平等和尊重的需求很强烈。

3.自我控制方面的特点

(1)自我控制能力的提高

大学生的自我控制已经发展到由自觉提出的动机、目的来调节与支持,防止活动的任意改变,坚持执行预定的行动计划,因而能应用逻辑分析提高执行过程的知觉水平。大学生的自我批评、自我教育的水平在不断提高,能够及时调整自己的行为,盲目性和冲动性行为会越来越少。

(2)高度的独立意识

独立意识是个体力图摆脱他人的管教和束缚,展现自我的一种意识倾向。大学生心理已经趋于成熟,成人感极其强烈。他们希望从经济上、精神上获得独立。因此,会发现很多大学生会做各种各样的兼职,一方面是为了积累社会经验,另一方面也是为了获得经济上的独立。大学生在毕业择业时,也是更多地以自己的性格、兴趣、专长作为择业的标准,而不再是单纯为了完成父母的愿望。

三、大学生自我意识发展的偏差及调适

(一)过度自卑

→→→→→

【身边案例】

小萍的父母均为农民,一直以来家境贫困,由于家庭贫困,她常担心会因缴不起学费而辍学。经常觉得自己学习成绩不太好,没什么优点,不讨别人喜欢。总不相信别人,不愿理会别人,对人冷漠、缺乏热情。总之,她感到大学生活非常灰暗,没有任何快乐,多次想退学。最近连续几天晚上做相同的噩梦,梦见父亲去世了,从梦中哭醒,连续几天都很伤心,情绪很低落,无法学习。

←←←←

1.过度自卑的主要表现

自卑感是对自己不满、否定的情感,往往是自尊心屡屡受挫的结果。过度自卑常常表现为自我评价低、超概括化和泛化、过分敏感、多疑、消极地看待问题,遇事习惯往坏处想、意志消沉、自我掩饰、不愿意改变,难以接受新事物等。在大学里,人与人的竞争是必然存在的,比如在学业成绩、家世、容貌等方面,没有人会是永远的胜利者。总会在某个方面有不如人的地方,这时会产生自卑感,是正常的。但有的同学过度自卑,这类人自我认识不客观,往往只看到自我的缺点而忽略了自身的长处,不喜欢自己、不能容忍自己的缺点和弱点,否定、抱怨、指责自己,看不到自己的价值,或夸大了自己的不足,感到自己什么都不如他人,处处低人一等,丧失信心。过度的自卑感不仅会影响大学生正常的学习和生活,而且也不利于大学生人格全面健康的发展。

2.过度自卑的调适方法

(1)对其危害要有清醒的认识,有勇气和决心改变自己。

(2)正确认识和评价自己,无条件接受自己,欣赏自己所长,接纳自己所短。可以通过找优点、重温成功的经历、找他人评价等方式恢复自信心。

(3)调整对自己的期望、确立合适的抱负水平,区分长期目标和近期目标,区分潜能和当前能力。

(4)找到成功的突破口。从容易成功的事情做起,积累成功的经验,体验成功的感受,恢复自信心。

(5)制订行动计划,保证行动成功。

(二)过度的自我接受

1.过度自我接受的表现

自我接受是指自己认可自己、肯定自己的价值,对自己的才能和局限、长处和短处都能客观评价、坦然地接受,不会过多地抱怨和谴责自己。而过度的自我接受表现为自我扩张、高估自我,对自己的肯定评价有过之而无不及。放大自己的长处,缩小他人的长处,人际交往模式是"我好,你不好!""我行,你不行!"容易产生盲目乐观情绪,自以为是,不易处理好人际关系,易骄傲,常对自己提出过高要求,承担无法完成的任务、义务而导致失败。

2.过度自我接受的调适方法

第一,要看到自己的不足,承认自己需要不断完善;第二,要看到他人的长处,欣赏他人的独特性;第三,多与他人交往,以开放的心态尊重和认真对待来自他人的反馈意见。

(三)过度的自我拒绝

1.过度自我拒绝的表现

过度的自我拒绝常常表现为不喜欢自己,不能容忍自己的缺点和不足,经常性地否定、指责和苛求自己。往往忽略自己的优势,看不到自身的价值,过分夸大自己的不足。过度的自我拒绝会使人丧失自信,缺乏竞争意识,限制自己的正常能力的发挥。人际交往模式是"我不好,你好""我不行,你行",在人际交往中常常处于被动地位。

2.过度自我拒绝的调适方法

第一,要悦纳自己。要正确认识自身的优缺点,应该立足于自己的长处,并肯定自身的价值,做到不妄自菲薄。第二,要确立合理的评价体系。要懂得"比上不足、比下有余",参照物是否合理将影响着一个人对自我的评价。

(四)过度的以自我为中心

1.过度自我中心的表现

以自我为中心的人凡事从自我出发,只关心自己,先替自己打算,很少站在别人的角度思考问题,不顾忌他人的感受和需要。盛气凌人,好把自己意志强加于人,习惯让别人迁就和服从自己。他们只想索取,而不讲回报。不易赢得他人的好感和信任,人际关系不和谐,易遭挫折。

2.过度自我中心的调适方法

第一,要摆正自己的位置,既重视自己,也不贬低他人,自觉地把自己和他人、集体结合起来,走出自我的小天地。第二,实事求是、恰如其分地评估自己,多设身处地从他人的角度思考问题,尊重他人感受、关心他人。

(五)过度追求完美

→ → → → →

【身边案例】

小王是大学新生,从小学到高中,一直努力学习,成绩名列前茅,经常得到父母和老师的表扬。高考时以优异成绩考入某名牌大学,班里同学都是各地来的尖子生,他的成绩只排在中下,心里很失落,暗下决心要把名次提上去。但事与愿违,在第一学期的期末考试中,他的名次没升反而下降了,甚至还出现了不及格。为此父母极为严厉地批评了他,他也觉得自己很没用,感到自己很没面子,老师不重视他,同学们也都看不起他。他成日情绪低落,内心苦恼、焦虑,觉得父母不再像以前那样爱他和关心他了。

← ← ← ←

1.过度追求完美的表现

追求完美的大学生对自己要求过高,期望自己完美无缺,却不顾自己的实际状况。对自己"不完美"的地方过分看重,总对自己不满意,严重地影响自己的情绪和自信。

2.过度追求完美的调适方法

首先,要树立正确的认知观念。人不能十全十美,一个人应该接纳自己并肯定自己的价值,不自以为是,也不妄自菲薄。其次,有正确的评价参照体系和立足点,按照自己的实际评估自己的价值。再次,制订合理的目标,把目标锁定在能力所及的范围之内。最后,承认自己的局限性,接纳自己的不完美,欣赏自己的独特性。

(六)过度逆反

1.过度逆反的表现

过度逆反的实质是大学生为了寻求自身的独立性,主要表现为对教师的教育和学校校规校纪的抵制、蔑视和对抗等。具体表现为：对正面宣传不认同、不信任；对先进人物、榜样无端怀疑，甚至根本否定；对不良倾向持认同情感，大喝其彩；有时是为了反抗而反抗，其根本的目的是为了显示自己的与众不同，标新立异。

2.过度逆反的调适方法

第一，要正确认识独立性的含义，提高辨别是非的能力。第二，要保证自我独立和外界要求的和谐一致。

四、大学生自我意识问题的成因

(一)家庭因素

当代大学生多数为独生子女，他们从小易受到过分的溺爱，家长过分保护、过分顺从，使得孩子容易过高地评价自己，认为自己是最好的。在溺爱家庭成长的孩子在受到挫折时，倾向于全盘否定自己，认为自己一无是处。这两种极端会导致自我意识发展出现混乱。在现行的教育体制下，家长们往往对孩子的智力教育给予过多的重视，而忽视了孩子的心理发展和个性品质方面的教育，只关注孩子的成绩而不注重孩子是否过得快乐，是否有良好的人际交往，是否全面发展。这就导致了大学生在心理上遇到困惑的时候不能及时地得到引导和帮助，导致大学生形成不良的自我认知、自我体验，影响大学生自我调控的水平，从而影响了自我意识的健康发展。

(二)社会因素

随着我国社会主义建设和经济的发展，社会生活发生了一系列的变化，人们的思想也发生着改变。国与国之间的经济文化交流越来越多，为大学生了解世界、开阔视野提供了良好的条件，大学生思想上的独立性、差异性明显增强。然而，随着改革开放的程度越来越高，各种不同的思潮不断地涌向社会。拜金主义、享乐主义、功利主义以及西方发达国家宣扬的一些其他的政治观点和价值观念，都对中国传统的思想道德规范和价值取向造成较大的冲击。另外，随着科技的发展，大众传媒手段越来越丰富，越来越便捷，一些不健康的、偏离社会规范的不良现象和流行观点很容易在校园中传播。加上当代大学生都有较强的求知欲和参与意识，这些不良影响折射到高校，对阅历尚浅、思想尚不够成熟、识别和抵御能力较弱的大学生产生了较大的影响，导致大学生对事物的认识和判断、对自我的认识和体验都受到较大的冲击，使大学生陷入不知所措的矛盾境地。

尤其是网络的广泛普及，使它成为人们日常生活、工作和学习的重要工具。网络的出现和应用为大学生提供了许多便利和实惠，为大学生提供了更为便捷的获取信息、了解社会、与他人沟通交流的平台。不容忽视的是，在带来诸多便捷的同时，网络也给大学生带来了许多负面影响。

由于网络具有自由性、平等性，用户可以随时在网上发布消息，加上网络作为新兴事物，政府在网络方面的监管力度仍然不够，金钱、色情、功利主义、享乐主义等各种各样的消极信息充斥网络空间。对于人生观、价值观尚未完全确立的大学生来说，这些良莠不齐的信息很容易造成他们价值观念方面的迷失和困惑，影响大学生的价值取向，出现自我意识的偏差。另外,一些发达国家为实现其"和平演变"的目的,假借民主、人权等问题,在网络上散布一些诋毁我国政治体制和社会主义建设方面的歪曲言论,严重影响着大学生的思想意识。由于网络具有虚拟性,不少大学生过度沉迷于网络,不能自拔。有许多大学生更愿意通过网络来与他人交流,因为在网络上,自己的缺点和不足不会被人看到,可以减少消极的情绪体验,如自卑等;有的大学生在现实生活中遇到挫折和不满,又没有适当的途径可以发泄,于是,就在网上通过发帖等形式使用过激的语言等来表达自己的不满和无奈;有的大学生在现实生活中缺乏交往能力,当他们遇到问题的时候找不到人倾诉,就会选择到网上寻找心灵慰藉;有的大学生在现实生活中可能处处不如别人,但是在玩网络游戏的时候,会取得很好的成绩,从而获得成就感,这让他们的自尊心和自信心得到极大的满足,于是陷入游戏之中无法自拔。这些在现实生活中难以实现的愿望,在网络中都可以实现,导致大学生越来越依赖网络,排斥现实中的规范、交往等,久而久之,渐渐与周围的人变得疏远,甚至产生隔阂,造成冷漠、抑郁等不健康的心理,影响大学生形成良好的自我意识。另外,由于网络具有一定的隐蔽性,弱化了现实社会中法律和社会规范的约束作用,使许多大学生的社会道德感和责任意识也出现弱化的趋势,同时也弱化了大学生自身内在的自我约束机制。

(三)学校因素

学校是大学生生活学习的主要场所,无疑对大学生的心理状态有着更直接、更深刻的影响。各类学校以不同形式开展素质教育,同时也越来越重视学生们的全面发展,但是在大学生心理素质的培养和教育方面,偏重心理治疗。学校心理健康教育的目标是预防与发展,应以人为本,满足每个学生的发展性需要。心理健康教育是全员性教育,而非针对某一个特殊群体。但是从学校的各个层面来看,重"点"不重"面",更加重视心理有问题的学生,对于心理健康教育的普及力度不够。心理健康教育的覆盖面过小,尤其是对大学生自我意识方面的教育,存在一定的缺失,有待于进一步的提高。

(四)个人实践体验

大学生的自我意识是随着学习活动、课外活动和各种社会交往活动而不断发展的。他们通过实践活动增进对自我的认识,获得自我体验,并进一步修正自我观念,调整对自我的要求。当他们在学习中获得显著的进步时,他们就体验到了成功的愉快,提高了对自己学习能力的评价,增强了信心;而当学习成绩下降时,他们不但体验到了失望和痛苦,而且还会对自己的学习能力产生怀疑,失去信心。当他们参加某些竞赛活动而获奖时,他们会为自己过去未曾发现的才能而感到欣喜,并相应地提高对自己的评价;如果比赛受挫,有些人不但会感到失望和难过,而且可能还会认为自己"本来就不是那块料"而灰心丧气。可见,实践的结果不断影响着大学生的自我认识和自我评价。实践中角色地位的变化也会影响到自我评价。一个学生当选为班长,会提高他对自我的积极评价,由此增加对自我的满意感和自信度;如果落选,则会降低对自我的评价和自信度。

大学生对自我的认识和评价,通常不是一次实践活动的直接结果,而是经过实践——认识——再实践——再认识反复实现的。大学一年级的时候,许多学生对自我尚缺乏全面、统一、稳定的认识,对自我的评估一般偏高。经过几年学习生活实践的反复认识后,他们才形成了比较统一的、稳定的认识,形成了比较确定的自我观念。

拓展阅读→

自我价值感

自我价值感是一种只在社会比较中才能产生的对自我价值的定位。它不一定是真实的定位,心理疾病即是定位出现问题之后的结果。

自我价值感,之所以叫自我价值感,是因为它是完全属于自我的感觉,和你真正的价值无关。实际上也没有真正的纯粹的独立自我价值,一切的价值,都只有在社会比较中才有意义,所以,如果一共只有两个人,我们只需打败另外一个人,自我价值感就可以得到提升,如果有一大群人,我们就得要在那一大群人中鹤立鸡群,这样才能感到自己是优秀的。很多在高中时候的优秀学生,考入名牌大学之后无比失落,是因为在高中时候体验到的很高的自我价值感,但在一群同样优秀的大学同学中,自我价值感大大地下降了,以至于出现各种心理问题。其实,人还是同样的那一个人,可是为什么他的自我价值感随着环境的变化就产生了变化了呢? 因为自我价值感原本就不是一个固定的值,是一个在相对比较中的变化的值。

自我价值感是指觉得自己是重要的,被人需要、尊重、看重的,觉得自己是有价值的、有人爱的,不会被抛弃的。乍一看,自我价值感和自恋的定义差不多,但仔细一看,还是有差别的,自恋是自我感觉一种单方面的觉得自己好的状态,里面没有不好的感觉,而自我价值感是一种有衡量尺度的、关于自己的价值的感觉,从最差到最好之间的一个值。自我价值感的核心,是相信自己能把事情做好,相信这个世界上有人爱我、在乎我、接纳我。归纳起来就是一个个体能够在多大程度上相信:我是有价值的,我是值得人爱的。自我价值感高的人,更能够承受冒险和变化,因为他相信自己可以掌控变化中的事物;相反,自我价值感低下的人,不能忍受冒险和变化,希望一切保持原样。

自我价值感的表现形式:自尊与自卑。这看起来似乎是两个相对立的概念,但实则不然,有时候,自尊是为了掩盖自卑,有时候,自卑里潜伏着对自尊的极度渴望。我们一直以为自尊是好的,自卑是不好的,但其实,只要有自尊,就一定伴随着自卑。因为当我们的自我价值感处于一个可以平衡的状态时,其实我们可以既不需要自尊,也不需要自卑,也就是所谓的不卑不亢的状态。很多自尊心很强的人,万事不求人的人,骨子里掩藏着极低的自我价值感,这样的人的心理,是很不健康的。说一个人的自尊心很强,也同时可以说明一个人的自尊心很脆弱,经不住被拒绝的打击,或者表明他的自尊心水平极低并且缺乏弹性。

·【课堂练习】·

每位同学将以下未完成语句补充完整。

1. 我最欣赏的自己的外貌特征是 _____。

2. 我最欣赏的自己对朋友的态度是 _____。

3. 我最欣赏的自己对学习的态度是 _____。

4. 我最欣赏的自己的一次成功是 _____。

5. 我最欣赏的自己的性格特征是 _____。

6. 我最欣赏的自己对家人的态度是 _____。

7. 我最欣赏的自己做事的态度是 _____。

第三节 大学生自我意识的养成

大学生的成长虽然受客观的环境和教育条件的限制,但更取决于其自我意识是否健全。健全的自我意识,能够促进大学生的自我完善。大学生的自我完善,既可以通过自我教育,也可以通过外部的指导和帮助来实现。

一、良好自我意识的标准

(1)一个自我肯定、自我统合的人;

(2)一个自我认识、自我体验、自我调节协调一致的人;

(3)一个独立的,同时又与外界保持协调的人;

(4)一个主动发展自我且具有灵活性的人;

(5)一个自身健康,能促进社会文明和进步的人。

二、正确认识自我

(一)韩乔窗口理论

美国心理学家约翰和哈里提出了关于人的自我认知的窗口理论,称为韩乔窗口理论。(表 2-1)它认为人对自己的认识是一个不断探索的过程。

表 2-1 韩乔窗口理论

	自知	自不知
他知	A.公开的我	B.盲目的我
他不知	C.秘密的我	D.未知的我

认识自我的 3 条渠道:他人评价、社会比较、行为观察。

1.通过他人评价认识自己

当我们还是个孩子的时候,我们还没有其他方式了解自己,所以只能全盘接受看起来无所不知、无所不能的大人们的评价。每个孩子每天都会接收到关于自己表现的各种信息,有的是正面的:"你好聪明!""你真乖!""你长得真漂亮!""你是妈妈最爱的小宝贝!"有些是负面的:"你是猪脑子吗?""你能不能别给我丢人!""真希望没生过你这个孩子!"

孩子观察别人对待他们的方式来判断自己,这些评价影响孩子的自我概念,进而影响他们的性格和行为模式。当我们长大了,这种情形就停止了吗? 并没有。很多人用但丁的名言"走自己的路,让别人说去吧"来劝人劝己不要在意别人的看法,这句口号确实常常能撩拨出无限自信,但虚妄的自信很快就会被现实打倒在地。我们当然不需要在意所有人的评价,但生你养你的父母呢? 大学里的专业导师呢? 影响职场发展的顶头上司呢?你心仪已久的对象呢? 心理学家将这些我们在乎或者不得不在乎的人,称为"重要他人",你无法忽视他们对你的影响力。当正面评价来自"重要他人"时,会格外鼓舞人心,当伤害来自"重要他人"时,会格外伤人。他人的评价有的是客观公正、有建设性的,有的又是有失公允,甚至带有偏见的。全盘接受或全盘否定都不是最好的选择。一个有独立"自我观"的人,既不会否认他人对我们的影响,又对他人的评价有所保留。

2.通过社会比较来认识自己

与狼共舞的狼孩,如果没有人类社群的作用永远不会成为人,它只有像野兽一样模糊的自我概念。自我概念不会是在单独背景下发展的,而是在我们周围人的作用下形成的。我们借着和他人比较来判断我们是优于还是劣于他人。

你是天资聪颖还是资质平平? 你是颜值出众还是长相平凡? 你在哪个社会阶层,是成功人士还是失败者? 我们通过与别人比较,来认识自己。我们的比较目的,决定我们选择的参照群体:当我们想对自己有个准确的评估时,我们会选择平行比较,即选与我们相似的人来比较;当我们想找到未来努力的方向时,会选择上行比较,即将自己与那些在某些方面比我们出众的人相比较;当我们想肯定自我时会选择下行比较,即和比我们差的人进行比较。当你想明白了这些,就不容易被"比较"所困。有独立"自我观"的人,既不会因为和优秀的人比较而妄自菲薄,也不会因为和比自己差的人比较而骄傲自满。他们知道自己已经走了多远,也清醒地保持初心以继续前行。

3.通过对自我行为的观察认识自己

我们认识自我时离不开他人的评价和社会比较,但它们都应该只作为一种信息补充。写过简历的人都知道,简历其实不是写出来的,而是我们走过的路、做过的事的概括。我是一个怎么样的人,就看我做了什么事,这是最客观最公平的。你中断某件事,别人说你做事三分钟热度,但你知道自己日记坚持写了 10 年、晨跑坚持了 5 年、英文原著坚持读了3 年,这些行为让你清楚自己是个有恒心、有毅力的人,只是没找到自己喜欢的事,你就不会被那个"三分钟热度"的评价左右。

(二)积极悦纳自我

表 2-2　自我肯定和自我否定的表现

自我肯定	自我否定
充满信心和毅力 行为表现一向都自然而诚恳 了解自己的能力以及自己的目标 对自己的个性及人生观引以为豪	为了讨好别人,掩饰自己的感情 同时从事多种活动,但没有一件完成 内心不安时外表仍若无其事或惊慌失措 常敷衍了事,无法专注

如何养成接纳自我的好习惯?

(1)不要给自己贴上消极的标签,如:我笨、我无能。

(2)不要将自己的短处与他人的长处比较。记住:你是独特的。

(3)人人都有他人所不知的问题和弱点,即使最自信的人,也有感到不安全的方面。

(4)与处世积极、喜欢与你同行并享受人生的朋友交往。

(5)笑口常开,培养幽默的性格。

(三)有效控制自我

自我控制是完善大学生自我意识的又一个有效的途径。自我控制就是大学生以主动的姿态,对自己进行约束和改变,包括改变自己的心理品质、行为方式、思想理念等,通过不断地改变来完善现实我,使其越来越接近理想我。大学生可以从以下几个方面进行自我控制。

(1)把自己的感情出口放宽,莫使心胸像个瓶颈。

(2)在任何情境中,都尝试从积极乐观的角度看问题。

(3)对生活环境中的一切多欣赏,少抱怨,有不如意之处设法改善,坐而空谈不如起而行动。

(4)对是非之争辩,只要确定自己已认清真理正义之所在,就坚持到底。

(5)设定积极而又可行的生活目标,然后全力以赴求其实现,但却不能期望未来的结果一定会成功。

(6)莫使自己的生活僵化,为自己在思想与行动上留一点弹性空间,偶尔放松一下身心有助于自己潜能的发挥。

(7)与人坦率相处,让别人看见你的长处和缺点,也让别人分享你的快乐与痛苦。

(四)理性塑造自我

作为大学生应该有远大而崇高的目标,但要注意目标应该控制在自己的能力范畴之内,通过实现一个个小的目标,逐步实现人生的崇高理想。在完成目标的过程中,也可以增强大学生自我控制的自觉性和主动性。健康的自我既注重自我又不固守自我,而是积极主动地为整个社会服务,担当历史重任。大学生既要注重自我价值的实现,又要把个体自我价值实现的过程与社会的发展联系起来,在为他人、社会服务中实现自我的价值,这一过程也是人格不断健全的过程。

- -

·【心理测试】·

自我和谐诊断量表

心理专家对符合自我意识的和谐状态,提出了 5 个标准,请对照你的状况,选择符合你的选项。A 表示完全不符合,B 表示有些不符合,C 表示一半符合一半不符合,D 表示有些符合,E 表示完全符合。

表 2-3　自我和谐诊断量表

题　　目	A	B	C	D	E
1.我周围的人往往觉得我对自己的看法有些矛盾。					
2.有时我会对自己在某方面的表现不满意。					
3.每当遇到困难,我总是首先分析造成困难的原因。					
4.我很难恰当地表达我对别人的情感反应。					
5.我对很多事情都有自己的观点,但我并不要求别人与我一样。					
6.我一旦形成对事情的看法,就不会再改变。					
7.我经常对自己的行为不满意。					
8.尽管有时得做一些不愿做的事,但我基本上是按自己的意愿办事的。					
9.一件事好就是好,不好就是不好,没有什么可以含糊的。					
10.如果我在某件事上不顺利,我就往往会怀疑自己的能力。					
11.我至少有几个知心的朋友。					
12.我觉得我所做的很多事情都是不该做的。					
13.不论别人怎么说,我的观点决不改变。					
14.别人常常会误解我对他们的好意。					
15.很多情况下,我不得不对自己的能力表示怀疑。					
16.我的朋友中有些是与我截然不同的人,这并不影响我们的关系。					
17.与别人交往过多容易暴露自己的隐私。					
18.我很了解自己对周围人的情感。					
19.我觉得自己目前的处境与我的目标相距太远。					
20.我很少去想自己所做的事是否应该。					
21.我所遇到的很多问题都无法自己解决。					

续表

题　　目	A	B	C	D	E
22.我很清楚自己是什么样的人。					
23.我能很自如地表达我想表达的意思。					
24.如果有了足够的证据,我也可以改变自己的观点。					
25.我很少考虑自己是一个什么样的人。					
26.把心里话告诉别人不仅得不到帮助,还可能招致麻烦。					
27.在遇到问题时,我总觉得别人都离我很远。					
28.我觉得很难发挥出自己应有的水平。					
29.我很担心自己的所作所为会引起别人的误解。					
30.如果我发现自己在某些方面表现不佳,总希望尽快提高。					
31.每个人都在忙自己的事情,很难与他们沟通。					
32.我认为能力再强的人也可能会遇上难题。					
33.我经常感到自己是孤立无援的。					
34.一旦遇到麻烦,无论怎样做都无济于事。					
35.我总能清楚地了解自己的感受。					

评价与分析

1.题目 1,4,6,7,9,10,12,13,14,15,17,19,20,21,23,25,26,27,28,29,31,33,34 选 A 得 1 分,B 得 2 分,C 得 3 分,D 得 4 分,E 得 5 分。

2.题目 2,3,5,8,11,16,18,22,24,30,32,35 选 A 得 5 分,B 得 4 分,C 得 3 分,D 得 2 分,E 得 1 分。

把分数直接相加,得分越高表明自我和谐程度越高。其中得分低于 74 分表明自我和谐程度较低,得分为 75～102 分表明自我和谐程度中等,得分 103 分以上表明自我和谐程度较高。

?思考题

1. 通过分析自己的优势与劣势,提出完善自我的计划。

2. 由于某种原因,现在我们每个人只剩下最后一天的寿命,也就是我们只有 24 小时可以利用。如果每人身体状况良好,可自由思考与行动,你会如何使用这仅剩的 24 小时?

3. 麦克阿瑟的故事:西点军校考试的前夜,麦克阿瑟感到非常焦虑,这时他母亲走过来对他说:"我的儿子,你必须相信你自己,否则没有人会相信你。只要你抛弃了内心的怯懦,你一定能赢。尽管你没有把握能成为第一,但你必须做最好的自己。"麦克阿瑟记住了母亲的话,在考试中稳定发挥,取得了第一名的好成绩。

想想这个故事给你什么启示?大学生应如何提高自我意识?

推荐阅读→

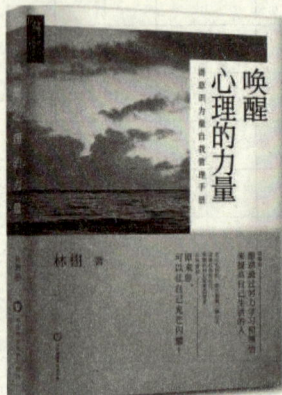

林栩.唤醒心理的力量:潜意识力量自我管理手册.上海:华东师范大学出版社,2016.

推荐理由:重视直觉,激发潜意识,关注梦境,管理自我的潜意识,能发挥自己的内在潜力。阅读本书,去寻找一个未知的自己。

第三章　你我他

——人际交往与心理健康

真正的友谊是一种缓慢生长的植物，必须经历并顶得住逆境的冲击，才无愧"友谊"这个称号。

——华盛顿

▶ 本章导读

据统计，大学生每天除了睡眠外，其余时间中有70%左右用于人际交往。人际关系的适应已经成为心理健康的一个重要组成部分，良好的人际关系可以帮助大学生更好地适应身体和心理的变化。大学生人际交往能力的培养应注重人际认知、人际交往技巧和实践参与。

第一节　大学生人际交往概述

一、人际交往的内涵及意义

(一)什么是人际交往

人际交往是指人们为了相互传递信息、交换意见、表达情感和需要等目的，运用语言或非语言系统进行的人际联系和人际接触的过程。大学生人际交往是指大学生之间以及大学生与其他人之间交流思想感情、沟通信息、协调行为的过程。

(二)人际交往的意义

1.人际交往决定着大学生的社会化程度

社会化的过程是一个从自然人变成社会人的过程。而这种过程主要是通过人际交往来完成的。人际交往是个体社会化的起点。人际交往是人类最基本的社会需要之一，为了生存和发展的需要，不管你愿意或者自觉与否，都必须与其他人交往。大学生在与同伴交往的过程中，获得了友谊，满足了自己物质和精神上的各种需要。彼此传递一定信息，获得许多从父母和老师那里得不到的信息，这些都促进了自身社会性的发展。

2.人际交往有助于大学生的成长发展

从出生开始,我们就要依赖父母的照顾,从而形成对主要抚养者的依恋。为了获得生存和生长所需要的各种物品和关爱,婴儿就开始以微笑、注视、咿呀学语等方式与主要抚养者进行沟通交流。家庭是我们人际交往的第一个场所,在父母的影响下,我们学会了如何待人处事,如何学习和生活。对于大学生来说,学校是人际交往的第二个场所,在这里能学会如何与老师、同学更好地交往,同时积累一定的社会交往经验,树立起自己的人生观和价值观。

3.人际交往可以更好地认识自我

大学生在学校以他人为镜,在与同学的比较中更清楚地认识了自己,确定了衡量自己的参照系。大学生通过交往还可以更好地认识他人,可以使其找到与他人的相似处,也可以发现别人身上的优点或缺点,从而学习别人的长处,发展了自己好的品格,不断地调整和提高自己。同时,通过他人对自己的态度和评价更好地认识了自己。大学生在认识自己的同时,对自己的评价也更客观了。大学生接触的人多了,就可以不断得到良性刺激和信息,能力和人格也随之得到迅速发展。通过社会交往,同样也促进了大学生的个性发展。

4.人际交往可以提供一个展现自我的平台

每个人都希望别人能够了解自己、欣赏自己和信任自己,而人际交往为自己表露内心世界提供了一个平台,可以使得别人了解自己的性格、才能、学识和为人。在这个平台上可以直接地表现自己,也可以间接地表现自己,可以放大地表现自己,也可以收敛地表现自己。比如在你喜欢的异性面前,更加倾向于展现自己好的一面或者按照对方所欣赏的样子来表现自己,以获得对方的欢心。

5.人际交往有利于维护身心健康

有这样一个实验:让你待在一间房子里,这间房子没有窗户,没有钟表、电话、电视、收音机、笔纸、书报,只有一盏油灯、一张床、一把椅子、一张桌子以及洗漱设备。传送带会按时给你送饭,你看不见一个人,但每天给你100元钱,如果是你的话,你能够待多久呢? 在这个剥夺实验最开始的一段时间,也许你可以睡觉、思考问题,但是长此下去,你对任何事情都不能进行清晰的思考,哪怕是在很短的时间内,甚至可能出现幻听和幻视。这种孤独、隔离破坏了一个人日常交往的能力,会使一个人精神崩溃乃至于心理变态。

大学生不仅需要合群,还需要通过人际交往去满足身心健康的需要。在大学阶段,如果个体交往处于良好状态,经常和同学、朋友、老师交流思想,参加团体活动,那么他既可以从中体验到信任、友谊与支持,也可以拉近与他人的距离,同时,通过与他人交流,把自己担心的、害怕的事情说出来,还可以减轻焦虑。善于交际的大学生身心更加健康,精神生活也更加丰富。与此相反,如果在人际关系上不协调,与他人缺乏足够的交流与沟通,在人际交往方面困难重重,那么他就可能产生恐惧、孤独、疑虑,甚至会产生攻击性行为。如果个体经常处于抑郁、忧虑等情绪困扰之中,就有可能发展为心理疾病,影响身心健康。

6.人际交往有利于开拓思维

英国作家萧伯纳说:"如果你有一个苹果,我有一个苹果,彼此交换,每人只有一个苹果;如果你有一种思想,我有一种思想,彼此交换,我们每人就有了两种思想,甚至多于两种思想。"人际交往就是几个人、几十人、数百人之间思想的沟通与交换,而且这个过程更加直接和快速,在这个思想碰撞的过程中,可以寻找到灵感的火花,可以开拓个体的思维。

二、人际交往的沟通方式

·【心理故事】·

说话的技巧(一) ────────────◎

一个国王梦见自己的牙突然全部掉光,他找来一个解梦师,问他梦的含义,解梦师说这代表了国王的亲人将一个个地先于他死去,国王听完后很生气,将解梦师关进了监狱。之后国王又找了一个解梦师来,他说这代表国王将比自己的家人长寿,国王听完很高兴,赏了一大笔钱。

说话的技巧(二) ────────────◎

一位教士到教堂做礼拜,突然烟瘾发作,他问神父说:"我可以在祈祷时抽烟吗?"结果他被神父拒绝了。另一位教士也突然烟瘾发作,神父却允许他抽烟,他是如何说的? 他问神父说:"我吸烟的时候可以祈祷吗?"

(一)言语沟通

言语沟通主要是指通过言语来进行人际交流,是人际沟通的重要途径。在进行言语沟通时要注意察觉自己和他人的语气、语调、用词等所表达的情绪。

(1)语气:同一句话用不同的语气来表达可以表达出不同的情绪。在沟通中一定要注意依场合、对象而用,否则易造成不必要的误解或伤害。比如"你真坏!"可以表达出无奈、玩笑、撒娇、痛恨,又比如"我理解你!"可以表达出同情、不耐烦、嘲讽、口是心非。

(2)语调:是指音速和音量的不同,语调的不同也表明一个人情绪的不同,同样是一句"恭喜你",不同的语调可以表达出祝福和嫉妒等不同的情绪。在沟通中一定要根据实际情况,采用恰当的语调表达自己的想法,尽量避免伤害别人。

(3)用词:同一个意思可以用不同的语句和词汇来表达,我们应该在沟通中选择那些不伤害他人的用词来表达自己的意思。

(二)非言语沟通

好奇　　疑惑　　不感兴趣　　拒绝　　观察

自我满足　欢迎　　果断　　隐秘　　探究

专注　　暴怒　　激动　　舒展

怀疑　　鬼鬼祟祟　　差怯　　思索　　做作

图 3-1　各种身体姿势及意义

非语言包括形体语言(脸部表情、目光、手势和姿势)、外表特征、声音、空间、触摸等。1965 年,美国心理学家佐治·米拉经过研究后发现,沟通的效果来自文字的不过占 7%,来自声调的占 38%,而来自身体语言的占 55%。

·【心理故事】·

无敌的微笑

一位独居老人在家,听到敲门声,打开门后看到一个小伙子拿着刀恶狠狠地盯着他看。他微笑着说:"小伙子,你真搞笑,敲门还拿着刀,不嫌累吗? 你不会是推销菜刀的吧,我正好需要一把。"剧情将如何发展,结局会怎样?

1.面部表情

人体约有 639 块肌肉,其中面部有 43 块肌肉。这些肌肉可组成 10000 多种表情,其中 3000 种表情有意义,被人肉眼可识别的表情约有 2000 种。平和、快乐、悲伤、惊讶、恐惧、愤怒、厌恶和蔑视 8 种基本表情是与生俱来的。

2.眼睛——心灵的窗口

眼睛是人从外界获取信息的主要途径,眼睛所看到的东西对人的心理的影响最大,同时眼睛泄露出去的信息也是最多的。

一个人一生中平均要眨眼 4.15 亿次,平均每天眨眼约有 17000 次,放松状态下每分钟眨眼 6～8 次,每次眨眼时眼睛闭上的时间只有 0.1 秒。两个人交流时,每分钟眨眼 15～20 次,每次眨眼用 0.3～0.4 秒,每两次之间间隔 2.6～3.7 秒。

(1)从眼球转动读懂人心

·【课堂练习】·

第一部分:将眼球转动到左侧时,随机写出任何出现在大脑中的事情和想法。将眼球转动到右侧时,随机写出任何出现在大脑中的事情和想法。

第二部分:将眼球转动到上方时,随机写出任何出现在大脑中的事情和想法。将眼球转动到下方时,随机写出任何出现在大脑中的事情和想法。

眼球处于起始状态,思维活动指向当前事物或者当下空间,表示对当前活动的控制、占有及自信和坚定的态度。起始状态指的是眼角膜位于眼眶正中央的位置,相当于我们照相时要目视前方。

眼球向左侧转动,思维活动指向过去,表示回忆所经历过的事情和情景。左侧是指以被观察者为准。如果一个人在回忆非常困难或非常复杂的事情时,眼球却不转动或者略微转动就能回答得非常流利,那么,这个回答可能是事先准备好的或者已经演练了许多次的。在这种情况下,通常都有说谎的嫌疑。

眼球向右侧转动,思维指向未来,表示推理、计算、分析和思考,对尚未发生的事情的想象和憧憬。如果一个人被提问过去事情的时候,眼球向右侧转动,此人的回答极有可能是在说谎。

眼球向上转动,思维活动指向意识层面,表示思考判断、分析和想象,此时所说的内容会更加违心或意识化。如果你和别人谈话时,对方眼球向上转动,此时他的行为可以解读为他不想看见你或不能坦诚面对你,甚至可以预测出他正在说的话或者将要说的话是违心的。

眼球向下转动,思维活动指向潜意识,表示对当前所做事情的承认或不好意思、感到羞愧。比如孩子犯错,批评教育他,他虽然嘴上不服气,但是在你面前低下了头,这表示他可能已经认错了,正在进行反思,但嘴上还不愿意承认这个错误。

眼球向左上转动,思维活动指向过去和意识,表示对过去的记忆进行回忆和思考,然后对回忆的内容进行推理和加工。眼球向左上转动是一个比较典型的说谎动作。

眼球转动至左下,心理活动指向过去和无意识,表示对已经发生的事情感到后悔或不好意思。如果一个人将整个头连同眼球一起转动向左下,所说的话往往是发自内心的,是可以相信的。

眼球朝向右上转动,思维活动指向未来和意识,表示对未来的夸张想象和不合理地憧憬。眼球向右上转动是一个比较典型的说谎动作。

眼球朝向右下转动,心理活动指向未来和潜意识,表示对即将发生的事情不自信、没有把握或者比较担忧。

(2)透过瞳孔看人心

美国一家超市做过一个实验:在商场唇膏的宣传册上,将模特的瞳孔修改成原来的两倍大。结果发现,唇膏的销量比原来增加了40%。这是为什么呢?

因为当人们对某事物感兴趣的时候,瞳孔会放大,反之会缩小。观察瞳孔是中国古代珠宝商常用的方法,他们在与对方谈价钱时,会注意对方瞳孔的扩展。通常情况下,人们在情绪紧张、高兴、惊讶、激动时瞳孔会放大,在厌恶、忧伤、蔑视、愤怒时瞳孔会缩小。

(3)视觉搜索习惯

处在人们视线左侧的人总能获得一定的视觉优势和心理优势。认知心理学研究表明:人的视觉搜索规律是先上下搜索,再左右搜索,并且上下搜索快于左右搜索。上下搜索时按照从上到下的顺序搜寻,左右搜索时按照从左到右的顺序搜索。

·【经典实验】·

要求大学生对两组人物图片进行打分评价,满分10分,最低分0分。

图片左右排列,中间间隔30厘米,不告知学生左右两幅图片一样。

第一组实验图片是女孩,第二组实验图片是男孩。

结果:第一组实验图片中左侧女孩平均得分为8.4分,右侧为8.1分;第二组实验图片中左侧男孩平均得分为7.9分,右侧为7.3分。

实验说明,由于人的视觉搜索习惯的原因,处在左侧的人可能会获得一些意外的优势评价,同时也说明女孩子比男孩子在左侧优势中更能获得益处。

3.嘴

(1)噘着嘴——在犹豫不决中思索

噘着嘴的第一反应是不太同意当前的观点或不愿接受当前的意见。噘嘴表示自己不能立即做出决定,需要三思而后行。女性和小孩噘起嘴有时可能表示不满、愤怒和抗议。

(2)紧闭嘴——内心存在难言之隐

紧闭嘴是人自我压抑和控制的表达。

(3)咬嘴唇——在压力状态下守住秘密

如在审问犯人的时候,经常出现咬嘴唇的动作,说明他有所保留。

(4)用手捂嘴——坚决要守口如瓶

咬嘴唇和用手捂嘴都是为了守住秘密,但坚守秘密的程度不同。手在嘴上轻轻抹一下是用手捂嘴动作的变形。

(5)舔嘴唇——在焦虑中自我安慰

婴儿做这个动作是表示饥饿,成年人说谎时出现这个动作,借此缓解内心的焦虑。

(6)咬牙齿——愤怒爆发前的征兆

咬牙齿有时也表示艰难地做出了决定,或忍痛割爱、痛下决心。

(7)吮手指——未得到满足时的自我安慰

婴儿做这个动作是表示没有吃饱,成年人出现这个动作表明承受了巨大的压力。

(8)吐舌头——拒绝、厌恶和紧张

儿童表示反感、讨厌和鄙视的时候会做鬼脸,吐舌头是附带动作。女性在调皮、天真和害羞时也会吐舌头。

4.头

(1)点头——我赞同你的观点。

人的头部动作中点头使用频率最高,约占60%。

(2)摇头——我不赞同你的观点。

摇头使用频率约占23%。

·【经典实验】·

让参与实验的大学生观看电子屏幕,屏幕上会出现60种知名品牌产品的图片,然后请大学生给这些产品打分(1~10分)表明自己对产品的喜欢程度。这些产品图片分成两组出现,30张图片垂直移动,另30张图片水平移动。

哪组得分会更高呢?

实验结果显示:喜欢垂直组产品的平均有21种(平均得分为9.1分),而喜欢水平组产品的只有12种(平均得分为7.9分)。人们更喜欢用点头表示同意,用摇头表示拒绝。

---

(3)扭头——我对你说的内容没有兴趣。

(4)低头——对自己的所作所为感到后悔。

批评教育他人时,如果他低下头就说明批评已经奏效。如果继续批评,出现了扭头的行为,批评者表现出了排斥。

(5)仰头——或敬仰或愤怒

动物之间相互示威的时候会把头仰起来,表示愤怒、敌对和生气。小孩看大人或矮个子看高个子时,普通人面对权威人物或一个人有求于另一个人时,常常会仰头倾听,有乞求和尊敬的意思。比如宗教场所里的雕像建造得都比较高大,让人有顶礼膜拜的感受。

·【经典实验】·

要求参与者对不同性别的模特进行印象评估，满分 10 分。模特分两组，第一组是 5 对身高差异 5 厘米的男性，第二组是 5 对身高差异 3 厘米的女性。

结果显示：无论男性或女性，身高高的人得分较高(总平均 8.7 分)。

原因：评价高个子的时候要仰头来看，无意识中产生了尊敬、重视的感觉。

→→→→→

【身边案例】

相关专家研究美国历史上 46 次两党竞选人的身高数据和总统选举结果，发现身高更高者胜利了 27 次(59%)，身高矮者胜利了 17 次(37%)，有两次候选人的身高基本相同。如 2008 年总统选举，奥巴马身高 1.85 米，比起对手麦凯恩高出 17 厘米。虽然身高不是胜出的唯一原因，但是美国人在同等条件下，内心会倾向于选举一个个子高的人当总统。

←←←←

5.手指动作

(1)赞扬指——你真棒。

竖起大拇指表示赞扬。

(2)否定指——我不同意你的观点。

食指向上伸出，并像钟摆一样左右摇摆，其余 4 指紧握在一起。否定指是摇头动作的替代形式，如果这两个动作同时出现，往往表示深度否定或全面否定。

(3)爱情指——我爱你们

大拇指、食指和小拇指向上伸出，源自英语国家，通常在演唱会出现。

(4)ok 指——没问题

大拇指和食指组成一个环形，其余 3 个指头分别展开，形成扇面。

(5)胜利指——我赢了

食指和中指组成 V 字形，其余 3 指紧握在一起。

来源于英法百年战争，当时英国有着强大的长弓兵，他们胜利后就做"V"的手势。推广人是英国首相丘吉尔，当时在二战时期为了鼓舞民众士气，他经常在公开场合使用胜利指，使其流行起来。

6.握手

(1)合作式握手——合作共赢

手伸向身体正中央的位置，手心紧握手心，虎口正对虎口。

（2）下压式握手——气势逼人

一方以向下按压的方式来握住另一方的手

（3）下挫式握手——挫其锐气

在合作式握手的基础上，迅速将对方的手腕向下使劲摁压，使得对方在瞬间产生一种挫败感。

（4）拽拉式握手——拉拢控制

在合作式握手的基础上，双方为了争取主动权和控制权，而出现微弱的相互拽拉的动作。

（5）关怀式握手——真心慰问

握手时一方用右手托举另一方的右手，左手轻轻盖在对方的右手上，上身略微前倾。

7.手臂

·【经典实验】·

实验要求形象气质俱佳的两男两女在大街上发放关于手机使用情况的调查问卷，共10道选择题。

第一天要求所有人员直接拦住路人，礼貌说明意图，请他们填写问卷；第二天要求所有人员先拦住路人，然后轻轻地触碰对方的上臂或手肘，再礼貌说明意图，请他们填写问卷。

实验结果：在第一天6个小时的实验中，共有192名路人被拦住，其中只有48人填写了问卷，成功率约为25%；第二天共有182名路人被拦住，其中82人填写了问卷，成功率为45%。

实验表明：

（1）女性碰触男性比男性碰触男性和男性碰触女性有更高的成功率；

（2）碰触手臂肘部、小臂和上臂的效果差不多，但是触碰肩膀、手腕、手和其他身体部位则容易引起人们的反感；

（3）触碰的时间控制在3秒以内效果最好，如果超过5秒就会引起对方警觉。

手肘和上臂，甚至整个上臂都是属于亲密范围之内，触碰这个区域会给被触碰者一个暗示，两人在心理上的距离比较近。如果被触碰者能容忍陌生人肢体的接触，也就更容易接受对方提出的进一步的要求。

人们不会轻易与陌生人发生肢体接触，一般是和比较亲近的人才会有，一旦陌生人很有礼貌的接触被接受，就给被接触者传递一个"自己人"的暗示信息，让其答应一个不过分的小要求就容易得多。

8.心随腿动

人体中越是远离大脑的部位,其可信度越大。距离大脑越近的地方,指挥越方便,接收指令越快,反应越灵敏。在交流时大多时都是关注眼睛、面部和上肢的动作,很少关注下肢动作,因此对下肢的训练和掩饰较少,更具有真实性。

(1)自在腿——我感觉舒服自然

无规定的动作,但给人以自然舒服的感觉。

(2)秋千腿——我感觉心情愉快

双脚离开地面并且来回摆动。

如果一对恋人坐在凳子上聊天,女孩子是秋千腿的话,说明男孩子表现不错,赢得了女孩子的芳心。

(3)交叉腿——我有点不能接受

将两条小腿紧锁在一起,脚脖子形成一个叉。表示当前内心处于紧张、焦虑和防御的状态。比如推销员向顾客介绍产品时,顾客表现出全封闭状态,即双腿交叉、双臂交叉或紧紧抱在一起,表明顾客对产品完全没有兴趣。假如推销员介绍完产品后,顾客的双腿和双臂都放松地打开,说明顾客对你的介绍非常满意,并且有购买产品的打算。

(4)胆怯腿——我真的有点害怕

在两腿并拢的基础上,两条腿同时向里收缩或一条腿向内收缩,而后迅速地在原地抖动。

(5)转向腿——我有事要先走一步

在直立的状态下,脚尖的朝向突然发生转向,表示想要离开当前的场景,如果伴有身体躯干扭动的动作,表示要走的意图更加强烈。

(6)领地腿——我需要拓展空间

将双腿尽可能地伸出去,显示自己的优越感和安全感,占有空间越大,优越感和安全感越强。

(7)冻结腿——这事让我有点猝不及防

停止腿部的全部动作,身体重心下移、双脚错开,脚尖一前一后并且同时着地,脚后跟略微抬高,做好逃跑准备。如迎面一辆车疯狂地驶过来,第一反应是双腿僵住。

(8)屏障腿——接近我没有那么容易

双手形成一个环状,将一条腿的膝盖抱住,表示愤怒、防御、警惕、紧张和拒绝。

学习这些是为了在人际交往中更好地理解他人,避免误解。利用所学知识使你的人际交往更加顺畅成功。在人际交往中应用心去感受、去观察,做一个有心人。

第二节 大学生人际交往常见心理问题及调适

一、大学生人际交往的常见心理问题

(一)自卑心理

→→→→→

【身边案例】

　　小娟,女,19岁,大学一年级新生。她来自农村,家庭经济困难。高中阶段,她住在亲戚的家里,因为成绩优异,比较听家长的话,亲戚们也就特别疼爱她。她很少与班上同学交流,独来独往,性格内向。进入大学后,她总觉得不是很开心,因为,她觉得周围的人都比自己幸福。小娟与舍友小丽关系很好,小丽家境很好,每次出去都是小丽抢着买单,而且小丽交际能力很强,班级同学都很喜欢小丽。虽然小丽学习成绩一般,可是大家一致推选小丽作为班级的学习委员,为此,小娟心里很不舒服。从那时候开始,只要有小丽在的场合,小娟都不说话,小娟感觉自己就是一只丑小鸭,做任何事情都没有小丽好,感觉自己方方面面都不如她。

←←←←

　　自卑是意识到自己不如他人而产生的一种自我体验。有自卑心理的大学生往往由于某一个方面不如别人,而全盘否定自己,觉得自己一无是处。自卑的人一般都缺乏安全感,对自己评价过低,看不到自己的长处或者优点。总是拿别人的长处与自己的短处相比较,夸大自己的不足。同时,具有自卑心理的人会非常在意别人对自己的评价,尤其是自认为自己不好的方面,比如个头矮小的人,对于大家议论身高问题的时候就非常敏感,害怕成为大家议论的焦点,成为笑柄。有时候为了避免此类事情从而故意避开人群。有自卑心理的大学生会倾向于消极的自我暗示,比如"我不行""我不可能成功",而每一次的失败又印证了他们对自己的评价,从而进一步坚信自己处处不如人的判断是正确的,增强了他们的自卑感。

(二)自负心理

→→→→→

【身边案例】

　　小宇从小就是家中的小皇帝,集万般宠爱于一身。他从小学习成绩一直都很好,一直是班级的前十名,并以优异的成绩考入了一所重点大学。在大学里他不仅学习好,还是校广播电台的主持人,口才一流,有很多女生喜欢他。有时候有同学请教他学习问题,他总是说："这么简单的问题还不明白,你的脑袋是不是装的是糨糊。"虽然他是在开玩笑,但是同学听了很不高兴,也不再向他请教学习问题。当别人和他意见相左的时候,他从来都不退让,总是坚持己见。他只关心自己,特别爱表现自己,在主持节目的时候总是抢话说,他的搭档换了一拨又一拨。

←←←←

自负心理就是过高地评价自己而贬低他人,只能看到自己的优点和别人的缺点。这种人往往喜欢将自己的观点强加给他人,不愿意承认自己的过错,固执己见。而形成这种自负心理的首要原因就是家庭教育,父母和亲人的过度溺爱和过高的评价使得他们的自我评价产生了偏差,感觉自己一直是最棒的,没有人比他强。这种人在生活中很少或者没有经历过挫折和打击。他们会将自己的成功归因于自己的主观努力,而将失败归因于客观条件不足。比如考试成绩好的时候就会认为是自己努力复习的结果,而成绩不理想的时候就会归咎于老师出题过难过偏等客观因素。自负和自卑是一面镜子的两面,一个是为了保护自尊而远离人群,另一个是通过夸大自我而保护自尊。

(三)嫉妒心理

→→→→→

【身边案例】

一位大二女生来到学校心理咨询倾诉说自己的苦恼,她说:"我的自尊心很强,总是争强好胜,样样都想超过别人,想比别人漂亮,想比别人能干,想比别人成绩好……一旦超过了别人,刚开始心里觉得美滋滋的,但马上又会开始担心别人超过自己;而当别人超过自己时,心里就特别恼火,有时还忍不住会挖苦讽刺别人。结果,不仅成绩没提高,还弄得人际关系很糟糕,自己也觉得身心疲惫。最近,班级改选班干,我原以为自己成绩好,一定可以被选为学习委员,谁知同学选的却是成绩不及我的另一位女生,她是我最要好的朋友,我很忌恨她夺走了我的职位……天呀,我竟然忌恨自己的好朋友,我也知道自己这样不对,但不知应该怎么办。"

←←←←

莎士比亚说:"你要留心嫉妒啊,那是一种绿眼的妖魔!"嫉妒是一种消极的情绪,这种情感深藏于心中,经过内心的加热、发酵或膨胀,最后会以歪曲的形态爆发出来。嫉妒是一种包含抱怨、憎恨成分的激烈情感,是一种想保住自己的优势地位而极力排斥、贬低别人的心理倾向。嫉妒心理一般不会表现出来,而是深藏于潜意识中,有的时候连自己都没有察觉到嫉妒之花已经慢慢开放。刚开始的时候可能会对某个同学优越的家境表现出羡慕之情,随着嫉妒程度的加深,可能就会不自觉地表现出来,比如在背后造谣生事,更甚者可能会表现出攻击行为。嫉妒心理一般都是在与他人的比较中产生的,这种比较的结果一般都是自己不如别人,但又不情愿接受这个结果,感觉自己受到了不公正的对待,进而对另一方产生了嫉妒的心理。

·【心理测试】·

嫉妒心理诊断量表

请你认真阅读每个题目,选择符合自己情况的答案。

1.你的同学穿了件过时的衣服,却又洋洋得意地问你:"这件衣服漂亮吗?"那么,你如何回答?(　　)

A.不吭声,暗自发笑

B."这不错!在两年前穿更好些。"

C."不错,很漂亮!我也想有这么一件。"

D."不大适合,过时了。"

2.同学带来了极为漂亮的钢笔,你也想买这么一支。那么,你怎么办呢?(　　)

A.询问是在何处买的

B.自己到商店购买一支与之相似的钢笔

C.婉转地打听是哪家商店出售的

D.放弃购买打算

3.班会上,一位看上去并不比你强的同学提出了比你高明的建议,当老师问你意见如何时,你怎样回答?(　　)

A.赞成这个建议

B.不赞成,并提出其他建议

C.回答"我没有看法"

D.一声不吭,事后发牢骚

4.著名的电影导演的周围簇拥着许多你的同学,同学们请导演为他们签名以作纪念。你会怎么办?(　　)

A.挤进去也让导演给你签名

B.站在那儿看热闹

C.说一句"哼,瞎起哄,真没意思"

D.不吭一声地走开

5.被同学奚落了一番,你会怎样?(　　)

A.找个时间刁难对方一下

B.感到心里很不好受,却发作不得

C.决定和这种人断交

D.想办法自我解脱

6.你喜欢的一位异性同学在校门口和人亲切交谈,但你看不到那人的样子,这时你会

认为这位异性同学最可能在和谁谈话？（   ）

　　A. 老师

　　B. 你的同性同学

　　C. 你的异性同学

　　D. 肯定是他的恋人

　　7. 平时成绩一直与你不相上下的同学，这次由于某种原因而成绩比你差，你是如何看待这件事的？（   ）

　　A. "他本来就不如我嘛。"

　　B. "哼，活该！最好下次再这样。"

　　C. "要不是因为这件事，他准会考得更好。"

　　D. "他真够可怜的。"

　　8. 本来你和另一位同学都有条件被评为"三好学生"，但由于名额有限，老师决定让另一位同学获得这一荣誉，这时你的态度是：（   ）。

　　A. 衷心地为那位同学鼓掌

　　B. 心里愤愤不平，认为老师偏心

　　C. 认为自己确实不如人

　　D. 背后到处揭那位同学的短

评分标准

表3-1　评分标准

题号	A	B	C	D
第1题	2	3	1	5
第2题	2	5	3	1
第3题	1	3	2	5
第4题	2	3	5	1
第5题	2	3	5	1
第6题	1	3	2	5
第7题	3	5	1	2
第8题	1	3	2	5

结果分析

（1）得分为 32～40 分：强烈型

你比一般人更容易产生嫉妒心理，你相当敏感，稍稍感到自己被歧视或不如别人时，就会产生较强的嫉妒。你即使处于优越的地位，也会担心别人随时夺去这个位置。你常疑神疑鬼，胡乱猜测，结果适得其反。当你有了这种嫉妒心，常会给你带来不快的心情。尽管你在许多方面都高人一等，也备受器重，但你往往就是不合群，心胸不够开阔，因此你得到的虽多，但失去的也不少。

（2）得分为 24～31 分：时发型

你具有一般人容易产生的嫉妒心理，但平时不会轻易产生，通常也不影响与同学的交往，但对特定的事，或在一定的时候，你也会产生强烈的嫉妒心。处理得好时，嫉妒会成为你上进的动力，让你获得成功；处理得不好时，你往往会以狂风暴雨式的姿态不择手段地拆别人的台，但你又有较强的反省力和较大的勇气主动认错，因而事后你不会怨恨在心，反而会主动地找别人和好。

（3）得分为 16～23 分：克制型

你常有自我满足感，平时很少让别人觉察到你的嫉妒心理。你也会在某些场合产生嫉妒的心理，只是你能够克制忍耐，情绪决不外露，并常用其他事情冲散抵消。一般来说，你不仅能自我控制，而且工于心计，富于理智，能听进别人的话，因此你往往能把嫉妒的心理化为上进的力量，但你也会有处理不好嫉妒的时候，弄得自己和别人都不痛快，幸好这种局面只是短暂的。

（4）得分为 8～22 分：平和型

你很少有嫉妒的心理，对小事毫不介意，遇事达观，不自寻烦恼，可能是由于你对周围环境无动于衷，根本不想把自己同别人作比较，也可能是由于你对自己抱有极大的自信，认为嫉妒是愚蠢和不体面的表现，即使有些事让你感到意外和不服，你也能在产生嫉妒的初期就采取调节或转化的措施，所以你很少有嫉妒别人的言行，与他人相处融洽。

（四）猜疑心理

→ → → → →

【身边案例】

我是一名大一新生，进入大学已经两个多月了，与寝室的舍友关系一直都很好。我们生活作息、兴趣爱好都很相似，因此很少有矛盾，我感觉生活在这样的寝室里很幸福，也很庆幸能结识我的舍友，但是一件事情改变了我们的关系。一天我在寝室洗澡，出来后发现我的项链找不到了，虽然它不值多少钱，但它是我妈妈给我的生日礼物。当时只有一位舍友小红在宿舍里，我很自然地询问她有没有看到，她说没有，然后就离开了宿舍。我当时就感觉一定是她拿走了我的项链，否则她为什么要离开，而且回想起初相识时她就一直说我的项链很漂亮，她很喜欢，越想越觉得就是她。其他舍友回来后也帮忙寻找了好久，大家都感觉奇怪，也开始怀疑是小红拿走了项链。小红自己也感觉到了大家对她的怀疑，她也多次说过不是她拿的。过了半个月，我无意间在我的衣服口袋里发现了那条项链，我真是悲喜交加，我找到了项链，却伤害了小红。从那以后，小红再也没有和我说过话，看我的眼神也是充满了厌恶之情，我知道是我的猜疑使得我们的关系变得如此之僵。

← ← ← ←

猜疑心理一般都是假想其他人对自己做了坏事，而且越想越是真的，将假的想成了真的。它一般都是对人对事的不信任所致，对他人的不信任有时候也能反映出对自己的不自信。比如一个人看到其他人在说话,就认为是在议论他,总是觉得什么事情都会与自己有关,对他人的言行过分敏感、多疑。同时,它也是自我防御的一种表现。弗洛伊德认为,"自我"在用理性方式减轻或消除焦虑时未能如愿,从而采取否认甚至歪曲事实的非理性方式来达到目的,这些非理性方式就是"自我防御机制"。"自我防御机制"是用来保护自己的,一方面保护"本我"的冲动不轻易外露,另一方面避开"超我"对"自我"施加的压力,以抵制"超我"的挑剔和苛刻。

(五)羞怯心理

→→→→→

【身边案例】

我是一名大二的学生,进入大学一年多了,但是仍然独来独往,不是因为自己喜欢一个人独处,而是由于我过于内向,不会主动与其他人交往。我很少与人主动攀谈,有时候都不敢直视对方。一说话就感觉嗓子被堵住了,满脸通红。即使是老师让我回答问题,而且是在我知道正确答案的前提下,我仍然会感觉很紧张,心跳加速。平时在宿舍里,大家都能很自然愉快地聊天,就我没有办法融入其中,我不知道如何开口,不知道该说些什么。尤其是大家都关注我的时候,我就更加没有办法说话。因为害怕丢人,很多课外活动我都不敢参加。我好羡慕那些可以在大家面前侃侃而谈的人,真希望自己也能在老师和同学面前畅所欲言。

←←←←

羞怯心理是一种正常的情绪反应,几乎每个人都有害羞的时候。发展心理学研究表明,婴儿在六七个月的时候就会出现认生现象,就是能区分熟人和陌生人,这说明婴儿的认知水平有了进步。但是如果在任何场合与人交往都会害羞,都不敢与人正常地交谈,这就是人际交往心理障碍。具有这种心理的人,一般生理表现是心跳和呼吸加快,面红耳赤,说话支支吾吾,表达不清楚。羞怯者一般都是过分地担心自己给人留下不好的印象,怀疑自己,自卑感强烈。

二、大学生人际交往中常见心理问题的调适

(一)自卑心理的调适

1.改变自我认知,转变非理性信念

全面地、辩证地看待自己,正确地认识、评价自己。将自己从一无是处的认知中解脱出来,要相信"天生我材必有用",看到自己的长处,发现自己的闪光点,找到自己的价值。转变非理性信念,不能因一次失败,就认为自己能力不行。非理性信念的共同特征:第一,绝对化。绝对化是指认知者以自己的意愿为出发点,对人对事都怀有认为其必定怎样或必定不怎么样的信念,极易走极端。这种信念经常与"必须""应该"这些词联系在一起。

第二,概括化。概括化是指一种以偏概全的不合理思维方式。过分概括化的表现有:他人稍有过失就全盘否定,个人偶遇不幸就觉得前途无望等,结果很容易陷入消极情绪之中。第三,糟糕至极。糟糕至极是指对事对人作极端消极的、悲观的评价。若按这种思路想,没有一线希望或转机,人容易因绝望而陷入严重的负性情绪中。要将这种非理性信念转换成理性信念,将"必须""应该"这些词变成"希望""想要",不要全盘否定自我或他人,要用积极乐观的态度面对失败与挫折。

2.积极的自我暗示

遇到某些情况感到信心不足时,不妨运用语言暗示:"别人行,我也能行。""别人能成功,我也能成功。"从而增强自己改变现状的信心。在进行自我暗示时要注意始终要用现在时而不能用将来时进行暗示,比如说"我现在就可以"。而不说"我将来可以"。一般来说,自我暗示语句越简短,就越有效,比如"我可以""我能行"。

3.用补偿心理超越自卑

补偿心理是一种心理适应机制,个体在适应社会的过程中总有一些偏差,为此要求得到补偿。从心理学上看,这种补偿,其实就是一种"移位",即为克服自己生理上的缺陷或心理上的自卑,而发展自己其他方面的长处、优势,赶上或超过他人的一种心理适应机制。正是这一心理机制的作用,自卑感就成了许多成功人士成功的动力,成了他们超越自我的"涡轮增压",而"生理缺陷"愈大的人,他们的自卑感也愈强,寻求补偿的愿望就愈大,成就大业的本钱就愈多。

曾任美国总统的林肯,不仅是私生子,出生微贱,且面貌丑陋,言谈举止缺乏风度,他对自己的这些缺陷十分敏感。为了补偿这些缺陷,他力求从教育方面来汲取力量,拼命自修以克服早期的知识贫乏和孤陋寡闻。他在烛光、灯光、水光前读书,尽管眼眶越陷越深,但知识的营养却对自身的缺陷作了全面补偿。他最终摆脱了自卑,并成为有杰出贡献的美国总统。贝多芬从小听觉有缺陷,耳朵全聋后还克服困难写出了优美的《第九交响曲》,他的名言——"人啊,你当自助!"成为许多自强不息者的座右铭。在补偿心理的作用下,自卑感具有使人前进的反弹力。由于自卑,人们会清楚甚至过分地意识到自己的不足,这就促使其努力学习别人的长处,弥补自己的不足,从而使其性格受到磨砺,而坚强的性格正是获取成功的心理基础。自卑能促使人走向成功。人道主义学者威特·波库指出,在每个人的内心深处都有一种灵性,凭借这一灵性,人们得以完成许多丰功伟业。这种灵性是潜藏于每个人内心深处的一股力量,即维持个性,对抗外来侵犯的力量。它就是人的"尊严"和"人格"。人们为了维护自己的尊严和人格,就要求自己克服自卑、战胜自我。因此,令人难堪的种种因素往往可以成为发展自己的跳板。一个人的真正价值取决于能否从自我设置的陷阱里解脱出来,而真正能够解救我们的,只有我们自己。即所谓"上帝只帮助那些能够自救的人"。心理补偿是一种使人转败为胜的机制,如果运用得当,将有助于人生境界的提升。但应注意两点:一是不可好高骛远,追求不可能实现的补偿目标;二是不要受赌气情绪的驱使。只有积极的心理补偿,才能激励自己达到更高的人生目标。

(二)自负心理的调适

1.与人平等交往

自负者虽然"自我感觉良好",但是也时常感受到"世人皆醉我独醒,世人皆浊我独清"的孤独和痛苦。因为他们周围没有什么朋友。也许,他们会认为这是因为"曲高和寡",或是自己不屑与他人为伍。但又何曾想过,别人是否愿意接纳自己呢?别人能否容忍一个总在别人面前高昂着头、不把别人当回事的人呢?因此要学会接受别人的观点和建议,考虑别人的感受,有时候要学会"靠边站",改变唯我独尊的形象。

2.找到自负根源,对症调适

要想克服自负的心理问题,除了认识自负的危害外,还要挖掘自负产生的根源,以便对症施治。假如你的自负是由于片面的自我认识造成的,那么你就应及时调整自己看自己的角度,全面地认识自己,特别要注意认识和分析自己的缺点,以及不如他人的方面,如人缘不好、朋友少、自私、不守纪律、刻薄等,但也不要矫枉过正,转向自卑;假如你的自负是由于不当的家庭教育造成的,那你要认识到父母对自己的孩子都有偏爱,他们希望自己的孩子好,因而往往只看到孩子的优点或夸大孩子的长处,其实你跟别人家的孩子一样也是有缺点或不足的,你不是什么都比别人强;假如你的自负是由于以往生活上的一帆风顺造成的,那你应该告诫自己:生活是不断发展变化的,过去不等于现在,现在也不等于将来,你过去所拥有的优势在将来未必还能拥有。同样,过去不如你的人将来不一定就不如你,如果因过去而"自我感觉良好",就可能故步自封,"不进则退"。另外,你还应该清醒地认识到,"山外有山,天外有天",比你优秀或在某些方面比你优秀的人很多。

(三)嫉妒心理的调适

1.换个角度认识自己的处境

总是羡慕嫉妒别人会让你变得很哀伤。你要这样想,当你在嫉妒别人的时候,别人说不定也在嫉妒你,别人拥有豪宅豪车却没有体验过家的温暖,你虽然收入不甚佳,却拥有幸福的家庭。这世界上比你富有的人多得是,比你穷、比你不幸的人也数不胜数。所以,比上不足,比下有余,换个角度想想,你就不会去嫉妒别人了。

2.培养一种洒脱的心态

嫉妒常常来自生活中某一方面的"缺乏"。你觉得嫉妒,也许因为别人得到了你想要的工作或等待的机会,因为你害怕一旦失去它们,你的生活将跌至谷底。为了摆脱这种局限的心态,你可以让自己洒脱一点,告诉自己,新的机会随时都会有。当你知道这世上机会有很多时,便没什么好嫉妒的了,所以,每当你发现自己又被嫉妒纠缠上时,记得把焦点从"缺乏"转到"丰富"上,你就能洒脱应对了。同时,洒脱的心态还能让你获得内在的情绪自由,并让你更放松、更积极。培养洒脱的心态,在拒绝或克服嫉妒上是最好的方法。

3.学会知足,让你自己有"富足感"

不要因为尚未得到的东西妒火中烧,想想自己有些什么。比如幸福的家庭、可爱的孩子等。将视线转移到"我拥有",而不是"我想要",就会找到"富足感"。当你不再有渴求的欲望,就不会存在嫉妒别人的情况。

4.学会用祝福的心态看待他人

当你"眼红"的时候,试着马上改变思路,将妒忌心转换成对他人的美好祝愿。理解他们成功背后的努力、运气和奋斗,真心祝贺他们,用他们的成功激励自己。要善于升华嫉妒之情,将消极的嫉妒转化为积极的竞争。勇敢地向对方挑战,是克服嫉妒心理的最好办法。同学不选你而选其他人当班长,一定是其他人在某些方面比较强。如果不服气,就应该检查反省、完善自我,争取有朝一日超过对方。如果觉得自己的条件、水平、能力不如别人,那就虚心向别人学习,争取在自己原有的基础上有所进步。帮助敌对者也可以消除嫉妒。我们应该承认有些事情是无法尽如人意的,也应知道自己力量的有限,应学会自我抑制,以避免被嫉妒的急流卷走。拥有一颗平常心、一颗宽容之心,给对手以支持和赞美,有时反而能得到对方的感谢,并获得大家的尊重和好感。

(四)猜疑心理的调适

1.优化个人的心理品质

要加强个人道德情操和心理品质的修养,净化心灵,提高精神境界,拓宽胸怀,以此来增大对别人的信任度和排除不良心理的干扰。

2.摆脱错误思维方法的束缚

猜疑一般总是从某一假想目标开始,最后又回到假想目标。只有摆脱错误思维方法的束缚,扩展思路,走出"先入为主""按图索骥"的死胡同,才能使猜疑之心在得不到自我证实和不能自圆其说的情况下自行消失。

3.敞开心扉,增加心灵的透明度

猜疑往往是心灵闭锁者人为设置的心理屏障。只有敞开心扉,将心灵深处的猜测和疑虑公之于众,或者面对面地与被猜疑对象交谈,让深藏在心底的疑虑来个"曝光",增加心灵的透明度,才能求得彼此之间的了解沟通、增加信任、消除隔阂、消除误会。

4.无视"长舌妇"传播的流言

猜疑之火往往是在"长舌妇"的煽动下,才越烧越旺,致使人失去理智、酿成恶剧。因此,当人们听到"长舌妇"传播流言时,千万要冷静,谨防受骗上当,必要时还可以当面给予揭露。

5.要综合分析被猜疑对象的长期表现,识破各种离间计

当我们开始猜疑某个人时,最好能先综合分析一下他平时的为人、经历以及与自己多年共事交往的表现,这样有助于将错误的猜疑消灭在萌芽状态。

(五)羞怯心理的调适

1.停止想象,立即行动。

一味地想象是不可能克服害羞的。如果你只是想着如何克服害羞,你最终得到一个结论——那就是没有任何改变,但是,当你真正进入到社交场合时,你会发现这里是另一番天地。克服任何恐惧症不是一个"大脑"的活动——这些东西天生是不合情理的。解决的办法只有一个,那就是行动,做你感到害怕的事情,停止一味地想象。

2.与不同的人打交道

周围充满那些与你一样害羞的人,只会帮你辨明你的害羞,但是如果你和一些可以改变你、推动你克服害羞习惯的人在一起,他们不会直接批评你,这样你会得到更多的帮助。如果你的朋友可以给予你更多的支持,那么你应该与他多多交往。

3.通过心理训练来克服

具体方法如下:

(1)把能引起你脸红的各种场面,按由轻到重依次列成表,分别抄到不同的卡片上,把最不令你脸红的场面放在最前面,把最令你脸红的放在最后面,卡片按顺序依次排列好。

(2)进行松弛训练。方法为坐在一个舒服的座位上,有规律地深呼吸,让全身放松。进入松弛状态后,拿出上述系列卡片的第一张,想象上面的情景,想象得越逼真、越鲜明越好。

(3)如果你觉得有点不安和脸红,就停下来莫再想象,做深呼吸使自己再度松弛下来。完全松弛后,重新想象刚才失败的情景。若不安和脸红再次发生,就再停止后放松,如此反复,直至卡片上的情景不会再使你不安和脸红为止。

(4)按同样方法继续下一个更使你不安和脸红的场面(下一张卡片)。注意,每进入下一张卡片的想象,都要以你在想象上一张卡片时不再感到不安和脸红为标准,否则,不得进入下一个阶段。

(5)当你想象最令你不安和脸红的场面也不感到脸红时,便可再按由轻至重的顺序进行现场锻炼,若在现场出现不安和脸红,亦同样让自己做深呼吸放松来对抗,直至不再脸红为止,再进入下一步的锻炼,以此类推。

第三节 大学生人际交往能力的培养

一、掌握人际交往的原则

(一)相互尊重

尊重就是尊崇和敬重的意思,人际交往第一准则就是要学会尊重别人。尊重别人就要学会站在别人的角度思考问题,不要将自己的看法强加于人。当你和他人交谈时,要面带微笑,要看着对方的眼睛,要能够立即喊出对方的名字,这些都是尊重他人的表现。当你尊重他人时,也会获得别人对你的尊重。

(二)相互宽容

宽容,是个人或某个群体对自己充满自信心的一种表现,是人与人交往中能化解矛盾、隔阂、怨恨,甚至仇恨的溶解剂。严以对人,宽以对己是一种有悖于公平原则的双重标准,它只会导致对方反感。相反,如果我们能做到严于律己,宽以待人,不放纵自己,不苛求他人,必能赢得对方的敬重。

(三)坦诚相待

人与人相处,最难能可贵的就是自我坦露精神。心理学家通过试验发现,人们更喜欢愿意自我袒露的人;而那种老讲自己如何如何了不起的人、躲躲闪闪伪装自己的人、过于内向且性格封闭的人,则不太招人喜欢。在人际交往中,个人应当有自己的隐私权,但也需要必要的自我袒露。这是人际沟通的需要,也是对他人信任的一种信号。

(四)互惠互利

人际交往是一种双向行为,故有"来而不往非礼也"之说,只有一方获得好处的人际交往是不能持久的,所以要双方都受益,交往双方都要付出和奉献。

(五)言而有信

人与人的交往离不开信用。信用指一个人诚实、不欺骗、信守诺言。古人有"一言既出、驷马难追"的格言。现在有"以诚实为本"的原则,不要轻易许诺,一旦许诺要设法实现,以免失信于人。朋友之间,应言必信、行必果,不骄不躁,端庄而不过于矜持,谦虚而不矫饰。不俯仰讨好位尊者,不蔑视贬损位卑者。

(六)交往适度

人们常说要"胸中有数""掌握火候""过犹不及""适可而止"等,讲的就是事物的度。人际交往上的度就是指保持良好的人际关系所需要把握的广度、深度、尺度以及距离、频率等。大学生人际交往中必须遵循"适度"的原则。

1.交往的空间距离要适当

美国西北大学的心理学教授霍尔做了大量的研究,得出了人们交往的"人际空间"结论。霍尔认为距离半米的接触,是角力、调情或亲昵的交谈,在这种距离内,人们互相传递的信息,就不仅仅是靠语言,而是靠接触、微笑、身体的热度,每个人都能感觉到对方呼吸的快慢、皮肤肌理及颜色的变化。5厘米是私人的空间距离,它相当于生活在非接触性文化中的个人企图维护的私人空间的大小。妻子可以自由自在地待在丈夫的私人空间内,若其他女人这样做,就会引起误会和非议。私人空间距离可延长到5～10厘米。在这个距离内讨论个人问题是合适的。10～30厘米是社会距离,在办公室里,一起工作的人们总是保持这种距离进行交谈。30厘米以上的是公共距离。非正式场合以及人们之间极为生硬的谈话适合于这个距离。不同民族,人们交往的空间距离要求也不尽相同。大学生可以从上述实验中得到启示,就是在交往中要根据相互之间的关系亲疏、远近以及类型来调整空间距离。

2.交往的广度要适当

既不要过广,过广则容易滥,"滥交无友",必然分散精力,影响学习,也不要过窄,过窄则容易陷入狭小的人际圈子而不能自拔,形成排他性,疏远了可交的益友,妨碍正常交往。

3.交往的深度也要适当

对交往的对象、层次要慎重斟酌,有的浅交,有的深交,有的拒交,要做到心中有数,不能混淆。古人说:"近朱者赤,近墨者黑。"交友一定要有原则,益友诚可贵,损友不可交。女作家三毛说过:"本人是个势利鬼,无益身心的朋友我不交。"作家尚且在意,更何况大学生。

4. 交往的频率要适度

即使是好朋友,天天在一起也难免会感到腻烦,唯有保持适当的时间距离,双方才有新鲜感、愉悦感。

5. 在人际交往中要注意把握分寸、尺度

即使是老友之间也要做到说话有分寸,别说过头话,别提非分要求,力求交往中自己的言谈举止文明规范、合情合理。

二、巧用人际交往中的心理效应

人际交往的心理效应会影响人际交往的效果与深度,恰当地运用心理效应可以更好地开展人际交往。因为现代人际关系心理学认为人际交往过程是人与人之间的信息沟通、思想感情交流和行为互动的产生过程。其间存在着许多复杂因素,在一定程度上影响着人际关系的发展方向,其中心理效应无疑是制约人际关系、影响人际交往发展的重要因素。影响人际交往的主要包括以下四种心理效应:

(一)首因效应(也称第一印象)

它主要是人的知觉因素与情感因素相结合而产生的综合效应。尽管首因效应是对人的一种整体看法,但是这种整体只是一个表面现象,受到观察者主观认识的影响,具有片面性。在人际交往中,第一次经历的事件往往给人留下的印象特别深刻,以后要改变这种印象是相当困难的。心理学家为此做过这样的实验:让被试看两种性格类型——性格 A 为聪明、勤奋、易冲动、爱批评、顽固、嫉妒心强;性格 B 为嫉妒心强、顽固、爱批评、易冲动、勤奋、聪明。实验的结果表明,人们对性格 A 有好印象。其实性格 A 和性格 B 的内容完全一样,只是顺序变换了一下,但结果却完全不同。这表明,当不同的信息结合在一起时,我们总是先倾向于前面的信息,而忽视后面的信息,即使人们同样也注意了后面的信息,但也会认为后面的信息是"非本质的""偶然的"。由于这种第一印象,人们很容易在交往过程中从一时的表象出发,产生错误的判断,因而掩盖了对客观对象本质的了解,这往往会对人际交往产生不利的影响。

(二)晕轮效应(也称光圈效应)

晕轮效应是指在人际交往中,人身上表现出的某一方面的特征,掩盖了其他的特征,从而给人际认知造成障碍。"晕轮效应"是一种以偏概全的主观心理臆测,其错误在于:第一,它容易抓住事物的个别特征,习惯以个别推及一般。第二,它把并无内在联系的一些个性或外貌特征联系在一起,断言有这种特征必然会有另一种特征。第三,它说好就全部肯定,说坏就整体加以否定,是一种受主观偏见支配的绝对化倾向。总之,晕轮效应是人际交往中对人的心理影响很大的认知障碍。

（三）刻板印象

刻板印象是指在人际交往中,对某一类人或事物进行简单的、比较固定的概括而形成的笼统看法。即使对从未见过面的人,也会根据间接的资料与信息而产生刻板印象。于是,有些人总是带着一定模式有选择地发现人的各种特征,并期待与模式相吻合的特征而舍弃不符的特征。可以说,刻板印象的产生与我们在认识中的选择性有密切的关系。人们认知的选择性使他们在对事物的认知过程中能抓住事物最明显或典型的特征。同样,在人际认知中,选择性能使我们很快地对一个人进行归类,判断出他的典型特征。但是,当人们用一种固定模式去认知事物,而这种模式并不能反映事物的本质时,就很有可能形成刻板印象。这种效应将阻碍对人的具体、全面的了解,造成人际交往中的不良影响。

（四）亲和效应

亲和效应是指人们在交际应酬中,往往会因为彼此间存在着某种共同之处或近似之处,从而感到相互之间更加容易接近,而这种相互接近,则通常又会使交往对象之间萌生亲切感,并且更加相互接近、相互体谅。交往对象由接近而亲密、由亲密而进一步接近的这种相互作用,有时被人们称为亲和力。人们在人际交往和认知过程中,往往存在一种倾向,即对于自己较为亲近的对象,会更加乐于接近。人际交往与认知过程里的较为亲近的对象,俗称“自己人”。所谓“自己人”,大体上是指那些与自己存在着某些共同之处的人。这种共同之处,可以是血缘、姻缘、地缘、学缘、业缘关系,可以是志向、兴趣、爱好、利益,也可以是彼此共处于同一团体或同一组织。在其他条件大体相同的情况下,所谓“自己人”之间的交往效果一般会更为明显,其相互之间的影响通常也会更大。在“自己人”之间的交往中,对交往对象属于“自己人”的这一认识本身,大都会让人们形成肯定式的心理定式,从而对对方表现得更为亲近和友好,并且在此特定的情境中,更加容易发现和确认对方值得自己肯定和引起自己好感的事实。所有这一切,反过来又会进一步巩固并深化自己对对方的原来已有的积极性评价。在这一心理定式作用下,“自己人”之间的相互交往与认知必然在其深度、广度、动机、效果上,都会超过非“自己人”之间的交往与认知。可见,人们在与“自己人”的交往中,肯定式的心理定式发挥着一定的作用。所以,为了使自己的热情获得对方的正面评价,有必要在交往过程中积极创造条件,努力形成双方的共同点,从而使双方都处于“自己人”的情境中。

知人者智,自知者明,能否正确把握人际知觉,关系到人际交往能否顺利进行。要走出对他人认知的心理误区,应特别注意以下几个方面:

1.不以第一印象作为取舍判断的标准

第一印象,也就是第一次对人知觉时形成的印象,它往往最深刻,而且常会成为一种基本印象而影响对他人各方面的评价。人们很重视给别人的第一印象,但也该看到,第一印象得之于较短时间的接触,又无以往的经验作为参照,主观性、片面性较强,所以,一定要注意其消极的一面,既不能因第一印象不好而全盘否定,又要防止被表面所迷惑,“金玉其外,败絮其中”。要练就一番透过现象看本质的本事,在长期的相处中全面、正确地认识和了解他人。

2.不因"光环"来评价人

"借一斑而窥全貌"并不总是适合于一切人和事,个别和局部并不一定能反映全部和整体。在人的诸多行为或性格特征中抓住某个好的或不好的,就断定他是好人、坏人,无疑是幼稚的。恰当地、全面地认知他人,就要克服说好全好、说坏全坏的绝对化方法。

3.切莫先入为主

第一印象固然是一种先入为主,除此之外,在我们的头脑中,总有一些先在的、得之于各种途径的观念,并常常以此来评价和判断他人,因为这样所耗费的心理能量最少。然而,图省事往往会造成一些认知偏差。人如其面,个个不同,不能用概念来衡量人,把人简单化,还要"具体问题具体对待"。

显然,要形成理想和谐的人际关系应着力于自我知觉与人际知觉的正确理解和把握。现代社会主张个性独立,人际交往也日益复杂。人们在人际交往中要不断审视、认识自己和他人,不断领悟人生。

三、与不同性格类型的人交往

人的性格一般可分为内倾型和外倾型。内倾型性格的人倾向于事先计划,三思而行,严格控制自己的感情,很少有攻击行为;性格内省、孤独,生活有规律;对书的爱好甚于对人的交往,除亲密朋友外,对人总是冷漠,保持一定的距离,安静,不善交际;很重视道德标准,但有些悲观。外倾型性格的人开朗活泼、兴趣广泛、感情易露、决策果断、独立性强、不拘小节、喜欢交际、比较轻率,缺乏自我批评的勇气。清楚与不同性格的人交往中的游戏规则,以往在沟通中犯过的错误,就不会再犯。

图 3-2　性格分类

与活泼型的人在一起玩,应表现出对他们个人有兴趣,对他们的观点和看法表示支持和理解,他们说话不会三思,要懂得他们是善意的;与完美型的人一起做事,要周到精细、准备充分,要知道他们敏感多疑而容易受到伤害,不要越轨、应遵循规章制度;与力量型的人一起行动,讲究效率和积极务实,承认他们是天生的领导者,表示支持他们的意愿和目标,开门见山、直切主题;与和平型的人在一起,自己应做一个热心真诚的人,要懂得他们需要直接的推动,帮助他们订立目标并争取回报,迫使他们做决定。

·【心理测试】·

人际交往能力自测问卷

这份人际交往能力自测量表,共包括 30 道题,你可按照自己的符合程度进行打分。完全符合者打 5 分,基本符合者打 4 分,难于判断者打 3 分,基本不符合者打 2 分,完全不符合者打 1 分,最后统计总得分。

1. 我上朋友家做客,首先要问有没有不熟悉的人出席,如有,我的热情度就明显下降。(　　　)

2. 我看见陌生人常常觉得无话可说。(　　　)

3. 在陌生的异性面前,我常感到手足无措。(　　　)

4. 我不喜欢在大家面前讲话。(　　　)

5. 我的文字表达能力远比口头表达能力强。(　　　)

6. 在公共场合讲话,我不敢看听众的眼睛。(　　　)

7. 我不喜欢广交朋友。(　　　)

8. 我要好的朋友很少。(　　　)

9. 我只喜欢与同我谈得拢的人接近。(　　　)

10. 到一个新环境,我可以接连好几天不讲话。(　　　)

11. 如果没有熟人在场,我感到很难找到彼此交谈的话题。(　　　)

12. 如果在"主持会议"与"做会议记录"这两项工作中挑选一样,我肯定挑选后者。(　　　)

13. 参加一次新的集会,我不会结识多少人。(　　　)

14. 别人请求我帮助而我无法满足对方要求时,我常常感到很难对人开口。(　　　)

15. 不是不得已,我决不求助于人,这倒不是我个性好强,而是感到很难对人开口。(　　　)

16. 我很少主动到同学、朋友家串门。(　　　)

17. 我不习惯和别人聊天。(　　　)

18. 领导、老师在场时,我讲话特别紧张。(　　　)

19. 我不善于说服人,尽管有时我觉得很有道理。(　　　)

20. 有人对我不友好时,我常常找不到适当的对策。(　　　)

21. 我不知道怎样和妒忌我的人相处。(　　　)

22. 我同别人的友谊发展,多数是别人采取主动态度。(　　　)

23.我最怕在社交场合中碰到令人尴尬的事。（　　）

24.我不善于赞美别人,感到很难把话说得亲切自然。（　　）

25.别人话中带刺揶揄我,除了生气外,我别无他法。（　　）

26.我最怕做接待工作,最有同陌生人打交道。（　　）

27.参加聚会,我总是坐在熟人旁边。（　　）

28.我的朋友都是同我年龄相仿的。（　　）

29.我几乎没有异性朋友。（　　）

30.我不喜欢与地位比我高的人交往,我感到这种交往比较拘束,很不自由。（　　）

计分方法与解释

把你的得分相加即为本测验的总分。你的总分越高,表明你的社会交际能力越差;反之,你的总分越低,表明你的社交能力就越强。

如果你的总分大于120分,表明你的社交能力存在很大的问题,你不太善于交往或你不喜欢社交,社交对于你来说是件痛苦或害怕的事。你在社交场合,习惯于退却、逃避,你对自己的社交能力没有信心,你还没学会如何与别人,尤其是陌生人打交道。为此,你要走出自我封闭的圈子,尝试去与人交往,不怕失败和尴尬,你会发现人际交往带给你的许多乐趣和益处。

如果你的总分在91~120分之间,表明你的社交能力还有待于进一步提高,你对人际交往还有些拘谨。但是可以交往的,如果你更大胆些,更多地注意培养自己的社交能力,那么你将会从社交活动中获得更大的快乐和成功。

如果你的总分在70~90分之间,表明你的社交能力尚可。

如果你的总分低于70分,表明你是一个善于社交的人,你喜欢交往,能从社交中获得快乐和收获。你能与不同的人相处,能较快地适应环境。

拓展阅读→

掌握这些,你将成为人际达人

一、路人变熟人,只需一分钟

你是否有过这样的经历:当面对一个陌生人时,很想和对方进行攀谈,或者和对方建立友谊。但是,对方总是一副冷冰冰的样子,又或者你问一句,他答一句,心存戒备。其实,每个人都渴望与他人交流,渴望被他人关注。只是大多数时候,往往因为戒备而缺乏主动性。

张爱玲说:"于千万人之中遇见你所要遇见的那个人,于千万年之间,时间无涯的荒野里,没有早一步,也没有晚一步,刚巧赶上了,唯有轻轻地问一句:哦,你也在这里?"其实,我们都渴望这样的遇见,如此诗意、美好,如梦境一般。现实中,如果愿意,你也可以做到。

1.带着真诚,主动出击

一个人对别人没有任何隐瞒和欺骗,这种特性就是真诚。唯有真诚才能走进对方的内心,才能与陌生人和朋友建立良好的信赖感和亲和力。一般情况下,友谊是不会主动

"找上门"的。如果对方的确是你渴望交流的人,你要做的就是把那些所谓的"不好意思""瞻前顾后"统统抛之脑后!

2.切入话题,打开话匣

光有勇气还远远不够,而一旦找到了共同的话题,交流有了方向,就不会面面相觑,避免了无话可谈的尴尬处境。交谈需要话题,犹如做饭需要食材一样重要,在交谈的过程中找到两者共同感兴趣的话题,或者做个有心人,提前了解对方的背景和喜好。

3.寻找需求,拒绝难有

有这样一个故事:一个新闻系的毕业生正急于寻找工作。一天,他到某报社对总编说:"你们需要一个编辑吗?""不需要!""那么记者呢?""不需要!""那么排字工人、校对工人呢?""不,我们什么空缺也没有了。""那么,你们一定需要这个东西。"说着他从公文包中拿出一块精致的小牌子,上面写着"额满,暂不雇用"。总编看了看牌子,微笑着点了点头,说:"如果你愿意,可以到我们广告部工作。"如果对方一味地将你的热情拒之门外,不妨寻找对方的需求,并将其满足,以博得对方的兴趣和赏识。

二、再广的人脉,也需要悉心的呵护

实践证明,人脉没有后期的呵护,就会造成关系的疏远、感情的淡化。长此以往,即使是再亲密的知己,也有成为人生过客的一天。社会生活中,所谓的人脉都是建立在相互了解、相互信任的基础之上的。我们与亲密好友、合作伙伴的交往都是首先拥有了彼此的了解和信任,才消除了双方的隔阂,从而日益熟悉。最终,构成了广阔的人际关系网。为了进一步增进感情、建立长久的人际关系,这就需要我们用心去了解对方,把对方放在心上,放在重要的位置。

三、幽默为你添光彩

契诃夫说过:"不懂得开玩笑的人,是没有希望的人。"幽默的作用就在于润滑人际关系,消除与他人的猜疑和隔阂,展现出自己率真、真诚的一面。幽默是一种能力,也是一种人格力量。演员葛优曾经对自己的光头做过调侃:"热闹的马路不长草,聪明的脑袋不长毛。"由此可见,幽默不仅能反映出一个人随和的个性,还显示了一个人的聪明、智慧和随机应变的能力。幽默代表着智慧、亲切和真诚。凡是具有幽默感的人,总会给别人带来快乐和愉悦,所到之处都会充满着融洽的气氛。同时,富有幽默感的人也会深受大家的喜爱,拥有着令人羡慕的人际关系。

？思考题

1.谈谈你的人际交往现状?

2.如何能够建立良好的人际关系?

3.你掌握了哪些人际交往的技巧?

推荐阅读→

沐阳.人际交往的艺术.北京：中国纺织出版社,2016.

推荐理由：本书是卡耐基人际关系学院高级培训顾问,《FBI读心术》作者倾情力作。看电视只是听"道",要读书才能知"道"、学"道"、做"道"、掌握"人际交往之道"。

第四章　谈"情"说"爱"

——两性关系与心理健康

金钱不会让我们幸福,幸福的关键是我们是否活在爱的关系里。

——巴菲特

▶ 本章导读

本章围绕爱情这一主题展开,首先介绍了相关的性生理和性心理知识,紧接着概述爱情的内涵,分析大学生的恋爱心理与特点,对大学生恋爱中的困惑进行了一些探讨,帮助大学生树立正确的恋爱观,培养爱的能力。

第一节　性生理与性心理

大学生正处于青春期发育的中后期,就生理和心理发展而言,已进入性生理成熟和性心理趋向成熟的阶段。与性相关的许多问题,引起了大学生的好奇与关注,影响着大学生心理健康和发展。

一、青春期性生理的发育

青春期性心理的发育主要表现在第二性征,两性的第二性征发展有所不同。

男性的第二性征主要表现在毛发的生长、变声、出现喉结等方面。毛发的生长主要是指阴毛、腋毛、胸毛及胡须。喉结突起大约在 12 岁左右开始出现,18 岁时基本成型。喉结突起引起声带变长,声音开始变得低沉,引起变声。有些男性乳房也会发育,有的是一侧,有的是两侧。表现为乳晕增大、乳头突起,有些在乳晕下还可触及硬块,并有轻微触痛,这是生理现象,一般持续数月后即可消失。另外,男性进入青春期后,睾丸就开始制造精子,到 18～20 岁左右达到高峰,"精满则溢",因此遗精是男性性成熟的表现和未婚男青年的正常生理现象。

女性进入青春期后,出现最早也最明显的第二性征是乳房发育。乳房发育往往是少女发育的起点,在身高突增前一年,女孩的体形就已经逐渐向女性特征过渡。少女发育的一般顺序为乳房增大—阴毛生长—腋毛生长—月经初潮等。女性通过青春期的发育,体形变得苗条,婀娜多姿,同时除了乳房隆起外,骨盆也变宽了。在青春期内分泌的刺激下,女孩的脂肪在一定部位存积,使得女孩胸部丰满,臀部变圆,腰部相对较细,同时皮肤细腻有光泽,声音清脆嘹亮。

拓展阅读→

每当你坐在电视机前观看足球赛的精彩场面时,如果你是位细心的观众的话,就会发现一个现象:不论是哪国的球队,不管是哪场比赛,当罚对球门威胁较大的直接任意球时,守方队员都要站成一排人墙,且不约而同地用双手护着下身。你知道这是为什么吗?

原来,男子的整个外阴部,包括阴茎和睾丸,都是要害部位,尤其是睾丸。由于睾丸布满了神经,它外面那层又厚又韧的白膜使它的体积受到严格限制,不能轻易变形,所以,睾丸是个捏不得碰不得的娇嫩器官,对压觉极其敏感。比如,你随便捏捏自己的胳膊或腿,都不会感到疼痛,这算不了什么,可是你用同样的劲,或再小点儿的劲去捏一下睾丸,那就不能忍受了。如果男子的下身被足球击中时,就会疼得倒在地上,痛苦不堪,也可能会疼得晕过去——也就是所谓的神经性休克,甚至会发生因睾丸被重重踢中而致死的情况(即体质性抑制性猝死,这是因为睾丸迷走神经末梢受到刺激后引起迷走神经中枢过度兴奋,致使反射性心脏骤停及循环衰竭)。

这类事故,在运动场上,在日常生活中,都是可以见到的。比如,骑摩托车、自行车发生事故或骑跨在硬物上时,都会受到来自下方的无法防备的打击。这样,你就不难理解作为人墙的队员们的自我防护措施了吧。

所以男性要特别注意保护好自己的要害部位,运动员要穿好护身,在可能发生激烈碰撞的运动中,不但要保护好自己,也要注意不要伤害对方的要害部位,以免出现不幸事故。

二、青春期性心理的发展

在远古时代,人们对性的要求坦率、单纯而自然,甚至出现过生殖器崇拜,把它看成是永世长存的神赐,古代人在膜拜时并不面红耳赤。反而在现代,人们往往谈"性"色变,"性"变得隐晦而羞涩,其实了解一些性心理知识是必要的,那么,性心理都经过哪些阶段呢?

(一)性心理发展的 4 个阶段

人类的性心理随着生理的变化而不断发展变化着。性心理的发展对于人格的形成以及整个心理健康状态都有着很重要的意义。

科学研究表明,直接影响性生理成熟的是大脑脑垂体前叶分泌的性激素,性激素的激活唤醒了性意识的觉醒。

所谓性意识觉醒,是指个体意识到自己的性别,两性之间的关系以及对待两性的态度和行为规范。一岁半到 4 岁的时候,人就能从外部特征分辨周围人的性别,但却认为性别是可逆的,学龄前儿童已懂得男女性别是不可逆的,但在第二性征未发育前,孩子都处于性无知期,虽知道男女有别,但不知具体的类别。性心理的发展是伴随着第二性征的出现、性意识的觉醒而发展的,经历了 4 个阶段:

1.异性疏远期

青少年在第二性征出现后的 1～2 年内,朦胧地意识到两性差别,开始有了不安和羞涩的心理,很怕异性注意自己的变化,于是男女彼此疏远,即使是青梅竹马的童年伙伴也较少交往。有的孩子在家里还不由自主地疏远异性长辈。与此同时,也开始了对性的好奇心和求知欲,很想知道被成人世界掩饰的秘密到底是什么。

2.异性吸引期

对异性产生好感与爱慕,女孩一般开始于 12～13 岁,男孩开始于 13～14 岁,这时的少男少女开始好表现自己:男孩乐于在女孩面前展示自己的能力与才华,以赢得女孩的好感与赞许;女孩开始注意修饰打扮,以引起男孩的注意和喜欢。男女相互接近的渴望使他们乐于参加与异性在一起的集体活动,喜欢结伴外出郊游、唱歌、跳舞或参加体育活动等,并对异性表示关心、体贴,乐于帮助异性同学,以博得异性的好感。但是,少男少女毕竟还不懂得应当怎样与异性相处,接触和交往多半没有专一性和排他性。

3.异性向往期

15～16 岁之后的青少年向成人过渡加快,在对异性产生好感的基础上各自形成一个或几个异性的"理想模型",并在众多的男女生交往中,逐渐由对群体异性的好感转向对个别异性的依恋,有的还形成一对一的"专情"行动,萌生恋情。

4.择偶尝试期

高中毕业进入大学的青少年,对异性的爱慕和向往有了比较严肃的选择和排他性,自然而然地进入了恋爱择偶尝试期。男女双方从内心深处都感到异性存在的美好,并渴望用各种方式接近异性,引起特定异性的注意与好感。大学生追求爱情、渴望恋爱是在性生理成熟的基础上的性心理需要,性生理成熟是性心理发展的基础。

(二)大学生性心理的困惑

性心理是人类的一种心理现象。在我国由于受传统伦理观念的影响,性的问题被蒙上神秘的色彩,人们的性知识比较缺乏。生理和心理方面都趋成熟的大学生在面对性的问题时常有各种困惑与不安。

1.性认识的偏差

由于缺乏正规系统的性教育,一些大学生未能正确认识性,并表现出两种极端的看法:一种视性为肮脏、丑陋的东西,把性欲与爱情完全割裂开来,对内心出现的一些本属正常的性心理活动极为恐惧,因而导致性情感、性态度的过敏、禁忌、矛盾和冲突。一种是有极少数人过于强调人的生物性,信奉"性自由",从而在行动上随意、放纵,甚至不择手段地获取性的满足,严重的甚至可能发生触犯法律的行为。

2.性冲动的困扰

从一般生理发育水平来说,大学生已到了婚配生育年龄,从生理上看,18～25 岁是人的性欲最强的时期,但这种欲望是要符合一定的社会规范、遵守道德与法律的,因而,一方面是很多大学生存在这种性冲动,而另一方面绝大部分同学对性冲动持否定、批判态度,两者形成了深刻的矛盾。

例如,男性常会自慰,过后又觉得羞耻自责。其实,男子性成熟后,性器官就不断分泌精液,精满则溢。若定期有节制地自慰,不仅可避免遗精,且由于定期排放精液,有利于精液的新陈代谢,使精液常流常新,不致形成败精瘀血,减少了前列腺的充血和炎症发生的可能。因为前列腺的分泌物是精液的重要组成部分,前列腺液每天都在不断地分泌,青少年性冲动发生得频繁,但又很少有释放的机会,因而前列腺经常处于充血状态,前列腺液郁积在腺体内,时间一长,超过自我调节的限度,加上其他的诱发因素,发生前列腺炎的机会会大大增加。通过自慰将精液排放不失为一种可行的解决方式。

第二节　大学生的爱情

古希腊神话说中有个传说:从前,人的头上长有两副相反的面孔,并有四只手和四条腿,他们聪明勇敢,充满了难以征服的力量。奥林匹斯山上的众神深感恐惧。于是天王宙斯把人劈成两半,使每一半只有一副面孔、两只手、两条腿,然后分别抛向不同的地方,可被劈开的两半却有磁铁般的吸引力,他们拼命寻找自己的另一半,互相追逐,渴望融为一体,这种渴望就是爱情。

一、爱情的内涵

人人向往的爱情,到底是什么呢? 看看大家们怎么说。

莎士比亚说:"爱情是感情的最高位阶。"

罗素说:"爱情就是生活。"

柏拉图说:"恋爱是严重的精神病。"

弗洛伊德说:"再没有比爱情更容易让人受伤的了。"

小说家毛姆说:"爱情不过是一种肮脏的诡计,它欺骗我们去完成传宗接代的任务。"

《诗经·邶风·击鼓》说:"死生契阔,与子成说。执子之手,与子偕老。"

《婚姻家庭大辞典》对爱情的解释:"爱情是存在于人类两性之间的一种崇高的情感,是人类男女基于生命繁衍的本能和确保身心最大快慰而产生的互相倾心和追求的生理和社会的综合现象。"

美国社会心理学家鲁宾在对大学生的研究基础上提出了爱的三大主题:(1)依恋,一种强烈需要对方的感觉;(2)关心,爱上他人时会培养出一种能发现爱人身上许多别人觉察不到的优点的洞察力;(3)信任及自我展露,乐意把自己的秘密告诉对方。

爱情是人与人之间的强烈的依恋、亲近、向往,以及无私并且无所不尽其心的情感。爱情是一个具有复杂心理结构的统一体,包含性爱和情爱。

爱情包括 4 个要素:

(1)狭义的爱情是在男女之间产生的。

(2)爱情是个体心理达到相对成熟时产生的。

（3）爱情是一种感情，其中包括认知的成分，不等于低级的情绪。

（4）爱情包括性的需要，不等于纯粹的精神之爱。

爱情包含着化学反应。美国科学家经研究发现，两性之间的感情吸引力与"化学反应"有着密切的关系。产生男女之间吸引力的物质大多数是一种类似氨基丙苯的化学物质，这些化学物质可以通过两性之间的眼神传递、肌肤触摸等产生，从大脑开始，沿着神经传导进入血液，进而使皮肤潮红、身体发热，甚至出汗、心情激动亢奋，促使热恋中的男女双双坠入"情网"，难以自拔。

人体内的苯乙胺等化学物质不能永久存在，人们经过恋爱、初婚的激情后，大约在 4 年左右，苯乙胺等化学物质便开始逐步减少，直至消失。按理说，这会引起夫妻感情逐渐淡薄，事实上，绝大多数夫妻的感情反而会进一步加深、巩固，这是由于夫妻长期的共同生活，体内又会产生类似镇静剂的内啡肽的化学物质，它能使夫妻之间互相依赖，甚至不能分离，使爱情更加深化。

拓展阅读→

"吊桥效应"

著名情绪心理学家阿瑟·阿伦曾经做过的一个经典的现场实验。实验是这样的，研究者找到一位漂亮的女性作为研究助手，由她到一些大学男生中做一个调查。调查内容是让这些男生完成一个简单的问卷，然后根据一张图片编一个小故事。而实验的特别之处在于，受访者被分为 3 组，分别在 3 个不同的地点接受调查：安静的公园、一座坚固而低矮的石桥以及一座摇晃的吊桥。漂亮的女助手在对所有人进行完简短调查后，把自己的名字和电话号码告诉了每一个人。如果他们想进一步了解实验或跟她联系，就可以给她打电话。

实验结果表明，与其他两组人相比，在吊桥上参加实验的大学生给女助手打电话的人数最多，而他们所编撰的故事中，也更多含有情爱的色彩。为什么呢？阿伦给出的解释是：我们的情绪体验，更多地取决于对自身生理唤醒做出的解释，而不一定来源于我们的真实遭遇。

当人们身处危险动荡的吊桥时，会不由自主地心跳加速、呼吸急促，使得男生们以为对女助手产生了爱慕之心。

二、爱情的理论研究

(一)爱情三角理论

美国心理学家斯滕伯格提出的爱情三角论认为，爱情是由亲密（情感成分）、激情（动机成分）和承诺（认知成分）组成的。

1.亲密。一种亲近的、联结的、心与心交流的感情经验，是指接近、分享、沟通和支持，包括对爱人的赞赏、照顾爱人的愿望、自我的展露和内心的沟通。

2.激情。激情指一种情绪上的着迷，混合着浪漫、外表吸引力和性驱力的动力，是一种具有生理刺激性的动机，使人渴望和冲动。个人外表的和内在的魅力是影响激情的重要因素。激情快速出现，但一旦愿望达成，也会快速消失。

3.承诺。承诺主要是指个人内心或口头对爱的预期，是爱情中最理性的成分。包括短期决定去爱一个人和长期承诺去维持爱的关系。

亲密是"温暖"的，激情是"热烈"的，而承诺是"冷静"的，斯滕伯格认为，爱情的这三要素可组成一个三角形，三角形的面积代表爱情关系，并且可以排列组合成各种不同的爱情类型。斯滕伯格认为，真正的爱情就是一个等边三角形，是激情、亲密和承诺三边的完美组合，如图 4-1 所示。

由于激情、亲密和承诺 3 种成分在爱情中所占的比例会不断变动，斯滕伯格将爱情关系分成了 8 种不同的类型：

喜欢式爱情：只有亲密，在一起感觉很舒服，但是觉得缺少激情，也不一定愿意厮守终生，如图 4-2 所示（虚线表示无，下同）。没有激情和承诺，如友谊。显然，友谊并不是爱情，喜欢并不等于爱情。不过友谊还是有可能发展成爱情的，尽管有人因为恋爱不成连友谊都丢了。

迷恋式爱情：只有激情体验，认为对方有强烈吸引力，除此之外，对对方了解不多，也没有想过将来。只有激情，没有亲密和承诺，如图 4-3 所示。如初恋，第一次的恋爱总是充满了激情，却少了成熟与稳重，是一种受到本能牵引和导向的青涩爱情。

空洞式爱情：只有承诺，缺乏亲密和激情，如图 4-4 所示。例如纯粹为了结婚的爱情，此类爱情看上去丰满，却缺少必要的内容，金玉其外，败絮其中。

浪漫式爱情：有亲密关系和激情体验，如图 4-5 所示。例如红颜知己，但没有承诺，这种"爱情"崇尚过程，不在乎结果。

伴侣式爱情：有亲密关系和承诺，缺乏激情，如图 4-6 所示。老夫老妻通常是这种情况，只有权利、义务，却没有感觉。

愚蠢式爱情：只有激情和承诺，没有亲密关系，见图 4-7。例如《魂断蓝桥》中的男女主人公。没有亲密的激情顶多是生理上的冲动，而没有亲密的承诺不过是空头支票。

完美爱情：同时具备三要素，包含激情、承诺和亲密，如图 4-1 所示。只有在这一类型中，我们才能看到爱情的庐山真面目。

无爱：3 个因素都不具备，如图 4-8 所示。

激情、亲密和承诺共同构成了爱情，缺少其中任何一个要素都不能称其为爱情，正如三点确立一个平面，缺少任何一个点，这个唯一的平面就不存在。斯滕伯格之所以把具备 3 个基本要素的爱情称为完美式爱情，是因为建立一段稳定、持续的爱情需要恋爱双方耗尽毕生的精力去培育、呵护，那是一项贯穿人生的浩大工程。

然而，具备 3 个要素并不意味着爱情就成为现实，爱情需要更多的努力来调节这三者的关系，爱情不是一件容易的事情，难怪有人认为爱是一种能力。爱并非天生就有，需要不断地锻炼和实践才能培养出来。

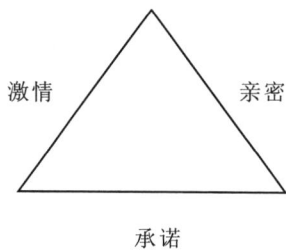

图 4-1

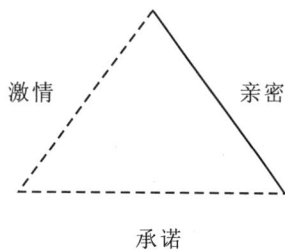

图 4-2

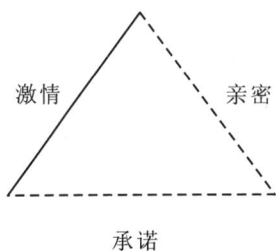

图 4-3

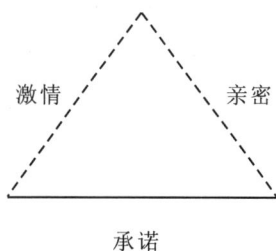

图 4-4

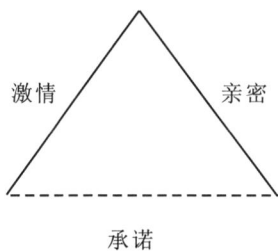

图 4-5

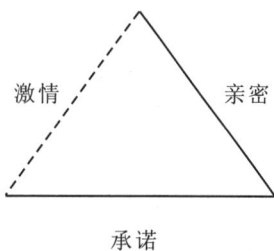

图 4-6

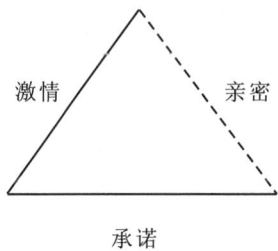

图 4-7

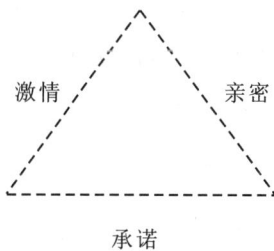

图 4-8

　　真正的完美之爱应该是以信任为基础、以性吸引和欣赏为催化剂、以承诺为约束的，是活力和稳定性并存的情感集合。

大学生心理健康教育

·【心理测试】·

爱情测验:爱情也有长宽高

不同的爱情可以用不同形状、不同大小的三角形来描述,即三角形的面积表示爱情的多少,三角形的形状表示爱情的 3 种成分之间的相对关系。那同学们想知道你们的爱情三角形吗?这里有一张心理测试量表,它就是由爱情三角理论的提出者斯滕伯格设计的。现在,就来绘制你的爱情三角形吧!

测试方法:用 1~9 对每一题计分。1 表示完全没有,5 表示中等,9 表示非常、完全吻合,以此类推,从 1 到 9 程度逐渐加深。最后分别算出 1~15、16~30、31~45 题的平均分,然后在我们给出的三角形坐标中找到对应的分数点,三点相连,即可得到属于你的爱情三角形。

表 4-1　爱情测验

题号	题　目	计分(1~9)
1	我积极促进使他/她的健康和幸福。	
2	我跟他/她在一起时感到幸福。	
3	我在有困难时能信赖他/她。	
4	他/她在有困难时能信赖我。	
5	我愿意跟他/她分享我自己的思想及我的财物。	
6	我从他/她那里得到了很大的感情支持。	
7	我对他/她给予了很大的感情支持。	
8	我跟他/她能很好地沟通。	
9	在我的生活中,我对他/她评价很高。	
10	我与他/她亲密无间。	
11	我跟他/她有着轻松愉快的关系。	
12	我感到自己真正了解他/她。	
13	我感到他/她真正了解我。	
14	我感到自己能真正信任他/她。	
15	我跟他/她能分享我内心深处关于我自己的个人信息。	
16	仅仅见到他/她就使我激动。	
17	我发现自己会时常想他/她。	
18	我跟他/她的关系很浪漫。	

续表

题号	题 目	计分(1～9)
19	我感到他/她本人很有吸引力。	
20	我觉得他/她是我的理想型。	
21	我喜欢偶尔和他/她有身体上的接触。	
22	我非常喜爱他/她。	
23	我不能想象一种没有他/她的生活。	
24	我跟他/她的关系是热烈的。	
25	他/她常在我幻想中出现。	
26	我不能想象会另有一个人像他/她那样使我感到幸福。	
27	对我来说,世界上没有任何别的东西比我跟他/她的关系更为重要。	
28	跟任何别的人相比,我都宁愿跟他/她在一起。	
29	我跟他/她的关系中有着某种简直"不可思议"的东西。	
30	当我看浪漫电影或阅读浪漫小说时,我就会想起他/她。	
31	我知道我关心他/她。	
32	我对自己跟他/她的关系充满信心。	
33	我对他/她会永远感到负有强烈的责任。	
34	我对自己对他/她的爱坚信不疑。	
35	我认为我跟他/她的关系是永恒的。	
36	我认为我跟他/她的关系是一个最佳抉择。	
37	我对他/她感到一种责任感。	
38	我计划继续保持我跟他/她的关系。	
39	我保证为了维护我跟他/她的关系,我会承担任何义务。	
40	因为我对他/她承诺了义务,所以我不会让任何其他人介入我们之间。	
41	我不会让任何事情妨碍我对他/她所承担的责任和义务。	
42	我期望我对他/她的爱会持续我的整个有生之年。	
43	我认为自己对他/她的责任感是牢固可靠的。	
44	我不能想象自己跟他/她中断关系的可能性。	
45	即使他/她难以沟通和对付,我仍然会因我们的关系承担义务。	

结果分析

1～15 题的平均值是爱情的亲密值,16～30 题的平均值是爱情的激情值,而 31～45

题的平均值则是爱情的责任值,找准你的坐标了吗?

根据斯滕伯格爱情量表对数千对情侣和夫妻的测试,有一个大众平均值,可以让你参考你的爱情状况和普通人相比,处于一个怎样的水平。这个平均值是:亲密值7.4、激情值6.5、责任值7.2。如果你的3个爱情指数都大于等于这些数字,那么恭喜你,你的爱情状况比一般人要好。由这3个值构成的三角形面积越大,形状轮廓越均衡,那么你的爱情就越丰富,幸福程度就越高。如果三角形很小,或者某一个值或两个值很低则会导致三角形的形状不均衡。当然我们随着认识时间的增加以及相处方式的改变,爱情三角形的形状和大小会随之发生改变。

三、爱情中的性别差异

在恋爱过程中,男性更多地表现出精神(心理)羞涩,女性更多地表现出对身体的羞涩。在恋爱过程中,男性很难把精神中最深厚的情感"我爱你"用语言外化出来,这是精神羞涩的表现,而女性对于躯体的接触和暴露十分谨慎,哪怕在她最爱的人面前,这是身体羞涩的表现。

四、恋爱与心理健康的关系

人在社会中始终不是孤立地存在,而在人生的不同阶段,对心理健康产生重要影响的人际关系的侧重点也是不同的。对大学生而言,曾经产生过重要影响的亲子关系、师生关系、同伴关系,正让位于两性间的恋爱关系。恋爱关系对大学生的意义,事实上已超出了这种关系本身,是其自我认同和自我价值感的基础,所以,大学生恋爱是身心发展的需要,对其心理健康也有积极的促进作用,但必须是建立在真正的、健康的爱情基础之上的。反之,不仅不利于心理健康,而且由于大学生的身心发展并未完全成熟,可能对其身心健康造成很大的危害。

五、大学生恋爱的心理特点

(一)自主性强

大学生文化层次高、思想开放、易接受新观念、独立意识强。在恋爱问题上,个性比较突出,不太受他人尤其是长辈的影响。他们注重情感体验与交流,容易冲动。

(二)恋爱动机简单化

许多大学生在恋爱中没有考虑将来要结婚,不是清楚地自觉意识到应该选择一个终身伴侣,他们恋爱,只是因为爱和被爱。

(三)不成熟性与不稳定性

当代大学生的恋爱,呈现低年级化,人数呈上升趋势。一年级就开始谈恋爱的已不是个别现象,但由于刚进校的大学生对自己的人生目标和需要,还没有一个很清楚的概念,造成在对待恋爱问题上的简单、幼稚和不成熟。在择偶标准上,往往重外表、轻内在。在恋爱方式上,往往重形式,轻内容。在恋爱行为中,往往重过程,轻结果。在恋爱体验中,重享乐,轻责任。这种恋爱问题上的不成熟性,加之在上学期间经济尚未独立,恋爱过程中感情和思想易变,缺乏妥善处理恋爱中情感纠葛的能力,极易造成恋爱的周期性中断,恋爱成功率很低。

(四)与自我概念紧密相关

处于青春期的大学生比较敏感,他们对自己有一定的评价,也在意别人对自己的态度。所以恋爱似乎成为检验自我的一个试金石。

六、大学生恋爱心理困扰

(一)单相思

> 关关雎鸠,在河之洲。窈窕淑女,君子好逑。
> 参差荇菜,左右流之。窈窕淑女,寤寐求之。
> 求之不得,寤寐思服。悠哉悠哉,辗转反侧。
>
> ——《诗经·关雎》

单相思,也叫单恋,它是指男女之间只有单方面的爱恋思慕。单相思是一种进入爱情的准备阶段,也很有可能完全停留在这样的状态之中而无法得到必要的发展。单相思也是大多数人都经历过的一种心理状态。

单相思只是单方面的倾慕,所以不是恋爱。单相思往往脱离现实生活,沉湎于自我幻想,对单恋对象强烈关注、幻想、焦躁和冲动而难以自拔,由此引起单恋者内心强烈的痛苦。由于单恋者大部分是默默地表现着,但又迫切希望自己能够被接受,所以这种情感往往十分强烈,容易受到伤害,产生心理障碍。性格内向、敏感、富于幻想、自卑感强的人更容易出现单相思。

那么,如何从单相思的痛苦中摆脱出来呢?

1.要克服爱情错觉

不要过分自信,要仔细地观察所恋对象的言行举止,认真分析对方对自己的态度和行为与对待其他异性的态度和行为是否有所不同。如果一时难以辨别,可以将你的心事告诉自己的密友,让他们帮你进行客观的分析判断。一旦意识到自己的确产生了错觉,就应停止单相思,否则于己于人都无任何好处。

2.以适当的方式传递自己的愿望

要敢于和自己的倾慕对象进行接触和交往。这样做的好处是:一来可以全面地了解对方,有助于矫正认知偏差;二来让对方多了解自己,并且可以在接触交往中传递自己的感情意向。遇合适的时机时,不妨直接向对方表白,以避免无端的猜测和幻想。

3.积极进行情感转移

运用情感转移的方法,把自己的心理能量分散到感兴趣的活动中去,把精力投入到学习、工作或其他的异性朋友身上,从中找到感情的寄托,努力从单相思的漩涡中摆脱出来。

(二)婚前性行为

→ → → → →

【身边案例】

我是一名大二女生,我的大学生活充满了欢声笑语,直到发生了一件事。我有个男朋友,我和他从高一开始恋爱到现在。在大一的暑假发生了性关系,我们之间的关系开始影响我的心情,我觉得没脸见人,觉得自己不再像个学生,不再单纯。每次去上课,感觉同学们好像都在盯着我,我怕别人知道,怕怀孕,怕失恋,痛苦极了!我不想这样下去了,学习不能专心,而且他和别的女生说话的时候,我就很受影响,情绪有很大的波动,心里很难受。

有时候我也很后悔当初的轻率,不该跟他做这种事,并责怪自己,对自己不满。我经常觉得很烦,心永远都是飘忽不定的,总不能静下心来学习。我不希望我这样颓废,不希望对不起我的父母,我更不希望对不起我自己,但我不知道该怎么办⋯⋯

← ← ← ←

故事中的主人翁因为婚前性行为而内疚与自责,影响了学业与人际关系。在性问题中,女大学生往往表现更多的心理负担。正如进化心理学家戴维·巴斯说:"两性间完成一次性行为需要男性投入的精力微不足道,而后果则可能是女性十月怀胎,不得不消耗巨大的体力。"

大学生们已到了身体发育成熟的年龄,心理上则更加早熟,在谈恋爱过程中,性的需要是很自然的事,他们大多都希望有灵肉统一的爱情。大学生婚前性行为有 3 个特点:一是突发性,往往在无心理准备的情况下突然发生;二是自愿性,而又非理智性,青年学生大多在双方自愿而又不理智的情况下发生性行为;三是反复性,一旦防线突破,便可能多次反复发生。

大学生出现婚前性行为,常为社会、家庭和道德所不容,容易引起心理困扰,不仅有认识、观念上的困惑与自我矛盾,还可能动摇其自我评价和对未来的信心,给女方心理带来极大压力,恋爱关系出现不利于女方的发展趋势。女大学生应慎重对待婚前性行为,因为未婚先孕会给女大学生带来身体和精神上的痛苦,有少数女大学生因未婚先孕而恐惧、紧张、后悔、屈辱,最终走上自绝道路。

性行为的发生必须在身体发育、认知感情方面以及对成熟的性关系及其后果都有了足够的准备时。如果青少年已为成熟的性关系做好了准备,就应该具备以下要点:(1)耐心和理解;(2)善解人意和克服弱点的能力;(3)保证避免意外妊娠和性病、艾滋病;(4)有能力承担无论是积极的还是消极的影响的责任。而这些要点须在婚姻的条件内才能完成熟具备。性关系应该是发生在婚姻中的有绝对安全感的两人之间的行为。

因此,将要发生婚前性行为时,你该问问自己:我真的准备好了吗?

拓展阅读→

爱情和性是可以等的

这是来自《妇女之友》杂志社出版的《青苹果》2003年6月下半月刊中的一篇短文。通过这篇文章,你们可以看到一个叫詹尼弗·波士克斯的18岁美国女孩对爱和性的态度,或许会给你一些启示。

我必须承认,我曾经对自己是否应该保持处女之身产生过动摇。那时,我和前男友已经相处了8个月。我以为我们真的相爱,而且我们之间有着良好、健康和信任的关系。

一切都进展得非常顺利,我越发依恋他。我们会通话几个小时或一起躺在床上看电视节目。和他在一起,无论是在情感上还是物质上,我都觉得很舒服。在这8个月的时间里,我们一直相处得非常好。

8个月后,我们开始午夜对话,谈论性。我觉得自己想让他快乐。过了一会儿,他说了一句:"我想有一个完全的关系,我希望我们不但在感情上和精神上,而且在生理上都在一起。"在某种程度上说,我觉得自己亏欠他什么,我感到有点儿担心。我不想结束我们的关系。我想让他快乐。

但是,最终,我还是决定保持我的处女之身。

我接受的教育和知识起了很大作用,我是说,我学到了太多有关性的知识:意外怀孕、性病,而且我从小就被教育说应该等到结婚时才发生性行为。在我结婚的那天,我想头罩面纱,在其他人说不可能的时候,简单地说一句:"我坚持到了结婚的这一天。"

我和男友谈过许多次关于性行为的话题。第一次我只是说,我爱你,但是现在我不会和你有性关系。他同意了,他说很好,但是我们很快就分手了。这是我提出的,因为我觉得他应该做他需要做的事情。如果他有一天理解了,他就会回来。

后来他说要到多米尼加共和国去。我感到自己有这样的想法:如果他离开,我是否会因为没有把自己的初夜给他而后悔?

最后,我得出结论:我已经在生理上做好了准备,但是,精神上,没有。我想了许多。我想和他愉快地相处,但是我知道有关性的压力还会存在。

理智上,我知道自己是对的。毕竟,这是我自己的看法:如果你对某件事考虑很多,那么说明你还没有做好准备。

爱情是心与心的碰撞,爱情不是性器官的约会,爱情不需要用肉体来证明,爱情和性是可以等的。

真正爱你的人,在结婚前是绝不会对你动手动脚的,因为他将与你共度一生,又何必急于对你在性方面有所求呢?

· 【知识链接】·

简单的避孕知识

1.安全期避孕

正常育龄女性每个月来 1 次月经,从本次月经来潮开始到下次月经来潮的第 1 天,称为 1 个月经周期。如从避孕方面考虑,可以将女性的每个月经周期分为月经期、排卵期和安全期。安全期避孕就是在排卵期内停止性生活的一种避孕方法。这是一种传统的避孕方法。

女性的排卵日期一般在下次月经来潮前的 14 天左右。卵子自卵巢排出后在输卵管内能生存 1～2 天,以等待受精;男子的精子在女子的生殖道内可维持 2～3 天的受精能力,故在卵子排出的前后几天里性交较容易受孕。为了保险起见,我们将排卵日的前 5 天和后 4 天,连同排卵日在内共 10 天称为排卵期。因为在排卵期内性交容易受孕,称为危险期。

目前用于测定排卵期的 3 种方法各有其优缺点:日历法可用来推算排卵期及排卵前、排卵后安全期,但它只适用于月经正常的女性,而女性有时因环境改变和情绪变化使排卵提前或推迟,所以不够准确;测量基础体温法可以测定排卵日期及排卵后安全期,但该法比较麻烦,要求又严格,如不按照规定测量体温,就不能准确测定排卵日期;宫颈黏液观察法能测定排卵期及排卵前、后安全期,正确性高,但使用者必须经过培训,完全掌握后才能使用。

2.口服避孕药

大部分避孕药可靠性较高,短效口服避孕药的避孕有效率甚至达到 99% 以上。但避孕药必须按规定服用,否则会失效。服药初期,少数人可能出现胃肠道副作用,如恶心、呕吐等,但随着时间推移,症状可消失。

3.避孕套

避孕套,又称阴茎套,是一种男性用的避孕工具。避孕套的避孕有效率较高,只要坚持使用,并掌握正确的使用方法,其避孕有效率可达 93% 以上。除避孕作用外,避孕套还可以预防性传播疾病,尤其是预防艾滋病。使用时,需注意避孕套可能会滑脱或撕破。

(三)同性恋

→ → → → →

【身边案例】

小蓉的爱情故事

我是一名大二女生,她是大三学姐,我觉得她打篮球很酷便找机会主动认识她,她叱咤球场的样子让我着迷。经过 3 个月的交往,我们成了无话不谈的朋友,她经常喊我"亲爱的""老婆",我觉得很受用。有时晚上我会钻到她的床铺上,抱着她睡觉,享受着她的抚摸。我觉得她在我的心里占据的空间越来越多,半天见不到她,心里就觉得空落落的,现在我经常莫名其妙地吃她的各种醋,不管她和同性还是异性交往,我都很难受。因为这些,我经常和她发生争吵。一周前,她提出来要和我分手,说我太黏人了,剥夺了她的自由。我觉得我的天都塌了。

← ← ← ←

同性恋对于我们来说看起来很远,实际却一直存在我们每个人身边。同性恋一般指一种性倾向,即排他地对同性保持持久的审美吸引、浪漫情感和性爱欲望,它一般和异性恋相对(即对异性持有性爱和浪漫欲望),此外还有双性恋,也就是受到两种性别的人的吸引。导致同性恋的真正原因目前还没有完全确定,大致分为先天说和后天说两大派。先天说主要分为三大派:遗传基因、激素水平、大脑结构的影响。科学家对先天成因的研究主要集中在对生理因素的测定上,但至今仍没有一种理论得到完全确认和一致的公认,后天说即心理社会成因说中存在两大流派:一是精神分析学派的观点,二是行为学派的观点。精神分析学派的主要观点是"异性恋恐怖说",这种观点认为,儿童时的遭遇在潜意识中种下了异性恐怖的种子,因此一个人成年以后会害怕接触异性。行为学派的主要理论围绕着同性恋行为是受到环境的影响而习得展开的,主要受伙伴群关系、偶然的机遇及特殊的经历影响,甚至有的同学一开始完全是为了追求刺激,想体验一下同性恋的感觉,但随着情感体验的深入和行为的习得,最后成了同性恋或双性恋者。在同性恋成因里还有一种与上述完全不同的,称为"境遇型同性恋",即在一种单性环境里,异性往往不能或者不容易接触到,而同性更容易得到,于是人们的目标就开始转向同性。

同性恋群体作为一种少数的性取向群体,在我国获得的社会和道德的认可度还较低,所以他们面临着更大的压力,经常要小心翼翼地生活,生怕一不小心暴露身份,会遭受同学的歧视。同性恋虽然在情感体验等方面和异性恋并没有很大的差别,但这种恋爱的稳定性较差,持续时间相对较短,同性恋者更容易出现心理问题。有研究表明,同性恋者面临着比较严重的情绪障碍、物质依赖、自杀等心理健康问题。同性恋者的身体健康问题也值得关注,近几年我国青年学生的艾滋病发病率增长较快,这些青年学生很多来自男性同性恋。

很多大学生就像小蓉一样面临着这样的问题:我喜欢自己的"好哥们"、"闺蜜",我是不是同性恋?这些大学生们会表现出一些同性恋的倾向,如与同性的同学过于亲密,形影不离,对同性友人的一颦一笑牵肠挂肚,但是他们并不是真正的同性恋者,有研究者将其称为"假性同性恋"。假性同性恋的产生原因是多方面的。

首先,成长经历使其心理的认同与情感交流方式受阻。比如,一些女孩子在童年期和男孩一起玩耍,她们有可能出现角色认同混乱,单亲家庭的孩子也容易出现性别上与单亲父母的趋同。

其次,与异性交往的担惊受怕,导致"认同"倾向的扭曲发展。有些学生遭受过特殊的经历,儿时的阴影时常出现。比如,个别学生童年时期受过性侵犯,使他们对待异性的态度是异常的,无法正确与异性交往,所以与同性交往时觉得更加安全和舒适。

最后,一些大学生在刚进入大学新空间时感到非常孤独寂寞,不能很好地适应大学生活,这时,身边舍友以及同性好友的安慰和保护会让他们产生一种依赖,从而产生了"假性同性恋"。

在我们学会区分"假性同性恋"和同性恋的差异之后,当你面对以上的所有困扰时,请学会转移自己的注意力,让自己"走出去",多与他人交谈,这样才有利于自己成为一个身心健康的人。但同性恋并不代表自己成了一个心理不健康的人,同性恋如何保持身心健康也是大学生应给予更多关注的。

(四)失恋

"他来诱我上天,登到半途,又把梯子给我抽了。他来诱我去结识些美人,可他时常使我失恋。我所以一刻也不敢闭眼,我翻来覆去,又感觉着无限的孤独之苦。"

——郭沫若《女神·湘累》

失恋是指一方否认或终止恋爱关系后给另一方造成的一种严重的心理挫折。失恋可以说是大学生最严重的挫折之一,会引起一系列的心理反应,如难堪、羞辱、失落、悲伤、孤独、虚无、绝望和报复等。这些不良情绪如果得不到及时的排出转移,容易导致失恋者忧郁、自卑的情绪,严重者甚至采取报复乃至自杀等方式来排解心中的瘀结。

失恋的痛苦是可以理解的,当大学生失恋时,有哪些方法可以帮助其摆脱失恋带来的精神痛苦呢?

1. 正确认识失恋

失恋只是对彼此合适性的否定,并不是对恋爱双方的人格、能力、相貌的否定;失恋只是表示失去了和某人恋爱的可能,不代表从此失去恋爱的机会;恋爱是一个过程,失恋是淘汰筛选的结果,把失恋视为过程来品味,其苦无穷;失恋也有正面的东西可以让我们成长,情绪平静以后的分析和总结,能为以后的恋爱积累经验,避免重蹈覆辙。

2. 及时疏导心中的郁闷

人的理智可以战胜情感,失恋者可以采用疏泄法,即找亲人或知心好友倾诉你心中的烦恼,也可振笔疾书,甚至可以关门痛哭一场。这样有助于消除失恋带来的心理压力,及时恢复心理平衡。当然,疏泄要有"度",无休止地唠叨,反而容易沉溺于消极的情绪之中。

3. 采用转移法

主动置身于欢乐、开阔的环境,例如投身到大自然的博大胸怀中,从而得到抚慰,或有意识地潜心于自己感兴趣的事情中,用新的乐趣来冲淡、抵消旧的郁闷。

4. 立志升华

情绪是我们做事的巨大动力。因此,失恋者积极的应对态度会使"自我"得到更新和升华。如歌德因饱受无望的爱的折磨而写成了《少年维特之烦恼》。

·【心理故事】·

玫瑰花枯萎了,蜜蜂仍然拼命吮吸,因为它以前从这朵花上吮吸过甜蜜,但是,现在这朵花上,蜜蜂吮吸的是毒汁。蜜蜂知道这一点,因为毒汁苦涩,与以前的味道有天壤之别。于是,蜜蜂愤愤不平,它吸一口就抬起头来向整个世界抱怨,为什么味道变了?终于有一天,不知道是什么原因,蜜蜂振动翅膀,飞高了一点。此时,它发现,枯萎的玫瑰花周围,处处是鲜花。

失恋的人有时就像这故事中的蜜蜂一样,不舍离去,因为放弃并不容易,爱情中的放弃尤其令人痛苦。因为,爱情是对我们幼小时候的亲子关系的复制。幼小的孩子,无论从哪个方面看,都离不开爸爸妈妈。如果爸爸妈妈完全否定他,那对他来说就意味着死亡,这是终极的恐惧。我们多多少少都体验过被爸爸妈妈否定的痛苦和恐惧,所以,当爱情——这个亲子关系的复制品——再一次让我们体验这种痛苦和恐惧时,我们的情绪很容易变得非常糟糕。

但当爱情走到尽头时,不凡学习寓言中的蜜蜂,振翅一飞,你会发现其实如何选择都在于你自己,你想"飞"就能"飞",正如陶行知所说:"明智的放弃胜过盲目的执着。"

拓展阅读→

杰克·伦敦——我要与新世纪一起出发

当世界进入 20 世纪的钟声敲过,美国作家杰克·伦敦对心爱的情人玛贝尔的最后一次求爱,又因对方父母的反对而失败了。杰克怀着失恋的痛苦回到家里,大声喊着"我要与新世纪一起出发!"连夜埋头读书,用发愤自学迎来 20 世纪第一个黎明。从此,他抓紧学习和写作,发表了轰动美国文学界的小说《狼的孩子》。

贝多芬——从音乐中寻找安慰

大音乐家贝多芬,31 岁时,生活艰难,无法娶心爱的姑娘。两年后对方嫁给别人了,贝多芬痛苦得写了遗嘱想自杀,但他最终从音乐中寻到了安慰,不久即创作出"第二交响乐"。36 岁之后,他与丹兰士的爱情又以失败告终,这又是一次无情的打击,但他决心为事业奋斗,接连创作出"第七交响曲""第八交响曲""第九交响曲",成了伟大的音乐家。

恩格斯——向美丽的大自然倾诉

20 岁的恩格斯,在不来梅商行当练习生时,和一个姑娘的恋爱告吹了。回家乡后,为尽快摆脱失恋痛苦,他开始了翻越阿尔卑斯山到意大利的旅行。沿途的湖光山色,使他心胸格外开阔,失恋的痛苦逐渐消除。事后,他写道:"向美丽的大自然倾诉爱情的痛苦,能使自己溶化在温暖的生活步调之中。"他的第二次失恋,则是以写书来解脱。

居里夫人——生活和科学在召唤她

居里夫人年轻时到贵族之家担任家庭教师,并与这家的长子卡西密尔相爱了。由于对方父母反对,漂亮英俊的卡西密尔向她宣布断交。失恋的痛苦像反作用力一样,推着她以发狂般的勇气去奋斗。生活和科学在召唤,她终于跳出了失恋的深渊,踏上了科学大道并觅到了知音。

罗曼·罗兰——失去爱情不等于失去友谊

法国大文学家罗曼·罗兰向心爱的索菲亚求爱被拒绝后,很痛苦,但他认为,不能因为失恋而失去对生活的勇气和热情,失去爱情也不等于失去友谊。他在后来漫长的岁月中,依然与索菲亚保持友谊,互相通信探讨人生和艺术,时间长达 33 年。

有人说:"厄运,并不是爱情破裂的唯一结局,其实,也孕育着又一个相逢。"

第三节　健康恋爱,培养爱的能力

一、健康与不健康的爱情

心理学家根据恋爱中对爱情的追求,把爱情分为健康和不健康两大类。

健康的爱情表现在:(1)不痴情过分,不咄咄逼人,不显示自己的爱情占有欲,能够充分尊重对方;(2)将爱情给予对方比向对方索取爱情更使自己感到欢欣,并以对方的幸福为满足;(3)爱情是彼此独立的个性的结合。

不健康的爱情表现在:(1)过高地评价对方,将对方的人格理想化;(2)过于痴情,一味地要求对方表露爱的情怀,这种爱情常有病态的夸张;(3)缺乏体贴怜爱之心,只表现自己强烈的占有欲;(4)偏重于外表的追求。

要想拥有健康的爱情,不妨从培养自我健康的性心理、恋爱观以及爱的能力开始。

二、健康性心理

(一)大学生性健康的标准

对于大学生而言,性健康的标准有以下几条:

1.能正确认识和接纳自己的性别

一个性心理健康的个体,首先应能够正确认识自己的性别角色并加以接纳,同时能成功扮演好自己的性别角色,对自己的性别角色有相应的自尊感和自豪感。

2.有正常的性欲望

性欲是一个人能够获得性爱和性生活的基础和前提,所以性心理健康的个体就必须具有正常的性欲望。

3.性心理发展水平符合年龄特征

个体性心理特点和性行为符合相应的性心理发展年龄的特征,如果大学生的性心理与大多数同龄人不相同,那么他的性心理可能就存在一些问题。

4.具有较强的性适应能力

性适应是个体的性活动能够与外界形成一种和谐关系,也就是性生理、性心理、性社会这三要素在性生活过程中交互作用而显示出的一种协调能力。它表现为在个体出现性冲动后,知道如何排解、调控自己的性冲动,能够使自己的性行为与性活动符合社会的新规范和新要求等。

5.能与异性保持和谐的人际关系

对于大学生而言,随着性生理和性心理的发育成熟,渴望与异性交往并保持和谐的关系,是个体自然而然的正常的性要求。如果这种要求得不到满足,其性心理就很难达到健康的要求。

6.性行为符合社会文明规范

性心理健康的大学生具有一定的性知识和性道德修养,能自觉地去分辨性文化的精髓和糟粕、淫秽与纯洁、庸俗和高雅、谬误与真理,自觉抵制腐朽没落的性文化的侵蚀。

(二)维护性健康的途径

1.掌握科学的性知识

掌握科学的性知识,才能避免因性无知所带来的生理上和心理上的种种伤害,性是一门综合性的科学,包括性生理学、性心理学、性社会学、性伦理学等。大学生应当努力学习和掌握性科学知识,消除对性的种种误解。

2.培养健康的人格

性,不仅仅决定于生物本能,一个人对待性的态度,反映了他的成熟是否。人自身的尊严和对他人是否尊重,都会在两性关系中充分体现出来。

(1)要自爱自信

大学生要学会接纳和欣赏自己的性别角色,发展出适应时代要求的优秀个性特点。性别角色的认同和胜任是现代人成功适应和发展的重要心理基础。

(2)要对性行为负有社会责任感

如果性行为涉及另一个人,那么便涉及社会责任。性行为可以给另一方造成心理和生理上的伤害,甚至可以产生一条新的生命。这将意味着影响另一个人的生活,也将深刻影响你的生活。每一个成熟的大学生都应当了解个体性行为会给他人、自我和社会带来的后果,尊重他人,尊重自我,对自我的行为负起责任,大学生要增强自己的性道德和性法律意识,用道德和法律规范自己的性行为。

(3)要培养良好的意志品质

大学生自我控制性心理的能力,在一定意义上是由个人意志品质的强弱决定的。尽管青年人有很强的性冲动,但是人不同于动物,人是有意志力的,可以抑制和调整自我的冲动,因此大学生应当努力培养自己的良好意志品质。

3.积极进行自我调节

每个大学生都应该对控制自己的性欲望与性冲动有信心。对于性冲动,除了给予适度的控制外,还可以采取一些积极的、富有建设性的、符合社会规范的方式,如用学习、工作来取代或转移。

要正确对待手淫、白日梦和性梦,不因此而产生心理困扰或自责,将其当作一种合理的性能量宣泄的方式。

三、健康的恋爱观

→→→→→

❀ 【身边故事】

男人不坏,女人不爱

方燕是一个非常漂亮的大二学生,她是在被赞许和宠爱中长大的。她聪明、漂亮、乖巧,是小伙伴心目中的偶像。在方燕的追求者中有很多优秀的男同学。他们不是被女同学青睐的白马王子,就是自恃魅力无穷的英俊小生,但是,他们的追求都以失败告终。

让人瞠目结舌的是,方燕最后选择的对象竟是一个劳教出来的离婚男人!

从此,方燕受到了来自各方面的压力,来自同学的流言蜚语,来自父母的苦苦相劝,来自辅导员老师的理性分析,都让方燕觉得不无道理,但就是动摇不了她的决心。方燕处于一种两难的境地:一方面自己也觉得这场恋爱很荒唐,很奇怪;另一方面,在感情上就是割舍不下。难道真的是男人不坏,女人不爱吗?

方燕是那种长期受各种社会规范压抑的乖乖女,在方燕的意识里已经很少存在"我愿意"的自由了,强大的"超我"使"本我"难以得到宣泄。对于方燕来说,在这样的心理背景下,她非常想满足一种"违禁性的快感",挣脱长期以来形成的"乖乖女"的行为模式,获得一种新鲜和刺激感。于是她背离了社会标准,选择了一个"不应该"的对象,这种择偶行为本身满足了她两方面的欲望,一方面,她选择了一个为社会、大众标准所不看好的人,向人们标示她的一种与众不同的审美价值标准;另一方面,虽然这样的人不为社会所看好,但有一点却被方燕所青睐,那就是离经叛道,这一点足以让方燕产生"求同心理"。

←←←←←

一次恋爱失败不代表你下一次还会恋爱失败,但是错误的爱情观则使每次的恋爱都失败。懵懂的大学恋情,经常产生各种各样的心理问题。探索自己的恋爱观,进行正确的恋爱观教育是非常有必要的,这可以帮助大学生树立健康的恋爱观,使其学会更好地对待爱情。

【体验活动一】爱情观的测试

活动目的:通过寓言故事的爱情观测试,让大学生了解自己的爱情价值观。

活动过程:

(1)从前有一对恋人,男的叫约,女的叫爱,他们住在一条大河的两岸,每年只能相会一次。有一年到了他们相会的时节,那条河里却发了场大水,把唯一的一座桥给冲走了。爱的心早已飞到了心上人约的身边,可是没了桥,她就不能过去了。她心急如焚,天天等在河边希望能有奇迹发生。

这天,一个叫罗的年轻人划着一条小船经过这里,爱向他乞求说:"请你帮我一下吧,我要到河对岸去与我的心上人相会。"罗说:"只要你给我钱,我就把你送到对岸去。"爱说:"我没有钱啊,你帮帮我吧,等我有了钱再给你。"罗不为所动,划着船走远了。

就在爱伤心失望的时候,另一个年轻人乔也划着一条船过来了,当他听到美丽的爱发出的请求后,也提出了一个条件,那就是爱得陪他睡一晚。爱考虑再三,含泪答应了。

爱终于到了河对岸,与她的心上人约相聚。没想到朝朝暮暮企盼等来的却是这样的结果:约问爱是怎么过来的,爱如实告诉了他。约怎么也不能接受这个事实,他绝望地打了爱一记耳光,无情地抛弃了她。

乔得知约对爱的态度后,站出来承认了事实,并揍了约一顿。

后来一个叫法的小伙子出现在爱的生活中,他知道关于她的那个爱情故事,他无微不至地关怀爱,温暖了她破碎的心,并且他不在乎她的过去,最后爱和法结合了。

(2)请根据你一向的喜好,把在上面这个故事中出现的 5 个人按照下面的表格进行排序。

表 4-2　爱情观的测试

评价 人物	最欣赏	最同情	最讨厌	理由
爱				
约				
乔				
罗				
法				

(3)爱代表的是:爱情与奉献。

约代表的是:道德与贞操。

罗代表的是:金钱与事业。

乔代表的是:欲望与机会。

法代表的是:宽容与责任。

每个人分享自己的想法,小组讨论爱、法、约、乔、罗的价值顺序,最后达成共识,各组分享结果,并陈述理由。

【体验活动二】爱情需求大竞拍

活动目的:通过爱情需求大竞拍活动,让大学生厘清自己选择爱人的标准,了解爱情价值观怎样决定个体的恋爱动机以及对爱人的选择,并通过活动与思考,树立正确的价值观,端正恋爱动机。

活动过程:

(1)全班各抒己见,描述自己心目中的爱人的标准和条件是什么。

(2)找出最具代表性的 10 种爱情需求并写在大海报上。

大学生心理健康教育

（3）以小组为单位参加竞拍。每组有 100 万,每项底标是 5 万元,依次竞标。

（4）拍卖完,讨论下列题目:

①各买到何者。

②经何考虑而买到所得之项目? 是自己所需或喜欢?

③若重选一次,结果是否会相同? 如何选?

④树立正确的爱情观,有助于我们选择正确的恋爱对象。

拓展阅读→

进化心理学中的择偶标准

女性择偶的偏爱

· 偏爱资源

· 偏爱好的经济头脑

· 偏爱高社会地位

· 偏爱年龄大的男性

· 偏爱志向和勤劳

· 偏爱可靠与稳定

· 偏爱运动技能

· 偏爱好的身体

· 偏爱爱情

· 偏爱愿意投资儿童的男性

男性择偶的偏爱

· 偏爱年轻女性

· 偏爱外表美丽

· 偏爱适宜的腰臀比

· 偏爱正在排卵的女性

· 偏爱性忠诚

心理学家巴斯和他的同事选择了 30 个国家的征婚广告进行分析,发现在描述自己和想要找什么样的配偶方面,男女有很大差别:女性喜欢把自己描述成相貌姣好的,希望寻找年龄比自己大并且能提供经济保证的男性,而男性比女性更喜欢说自己能提供经济保证,希望寻求一个年轻、漂亮的女性。进化心理学家认为,男女之间的这一差别可以用进化论的观点来加以解释。从进化论角度来说,一个种族成员总是会选择能成功地繁衍后代并有效地抚育孩子的配偶。这就决定了:女性喜欢那些能够更好地供养自己和孩子的男性,男性则寻找能够为自己生养孩子的女性。

四、培养爱的能力

爱情之花是美丽而娇嫩的,人们热切地追寻它,但有时候往往不知如何去呵护它,以至于爱情之花夭折。恋爱中的许多麻烦在于人们以被人爱代替了去爱人,求爱往往是为了摆脱孤独和空虚,建立在这种前提下的情感是短暂的,成熟的爱情以自爱为基础,知道自己需要怎样的爱,并且具有给予爱和拒绝爱的能力。

如何拥有健康的爱情呢?这需要培养爱的能力。美国心理学家弗洛姆在《爱的艺术》中指出:爱的本质是一种承诺,是以我的全部生命对另一个人全部生命的承诺。爱是一种能力,爱是一门艺术。只有爱的情感体验,而不知如何去爱是达不到爱的目的的。爱只有引起被爱,才能证明这种爱是有效的,爱的能力和艺术包括给予他人爱的能力和艺术,接受他人给予爱的能力和艺术,拒绝爱的能力和艺术。在现实生活中,人们祈求爱、渴望爱、歌唱爱,却仍然有相当多的人得不到爱,因为愿意学习爱的能力和艺术的人很少。要拥有爱的能力,掌握爱的艺术,不仅要学习和掌握爱的理论,更要用这种理论去指导爱的实践。

(一)能够自爱

自爱不是自私也不是以自我为中心,是指对自身价值有充分的认识与体验,是指尽管知道作为个人,自身的力量十分渺小,但仍然坚信自己是整个世界向善中不可缺少的一环。他不仅尊重自己而且善待自己,因为坚信个体存在的意义与价值,不仅自爱自重,也很自然地发自内心地爱与敬爱他人。

艾克哈特大师说:"如果你爱自己,你就会像爱自己那样爱其他人。只要你对其他人的爱不及对自己的爱,你就不会真正地爱你自己,但如果你同样地爱所有的人,包括爱你自己,你就会成为一个伟大而正义的人。"

(二)迎接爱的能力

迎接爱的能力包括表达爱的能力和接受爱的能力,一个人心中有了爱,在理智分析之后,要敢于表达、善于表达,这是一种爱的能力;一个人面对别人的施爱,能及时准确地对这份爱做出判断,并做出接受、拒绝或再观察的选择,这也是一种爱的能力。大学生要具有迎接爱的能力,就应懂得爱是什么,有健康的恋爱价值观。

(三)保持及发展爱的能力

如何始终保持相爱如初?第一,爱情的对象必须具有丰富的精神世界,只有这样才能令人感到爱情的兴奋和神秘,时时更新,具有永不枯竭的魅力;第二,钟情者必须有善于观察的能力、丰富的想象力和细腻的内心。

相爱的人要发展爱的能力,培养爱的责任。人类的爱情是离不开道德的,爱情是同一社会结构中的人的道德意识,它和人的善恶观及其对道德和不道德的认识联系在一起。当一个人体会到真正的爱情时,就会表现出自我牺牲精神与巨大的道德力量。这种道德力量就是一种责任感。

所以,爱是责任,是尊重。人只有认识对方,才能尊重对方。不成熟的爱情是"我爱,因为我被人爱",成熟的爱情是"我被人爱,因为我爱人";不成熟的爱是"我爱你,因为我需要你",成熟的爱是"我需要你,因为我爱你"。

爱一个人,应该关切他,对他的生命负有责任感,而且对他全部人性的力量的成长和发展负有责任感。

·【心理故事】·

理解与尊重的重要性

1. 加温的选择

在一次交战中,年轻的亚瑟国王被邻国的士兵抓获。邻国的国王十分欣赏亚瑟的勇敢和才华,没有杀他,并承诺只要亚瑟能回答一个非常难的问题,就还亚瑟自由。亚瑟有一年的时间来思考这个问题。如果一年的时间还不能给出答案,亚瑟就会被处死。这个问题是:女人真正想要的是什么?

这个问题很难回答,但总比死亡要好得多,亚瑟接受了国王的命题——在一年的最后一天给他答案。

亚瑟回到自己的国家,开始向每个人征求答案:公主、妓女、牧师、智者、宫廷小丑,他问了所有的人,但没有人可以给他一个满意的回答。人们让他去请教一个老女巫,只有她才能知道答案,但是他们警告他,女巫的收费非常高,她昂贵的收费在全国是出名的。

一年的最后一天到了,亚瑟别无选择,只好去找女巫。女巫答应回答他的问题,但他必须首先接受她的交换条件:让她和亚瑟王最高贵的圆桌武士之一,他最亲近的朋友——加温结婚。亚瑟王惊呆了,看看女巫:驼背,丑陋不堪,只有一颗牙齿,身上发出臭水沟般难闻的气味,而且经常制造出猥亵的声音。他从没有见过如此不和谐的怪物。他拒绝了,他不能强迫他的朋友娶这样的女人。

加温知道这个消息后,对亚瑟说:"我同意和女巫结婚,为了你和我们的国家。"于是婚礼举行了,女巫回答了亚瑟的问题:女人真正想要的是主宰自己的命运。于是,亚瑟便得救了。

来看看加温和女巫的婚礼吧,这是怎样的婚礼呀!亚瑟为此而深感痛苦与自责。然而加温却一如既往的谦和,女巫却在庆典上表现出她最坏的行为,让所有的人都感到厌恶和恶心。

新婚之夜,加温不顾众人劝阻坚持走进新房,准备面对一切,然而一个他从没见过的美丽少女半躺在婚床上!加温惊呆了,问她到底是怎么回事。美女回答说:"我在一天的时间里,一半时间是丑陋的女巫,一半时间是倾城的美女,加温,你想我白天、夜晚分别是哪一面呢?"

2. 如果你是加温,你怎样选择?

白天是女巫,夜晚是美女,因为老婆是自己的,不必爱慕虚荣。

白天是美女,夜晚是女巫,因为可以得到别人美慕的眼光,晚上回到家,家里也是一团漆黑,看不清,美丑都无所谓。

3. 结局

最后,加温没有做任何选择,只是对他的妻子说:"既然女人最想要的是主宰自己的命运,那么就由你自己决定吧。"于是女巫选择白天夜晚都是美丽的女人。

对故事的结局有何感想?

理解与尊重他人正体现了一个人的善良所在。然而在生活中却有很多人喜欢别人按照自己的意愿去生活,而不管别人愿不愿意。事实上,当你在交往中试着替别人考虑,理解并尊重别人的意愿时,你将得到更多。

(四)拒绝爱的能力

有爱的能力不代表博爱,对爱一箩筐全收。常有大学生在拒绝爱时优柔寡断,剪不断理还乱,往往陷入进退维谷的困境。那么该如何拒绝自己不爱的人,既不伤害对方,也不为难自己呢?首先,要表现出对他人的尊重,要感谢对方对自己的欣赏和感情;其次,要态度明确,直接表达;最后,要掌握彼此交往的分寸,不能与对方有单独的或较亲密的接触,如单独去看电影、吃饭等。

(五)承受恋爱挫折的能力

当你决定恋爱时,要问问自己能否承受失恋的痛苦?在享受爱情带来愉悦的同时,还要承担爱情带来的痛苦和煎熬。个性发展受多种因素的制约,因而在追求爱情的过程中,遇到各种波折是难免的。恋爱受挫主要有单相思、失恋、恋爱纠纷等。恋爱受挫是重大的心理缺失,对我们的心理承受能力是一种严峻的考验。如果我们承受能力较弱,就可能会产生自卑、情绪低落、失眠、伤人或自伤等问题。因此,提高恋爱挫折承受能力是非常重要的。

当爱情受挫后,理智的做法是两人共同承担责任,分析原因,总结经验教训,寻找解决问题的方法和途径。在新的追求中确认和实现自己的价值,从而提高自己的心理承受能力和恋爱水平,切不可随意地妄自菲薄、自我否定、自我排斥,因为恋爱是个双向选择的过程,每个人都有终止爱情的权利,要给对方选择的机会。恋爱受挫后,转移注意力、学会倾诉、合理宣泄等都是比较可取的办法,值得一提的是,我们要学会寻求帮助、借助外力,比如专业的心理咨询,就是一个非常好的应对恋爱受挫的方法,让我们和心理咨询师一起面对、解决恋爱受挫所带来的问题,共同成长。

(六)培养协调爱与其他关系的能力

如何处理爱情与学业的关系、如何处理爱情与友情的关系等,也是爱的能力之一。我们的任务是在完成学业的同时全面提高自己的综合素质。鲁迅先生说:"不能只为了爱——盲目的爱,而将别的人生要义全盘疏忽了。"当爱情与学业发生冲突,说明我们还不具备协调爱与学业的能力或能力还不够,不够成熟,无法承担爱的重量,这个时候我们要以学业为重,完成角色赋予的使命、完成时代赋予的责任。

大学生心理健康教育

·【心灵诗选】·

论婚姻——纪伯伦 ◎

不过在你们合一之中,要有间隙。

让天风在你们之间舞荡。

彼此相爱,却不要做成爱的系链;

只让它在你们灵魂的沙岸中间,做一个流动的海。

彼此斟满了杯,却不要在同一杯中啜饮。

彼此馈赠面包,却不要在同一块上取食。

快乐地在一处舞唱,却仍让彼此静独,

连琴上的那些弦也是单独的,虽然他们在同一的音调中颤动。

彼此赠献自己的心,却不要互相保留。

因为只有"生命"的手,才能把持你们的心。

要站在一处,却不要太密切;

因为殿里的柱子,也是分立在两旁,

橡树和松柏,也不在彼此的树荫中生长。

思考题

1. 性心理发展中有哪些困扰?

2. 什么是爱情三角理论?

3. 大学生恋爱的困惑及应对方法。

4. 如何了解自己的爱情观,如何培养爱的能力?

推荐阅读→

林艺.告诉孩子怎样爱——林艺性热线经典报告.南宁:广西科学技术出版社,2009.

推荐理由:林艺在这本书里写了一些父母和老师想知道却不知道的事情,还有一些父母和老师看了会大吃一惊的内容,但是如果你想知道孩子成长的需要和秘密,想要帮助他们,可以看看这本书,因为这是一个捷径。

第五章 我的情绪我做主
——情绪管理与心理健康

情绪不是问题,如何应对情绪才是问题。

▶ 本章导读

本章围绕情绪管理这一主题,从情绪的表现、分类入手,探讨了情绪的产生与作用、大学生的情绪特点及常见情绪问题,最后引入了情绪管理的方法,即正确认知情绪、理性接纳情绪、学会表达情绪。

第一节　情绪概述

一、情绪及其表现

(一)什么情绪

情绪,是对一系列主观认知经验的统称,是多种感觉、思想和行为综合产生的心理和生理状态。情绪具有肯定和否定的性质。能满足人的需要的事物会引起人的肯定性质的体验,如快乐、满意等;不能满足人需要的事物会引起人的否定性质的体验,如愤怒、憎恨、哀怨等;与需要无关的事物,会使人产生无所谓的情绪和情感。积极的情绪可以提高人的活动能力,而消极的情绪则会降低人的活动能力。

最普遍、通俗的情绪有喜、怒、哀、惊、恐、爱等,也有一些细腻微妙的情绪如嫉妒、惭愧、羞耻、自豪等。情绪常和心情、性格、脾气、目的等因素互相作用,也受到荷尔蒙和神经递质的影响。无论正面还是负面的情绪,都会引发人们行动的动机。尽管一些情绪引发的行为看上去没有经过思考,但实际上,意识是产生情绪的重要一环。人的情绪有天生也有后天控制的成分。

1.情绪有其生理反应

在不同的情绪状态下,人的心律、血压、呼吸乃至人的内分泌、消化系统等会发生相应的变化。例如,人在焦虑状态下,会感到呼吸急促、心跳加速;人在恐惧状态下,则会出现身体战栗、眼睛瞳孔放大;而在愤怒状态下,则会出现汗腺的分泌、面红耳赤等生理特征。

这些变化都是受人的自主神经支配的,是不由人的意识所能控制的,即使你再不愿意,甚至主观去控制,情绪也会出现。

2.情绪是一种内心感受

人的不同情绪生理状态必然会反映在人的知觉上,反映到人的意识中来,从而形成人的不同的内心体验。如人在受到伤害时,会感到痛苦;在朋友聚会时,会感到由衷地快乐;当面临着极度危险境地,会让人产生毛骨悚然的恐惧感;当自己的某些需要得到充分的满足时,会感到幸福愉快;在遭遇被欺辱时,会感到愤怒;在失去亲人时,会感到悲伤。

3.情绪会表现在行为中

情绪不仅体现为生理反应和内心体验,而且也会直接反映到人的外在行为表现中,主要反映在人的表情、语态和行为过程中。面部表情最直接反映着人的情绪状态,人们可通过一个人的面部表情的变化,来了解一个人的情绪状态。例如,当自己所希望的球队获胜时,脸上不由自主地会喜笑颜开;当自己遇到困难和挫折时,即会愁容满面。体态行为也同样反映着一个人的情绪状态,例如,在期末考试过后,我们可通过考生们的不同表现,如坐立不安、手舞足蹈和垂头丧气看得出他们此时此刻的情绪状态和面临的境地。声音语态则是指人们在交流时声音的声调、音色和声音节奏的快慢等方面的变化,如一个人悲伤时,会出现语调低沉、言语缓慢、语言断断续续;而当人兴奋时则会语调高昂、语速加快,声音抑扬顿挫、清晰有力。

拓展阅读→

生物三节律

人的情绪总是从兴奋到抑制,再从抑制到兴奋,往复循环。一个人的情绪不可能一直处于低潮,也不可能一直高涨。从心理学家的研究中,我们可以发现,一般人的情绪变化呈现周期性的规律。

20世纪初,英国医生费里斯和德国心理学家斯沃博特同时发现了一个奇怪的现象:有一些病人因头痛、精神疲倦等,每隔23天或28天就来治疗一次。于是他们就将23天称为"体力定律",28天称为"情绪定律"。20年后,特里舍尔发现学生的智力是以33天为周期进行变化的,于是他就将其称为"智力定律"。后来,人们就将"体力定律""智力定律"和"情绪定律"称为生物三节律。

一个人从出生之日起,到离开世界为止,生物三节律自始至终没有丝毫变化,而且不受任何后天影响。三种节律都有自己的高潮期、低潮期和临界日。以情绪为例,在高潮期内,人的精力充沛、心情愉快,一切活动都被愉悦的心境所笼罩;在临界日内,自我感觉特别不好,健康水平下降,心情烦躁,总是莫名其妙地发火,在活动中容易发生事故;而在低潮期内,情绪低落,反应迟钝,一切活动都被一种抑郁的心境所笼罩。

在很多心理学家的报告中,我们都能看到情绪周期的描述,有的人说是28天,有的人得到的结论是5个星期。不管怎样,我们可以大致得到这样的一个概念:人类,作为有自然性的动物,存在着情绪上的周期变化。因此,你可以通过有意识地记录的方式来确定自己的情绪变化,由此可以提前预测自己的情绪变化,避免因为情绪的变化而影响你的学习和生活。

(二)情绪的类型

1.情绪的基本分类

关于情绪的类别,长期以来说法不一。我国古代有喜、怒、忧、思、悲、恐、惊的七情说,美国心理学家普拉切克提出了8种基本情绪:悲痛、恐惧、惊奇、接受、狂喜、狂怒、警惕、憎恨。还有的心理学家提出了9种类别。虽然类别很多,但一般认为有4种基本情绪,即快乐、愤怒、恐惧和悲哀。

快乐是指一个人盼望和追求的目的达到后产生的情绪体验。由于需要得到满足,愿望得以实现,心里的急迫感和紧张感解除,快乐随之而生。快乐有强度的差异,从愉快、兴奋到狂喜,这种差异是和所追求的目的对自身的意义以及实现的难易程度有关。

愤怒是指所追求的目的受到阻碍,愿望无法实现时产生的情绪体验,愤怒时紧张感增加,有时不能自我控制,甚至出现攻击行为。愤怒也有程度上的区别,一般的愿望无法实现时,只会感到不快或生气,但当遇到不合理的阻碍或恶意的破坏时,愤怒会急剧爆发。这种情绪对人的身心的伤害也是明显的。

恐惧是企图摆脱和逃避某种危险情景而又无力应付时产生的情绪体验。恐惧的产生不仅仅由于危险情景的存在,还与个人排除危险的能力和应付危险的手段有关。一个初次出海的人遇到惊涛骇浪或者鲨鱼袭击时会感到恐惧无比,而一个经验丰富的水手对此可能已经司空见惯,泰然自若。婴儿身上的恐惧情绪表现较晚,可能是与他们对恐惧情景的认知较晚有关。

悲哀是指失去心爱的事物或理想和愿望破灭时产生的情绪体验。悲哀的程度取决于失去的事物对自己的重要性和价值。悲哀时带来的紧张的释放,会导致哭泣。当然,悲哀并不总是消极的,它有时能够转化为前进的动力。

人类这些最基本的情绪与动物的情绪表现有本质的不同。因为即使是人的生理性需要也打上了社会的烙印,人们不再茹毛饮血,满足吃、喝、住、穿的需要时也会考虑适当的方式和现有的社会条件。

· 【心理故事】 ·

某意外事故幸存者回到家后,再次联系了医生。他告诉医生:"那个人不是我妈妈!"医生很疑惑:"她就是你妈妈呀。"病人回答:"虽然那个人外貌、声音都和我妈妈一样,但我内心清楚地知道,她不是我妈妈。"

听起来像科幻小说中常有的惊悚情节,其实真正的原因是,患者大脑中视觉图像处理的区域和主管情绪的杏仁体之间的连接被切断。当他视觉上看到妈妈时,无法唤起情绪,感觉上和陌生人没有两样。所以他认为眼前这个人是陌生人伪装的。

类似问题也大量存在于自闭症儿童中。由于生理原因,他们大脑中不同区域间的联结较少,所以大多数自闭儿的情绪方面存在问题,例如看见妈妈没有反应,被骂被打时不会哭,不该笑时乱笑。

如果没有了情绪,人类恐怕就成了高级机器人。妈妈仅仅是"妈妈"而已,念出这个词,你不会产生依恋、安全感、爱,面前称为"妈妈"的这个人,和大街上陌生人的区别仅仅是称呼不同。

2.情绪状态分类

情绪状态是指在一定的生活事件影响下,一段时间内各种情绪体验的一般特征表现。根据情绪状态的强度和持续时间可分为心境、激情和应激。

(1)心境

心境是一种微弱、平静和持久的情绪状态。生活中我们常说"人逢喜事精神爽",指发生在我们身上的一件喜事能让我们长时间保持着愉快的心情,但有时候一件不如意的事也会让我们在很长一段时间内忧心忡忡、情绪低落。这些都是心境的表现。

心境具有弥散性和长期性。心境的弥散性是指当人具有了某种心境时,这种心境表现出的态度体验会朝向周围的一切事物。一个刚在单位受到表彰的人,觉得心情愉快,回到家里同家人会谈笑风生,遇到邻居会笑脸相迎,走在路上也会觉得天高气爽,而当他心情郁闷时,在单位、在家里都会情绪低落,无精打采,甚至会"对花落泪,对月伤情"。古语中说人们对同一种事物,"忧者见之而忧,喜者见之而喜",也是心境弥散性的表现。心境的长期性是指心境产生后会在相当长的时间内主导人的情绪表现。虽然基本情绪具有情境性,但心境中的喜悦、悲伤、生气、害怕却要维持一段较长的时间,有时甚至会成为人一生的主导心境。如有的人一生历尽坎坷,却总是豁达、开朗,以乐观的心境去面对生活;有的人总觉得命运对自己不公平,或觉得别人都对自己不友好,结果总是保持着抑郁愁闷的心境。

(2)激情

激情是一种爆发强烈而持续时间短暂的情绪状态。人们在生活中的狂喜、狂怒、深重的悲痛和异常的恐惧等都是激情的表现。和心境相比,激情在强度上更大,但维持的时间一般较短暂。

激情具有爆发性和冲动性,同时伴随有明显的生理变化和行为表现。当激情到来的时候,大量心理能量在短时间内积聚而出,如疾风骤雨,使得当事人失去了对自己行为的控制力。《儒林外史》中的范进听到自己金榜题名,狂喜之下,竟然意识混乱,手舞足蹈,疯疯癫癫。有些人在暴怒之下,会双目圆睁,咬牙切齿,甚至对他人拳脚相加。但在这些激情宣泄之后,人又会很快平息下来,甚至出现精力衰竭的状态。

激情常由生活事件所引起,那些对个体有特殊意义的事件会导致激情,如考上大学,找到满意的工作等;出乎意料的突发事件会引起激情,如多年失去音信的亲人突然回归,常会欣喜若狂。另外,违背个体意愿的事件也会引起激情。中国古书中记载,春秋战国时期的伍子胥过昭关,因担心被抓回楚国,父仇不能报,一夜之间竟然愁白了头。可见,不同的生活事件会引起不同的激情。

（3）应激

应激是出乎意料的紧张和危急情况引起的情绪状态。如在日常生活中突然遇到火灾、地震，飞行员在执行任务中突然遇到恶劣天气，旅途中突然遭到歹徒的抢劫等。无论天灾还是人祸，这些突发事件常常使人们在心理上高度警醒和紧张，并产生相应的反应，这都是应激的表现。

人在应激状态下常伴随明显的生理变化，这是因为个体在意外刺激作用下必须调动体内全部的能量以应付紧急事件和重大变故。这个生理反应的具体过程：紧张刺激作用于大脑，使得下丘脑兴奋，肾上腺髓质释放大量肾上腺素和去甲状腺素，从而大大增加通向体内某些器官和肌肉处的血流量，提高机体应付紧张刺激的能力。加拿大心理学家塞里把整个应激反应过程分为动员、阻抗和衰竭3个阶段：首先是有机体通过自身生理机能的变化和调整做好防御性的准备；其次是借助呼吸心率变化和血糖增加等调动内在潜能，应对环境变化；最后若刺激不能及时消除，持续的阻抗会使得内在机能受损，防御能力下降，从而导致疾病。

·【经典实验】·

一、情绪接力与情绪猜谜

1.要求每个学生说出大学生中常见的情绪，并将其写到黑板上。

2.让学生从黑板上列出的各种情绪中选出一种，用表情或体态表达出来，看大家能否猜出。

3.为什么每个人的情绪表达不同？我们怎样才能知道别人的情绪？我们如何才能让别人知道我们自己的情绪感受？

二、情绪表达与体验

学生两人一组，进行角色对抗体验。要求一方说"是"，而另一方则说"不是"，看双方谁能说服谁、压倒谁。之后，进行角色互换，进行对抗体验。

讨论：

1.在上述的对抗练习中，你感受到了什么？你的声音会有什么变化？

2.你的躯体感受到了什么？情绪对自己的影响有哪些？

二、情绪的产生与功能

（一）情绪是如何产生的

我们每天的活动都伴随着一定的情绪，有时轻松，有时焦虑，有时欢乐，有时忧愁。那么，是什么在左右着我们的情绪？情绪又是如何产生的？

1. 情绪与情境

人的情绪不会无缘无故地产生,必然有其发生的情境。正如人们所说,人逢喜事精神爽,当人们学业成功或遇到优美的环境时,就会产生愉快的心情;反之,人际的冲突、学习的压力、生活中的挫折、恶劣的天气会使人感到烦躁和抑郁。除了外在的环境和事件会直接引起情绪变化外,人自身的生理和心理反应也同样会引起情绪的变化。例如,人在青春期阶段,由于身体上的急剧变化会引起内分泌的紊乱,并由此造成了情绪上的躁动。当女生因为月经周期带来生理上的变化,也容易导致情绪的不稳定。

2. 情绪与需要

一名大学生,在漂亮的异性同学面前常会感到紧张和羞怯,有时还会面红耳赤,为此,会感到自责和困扰。人的情绪为什么有时难以自制?情绪产生与变化的背后,实际反映着我们的需要。例如当得到他人称赞时,满足了自己的自尊和成就的需要,从而感到一种荣誉和喜悦感;相反,当自己受到他人的冷落时,就会产生失落和孤独感,因为自己被接纳的需要没有得到满足。在大学学习和生活的过程,也是大学生追求和实现自身各种需要的过程。大学生的需要是多样化的,如完成学业、培养能力、发展自我、追求爱情等。这些需要是多层次的,有些是眼前的需要,有些是长远的需要。实现和满足这些需要,会受到各种条件的制约,必然会引起情绪上的波动。

3. 情绪与认知

情绪虽然与客观事物是否满足人的需要相联系,但是面对同样的事物,不同的人却会有着截然不同的情绪感受。这是因为每个人站在不同的角度,会产生不同的认知,而同一个人,当认知发生变化时,情绪感受也会随之产生变化。这都说明认知对情绪的影响和作用。心理学研究表明,人们只有通过认知对客观事物与需要的满足做出判断与评价,才会产生相关联系的情绪反应,认知改变了,情绪也相应发生了变化。

4. 情绪与行为

行为是人的情绪的重要表现形式,一个人的情绪状态,会导致人产生或消除行为的动机,并直接影响到人的行为模式及过程和效果。例如,一个学生因取得优异的成绩而产生的成就感,使得他对学习更加努力,而一个学生的过度焦虑情绪,会使他感到心烦意乱,无法专心学习,对考试的过度恐惧感,也会使人在考试中发挥失常。情绪对行为起着一定的调节作用,当人们在做能满足自己需要的一些行为时,就会感到一种欣慰和充满热情的情绪感受,它会使自己的行为得到加强;而当人的某一行为破坏或阻碍了自己的某一种需要时,就会产生厌烦、排斥的情绪感受,它同样会使人自己的行为减少或停止。可见,情绪与行为的关系并非是单一的决定与被决定的关系,而是相互影响的关系。

焦虑推动了人类生活向前发展,迫使人类实现自我。

——索伦·克尔凯郭伦

愤怒,高度活跃在我们的主观世界里,提醒我们有不好的事情发生了,告诉我们要摒弃、反抗这些不好的事情。

——马丁·塞里格曼

(二)情绪的功能

1.情绪是适应生存的心理工具

在低等动物中,几乎无情绪可言,即使是低等脊椎动物,所有的也只是一些具有适应价值的行为反应模式。例如搏斗、逃跑、哺喂和求偶等行为。这些适应行为在特定的生理唤醒过程中,动物在脑中产生相应的感觉(感受)状态并留下痕迹,就是最原始的爱、恨、怕等情绪反应。因此,情绪是进化的产物。

当特定的行为模式、生理唤醒及相应的感受状态出现后,就具备了情绪的适应性,其作用在于发动机体中的能量使机体处于适宜的活动状态,将相应的感受通过行为(表情)表达出来,以达到共鸣或求得援助,所以,情绪自产生之日起便成为适应生存的心理工具,人类继承和发展了动物情绪这一高级适应手段。

人类婴儿在出生时,由于脑的发育尚未成熟,还不具有独立行动和觅食等维持生存的基本能力,他们以情绪表达来传递信息,得到成人的哺育。成人正是通过婴儿的情绪反应来体察他们的需要,并及时调整他们的生活条件。因此,情绪的适应功能从根本上说是服务于改善和完善人的生存和生活条件的。无论是儿童还是成人,通过快乐表示情况良好,通过痛苦表示急需改善的不良处境,通过悲伤和忧郁表示无奈和无助,通过愤怒表示将进行反抗的主动倾向。

同时,由于人生活在高度人文化的社会里,情绪的适应功能的形式有了很大的变化,例如,人用微笑向对方表示友好,通过移情和同情来维护人际联结,掩盖粗鲁的愤怒行为等,情绪起着促进社会亲和力的作用,但是,人们也看到,挑起事端引起的情绪对立有着极大的破坏作用。总之,各种情绪的发生,时刻都在提醒着个人去了解自身或他人的处境和状态,以求得良好适应。社会有责任去洞察人们的情绪状态,从总体上做出规划,去适应人类本身和社会的发展。

2.情绪是激发心理活动和行为的动机

情绪构成一个基本的动机系统,它能够驱使有机体发生反应、从事活动,在最广泛领域里为人类的各种活动提供动机。情绪的这一动机功能既体现在生理活动中,也体现在人的认识活动中。一般来说,生理内驱力是激活有机体行为的动力,但是,情绪的作用在于能够放大内驱力的信号,从而更强有力地激发行动。例如,人在缺水或缺氧的情况下,血液成分发生了变化,产生了补充水分或氧气的生理需要,但是这种生理驱力本身并没有足够的力量去驱策行动,而此时产生的恐慌感和急迫感起着放大和增强内驱力信号的作用,并与之合并而成为驱策人行动的强大动机。

此外,内驱力带有生物节律活动的刻板性,例如,呼吸、睡眠、进食均按生物节律定时。情绪反应却比内驱力更为灵活,它不但能根据主客观的需要及时地发生反应,而且可以脱离内驱力而独立地起动机作用。例如,无论在任何时候,恐惧会使人退缩,愤怒会引发攻击,厌恶会引起躲避等。情绪的动机功能还体现在对行为活动的驱策上,这一点通过兴趣情绪明显地表现了出来。严格说来,认识的对象并不具活动的驱策性,促使人去认识事物的是兴趣和好奇心。

3. 情绪是心理活动的组织者

情绪是独立的心理过程，有自己的发生机制和操作规律，作为脑内的一个监测系统，情绪对其他心理活动具有组织的作用。情绪的组织作用包括对活动的瓦解或促进，一般说来，正性情绪起协调的、组织的作用，负性情结起破坏、瓦解或阻断的作用。

有研究证明，情绪能影响认知操作的效果，其影响效应取决于情绪的性质及强度，中等唤醒水平的愉快和兴趣为认知活动提供了最佳的情绪背景，愉快强度与操作效果曲线呈倒"u"形，过低或过高的愉快唤醒均不利于认知操作。这些研究结果符合关于不同唤醒水平的情绪对手工操作的不同效应的叶克斯—道德森规律。而对负性情绪来说，痛苦、恐惧的强度与操作效果呈直线相关，情绪强度越大，操作效果越差。与痛苦、恐惧不同的是，由于愤怒情绪具有自信度较强的性质和指向于外的倾向，中等强度的愤怒一旦爆发出来，有可能阻止个体倾向于面对的任务，导致较好的操作效果。这些研究结果则补充了叶克斯—道德森曲线。上述结果表明，情绪执行着监测认知活动的功能，不同性质和不同强度的情绪起着不同程度的组织或瓦解认知活动的作用。

情绪的组织功能也体现在对记忆的影响方面。鲍维尔的研究表明，当人处在良好的情绪状态时，更容易回忆起那些带有愉快情绪色彩的材料。如果识记材料在某种情绪状态下被记忆，那么在同样的情绪状态下，这些材料更容易被回忆出来。这说明情绪具有一种干预记忆效果的作用，使记忆的内容根据情绪性质进行归类。

情绪的组织功能还表现在影响人的行为上。人们的行为常被当时的情绪所支配，当人处在积极、乐观的情绪状态时，倾向于注意事物美好的一面，态度和善，乐于助人，并勇担重任，而消极情绪状态则易使人产生悲观意识，失去希望与渴求，也更易产生攻击性。

4. 情绪是人际通信交流的重要手段

情绪和语言一样，具有服务于人际通信的功能。情绪通过独特的无词通信手段，即由面部肌肉运动模式、声调和身体姿态变化所构成的表情来实现信息传递和人际间互相了解，其中面部表情是最重要的情绪信息媒介。

语言是人际交流的主要工具，情绪信息的传递则应当说是语言交际的重要补充。在许多情景中，表情能使言语交流所造成的不确定性和模棱两可的情况明确起来，成为人的态度、感受的最好注解；而在另一些场合，人的思想或愿望不宜言传，也能够通过表情安全地传递信息。在电影业发展早期，无声电影正是通过演员的各种表情动作来向观众传递信息的，但是，表情信息的交流则出现得比语言要早得多，情绪是高等动物信息传递的主要工具，也是前言语阶段中婴儿与成人互相沟通的唯一渠道和手段。情绪的适应功能正是通过其通信作用实现的。

表情信号的传递不仅服务于人际交往，而且往往成为人们认识事物的媒介。这一现象主要在幼儿中表现得最明显，在成人中也经常发生。例如，婴儿从一岁左右开始，当面临陌生的不确定情境时，往往从成人面孔上找寻表情信息（鼓励或阻止的表情），然后才采取行动。

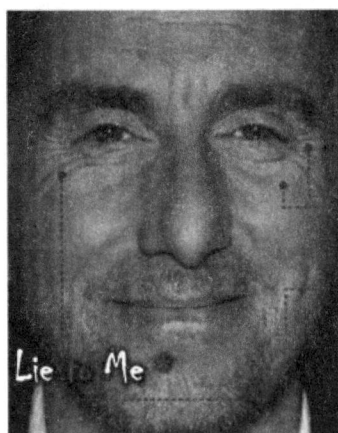

快乐

真实的笑容永远会有：

① 眼角皱纹

② 脸颊鼓起

③ 眼睛周围的肌肉运动

图 5-1　快乐

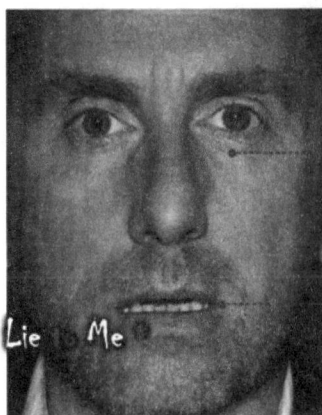

惊讶

① 眉毛向上挑

② 眼睛圆睁

③ 嘴唇无意识地张开

图 5-2　惊讶

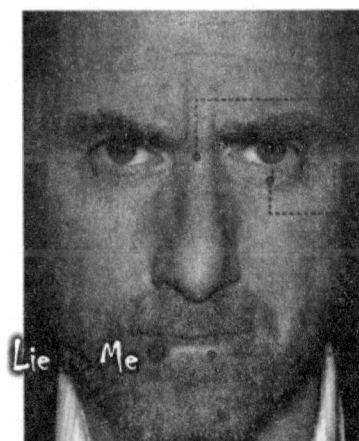

生气

① 眉头紧蹙、下次

② 瞪眼

③ 双唇紧闭

图 5-3　生气

大学生心理健康教育

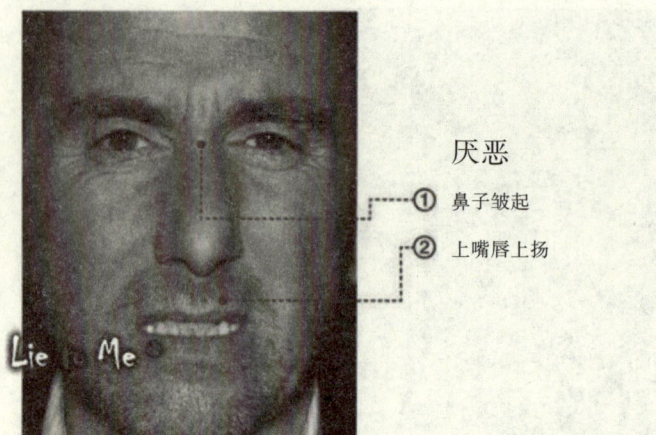

厌恶

① 鼻子皱起

② 上嘴唇上扬

图 5-4　厌恶

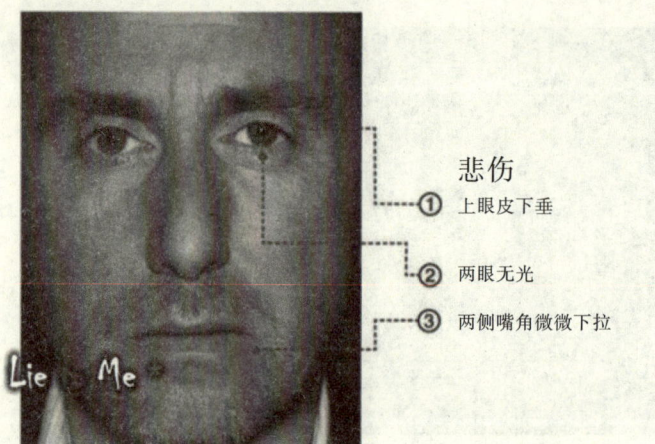

悲伤

① 上眼皮下垂

② 两眼无光

③ 两侧嘴角微微下拉

图 5-5　悲伤

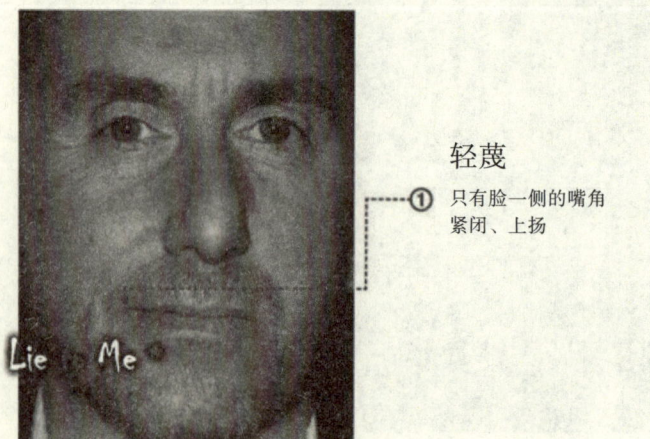

轻蔑

① 只有脸一侧的嘴角
紧闭、上扬

图 5-6　轻蔑

拓展阅读→

负面情绪的正面意义

我们总是认为负面情绪是不好的,其实,人生中出现的各种负面情绪,都有其正面的价值和意义,不是给我们一些力量,就是指引我们找寻更好的方向,有一些甚至两者兼备。以下是常见的负面情绪的正面价值和意义:

(1)愤怒:给我们力量去改变一个不能接受的情况。

电影中和社会罪案里的主角警告对方不要激怒他,否则"什么事情都做得出来",便是最好的例证。今天的社会里充满了内心力量不足的人,他们往往需要生活在愤怒里,以保持更多的力量去面对人生的状态。这就像一个人在冬天里燃烧自己的腿去取暖,只会使问题越来越严重。世人最大的错误是企图运用愤怒带来的力量去改变外面的人事物,这当然不会成功。这样的人以为需要更大的力,于是变得更愤怒。用愤怒带来的力量改变自己,这才是突破方向。

(2)痛苦:指引我们去搭建一个摆脱的方向。

痛苦可分为生理和心理的痛苦,但意义是一样的。例如把手放在火上感觉痛苦,人会把手拿开,如果仍感到痛苦便会走离此处,直到痛苦消失为止,所以,痛苦给人动力,没有它,人便不会改变和突破了。心理治疗大师罗伯·麦当奴在教授处理感情关系问题的技巧时说:在有痛苦的两人关系中,感到痛苦的人就是该做出改变的人。

(3)焦虑、紧张:指引我们投入更多的时间和注意力。

若这件事很重要,需要额外的专注和照顾或已拥有的资料不足,须添加更多资料,这些困境同样也指引着我们找寻方向。焦虑、紧张常常跟自己定位不清有关。

(4)困难:指引我们去量化须付出的代价比可收到的回报更大。

很少人注意到困难也能引发情绪,它也能指引方向。对于困难,只要清晰地量化须付出的和能收获的,便能马上改变这种感觉。咨询师应当注意:处理这种情绪的目的并不一定是使来访者去做某一件事,而是使他多了一个"可以做这件事"的选择。

(5)恐惧:指引我们找出本不必付出的代价。

恐惧指引我们去找出原以为需要付出的代价是什么,并去思考可以做些什么使自己不必付出这些代价。与困难一样,处理这种情绪的目的并不一定是使来访者去做某一件事,而是使他多了一个"可以做这件事"的选择。恐惧是维持动物生存的第一重要工具,人活着不可能完全没有恐惧。有勇气并不表示没有恐惧。真正的勇气是:虽然有恐惧,但还能继续走下去。

(6)失望:指引我们放下控制。

失望其实可分为两种:对人、事、物的失望和对自己的失望。对人、事、物的失望必然来自想控制它们的企图,无法如愿便会失望。对自己的失望来自不接受自己,"接受自己"就是解决的方向,所以,失望也是指引方向的情绪。

(7)悲伤:指引我们告别过去,重新开始。

从失去里取得力量,使我们更能珍惜已拥有的,包括记忆。"珍惜"的意思是妥善运用,所以悲伤既指引方向,亦能给予力量。

（8）惭愧、内疚、遗憾:指引我们已经完结的事里尚有未完结的部分并使之完成的力量。

这些情绪是指引方向的,若明白了它们的意思,便能将它们转化成力量,推动拥有者把未完结的部分完成。关于这一点,家庭系统排列的学问里有关付出与回报的平衡概念很有帮助。

第二节　大学生的情绪特点及其常见情绪问题

一、大学生的情绪特点

(一)大学生情绪特点的主要表现

大学生的生理发育到了稳定期,正迅速地走向成熟,而心理发展正处于一个走向成熟但还未真正成熟的特殊阶段。他们的情绪和情感的发展有其鲜明的特点,对人、事、社会现象十分敏感、关注;对友谊、美、爱情、正义等的追求十分执着;他们的情感体验深刻而强烈,喜怒哀乐常形于表面,在外界刺激下容易冲动和感情用事,过后又懊悔不已;情绪起伏较大,并对自身的学习、生活和健康产生巨大的影响。大学生的情绪大致有这样一些特点:

1.稳定性与波动性并存

与中学生相比,大学生因为受教育程度高,文化素养较好,社会化的程度较高,因而在日常生活中具有一定的自我控制情绪的能力,可以运用理智对不良情绪进行自我调整。从总体上看,大学生的情绪是比较稳定的。

但与成年人相比,大学生的情绪仍有不稳定的因素存在,突出表现在情绪经常在两极之间起伏,时而平静,时而激动,时而热情似火,时而冷若冰霜,时而肯定,时而否定,呈现出波动性的特征。这种波动性是由大学生的生理、心理和社会性三方面发展的特点决定的。

大学生由于性成熟和性激素分泌旺盛,使大脑皮层和皮层下中枢之间出现暂时的不平衡,易产生情绪波动。另外,由于人体的生物节律使得人的体力、情绪和智力都有周期性的变化,处在生物节律的高潮期,大学生就会情绪高涨、精力充沛;处在低潮期,他们就会情绪低落、萎靡不振。

大学生的心理发展正处于从不成熟向成熟过渡的时期,产生各种内心矛盾并不断冲突,如独立与依赖、自尊与自卑、理想与现实等,这些矛盾和冲突常会打破大学生的心理平衡状态,引起情绪的波动起伏。

大学生的社会性发展尚未成熟,虽然他们对社会现象和政治事件极为敏感和活跃,但是人生观的不稳定、认识上的不成熟往往使他们不能对社会现实和现象进行全面分析,容易以偏概全地加以肯定或否定,尤其在遇到困难和挫折时,更容易情绪低落,难以自拔。

2.外显性与内隐性并存

由于大学生的自我控制能力和社会适应能力不断提高,心理的渐趋成熟使得支配、掩饰和抑制自己的情绪成为可能,而有意识地压抑和隐藏,又使得大学生容易陷入真实的内在体验与粉饰的外部表现所撞击的矛盾之中。通常情况下,大学生对外部刺激的反应迅速、敏感,喜怒哀乐溢于言表,内心体验和外部表现是一致的,呈现出明显的外显性特点。于是我们可以见到,大学生可以把情绪体验发挥得淋漓尽致,可以因一件小事就灰心丧气或欣喜不已。然而,在一些特定场景和事件上,大学生情绪的外在表现和内心体验往往并不一致,有时会把真实的情绪隐藏起来,显得冷淡、无所谓,在得不到理解和感到压抑时,他们就会把内心封闭起来,不轻易表露自己的真情实感。

3.丰富性与狭隘性并存

大学时期,是一个人的社会化进程急剧加快的时期。大学生在自我情感体验方面很敏感,有很强的独立感、自尊心、自信心和好胜心,在学习活动中有强烈的求知欲,热爱科学和真理,憎恨迷信和谬误,他们有强烈的民族自尊心和自豪感,有"天下兴亡,匹夫有责"的责任感,他们有对纯洁的友谊和爱情的真挚渴望,也有对角色定位和自我价值认可的期待……此外,学习环境、生活环境和人际网络的扩展与变化,都给大学生带来了更多的自由和需求,也为他们的情绪体验增添了更多的色彩。然而,社会环境的复杂加之自身观念的兼容性和矛盾性,致使很多大学生的情绪世界尚存些许狭隘与浅薄。由于年龄及生活阅历的关系,他们还很难全面地、长远地、多角度地看问题,遇事往往只考虑眼前,多从个人的角度出发,思维有一定的片面性。

4.感觉性的低次元和理性的高次元共存

在大学生的心理结构中,既有儿童时期留存下来的未成熟的心理成分,又有已经达到成人期的成熟心理成分,这两种心理结构通过情绪和情感表现出来时,前者表现为天真幼稚,后者表现为老成稳重。例如,有女大学生看到小女孩玩洋娃娃时,也不免要抱过来抚弄一番,也有的干脆买回去,放在床头陪伴自己进入梦乡。男大学生在看到小男孩打弹子或玩游戏机时也会有一种想玩两把的冲动,但当这些有童心的大学生遇到重大问题时,却又显示出深思熟虑,说话很注意分寸,不轻易发表意见。

(二)不同大学生群体的情绪特点

大学生的情绪是一个由不成熟到成熟,由简单到复杂,由单纯到丰富的渐近过程。大学生开放、活泼、富有激情,多数学生的情绪状态相对比较成熟、稳定,但在不同的大学生群体中,也呈现出不同的情绪特点:

1.男女生差异

女生的情绪状态具有热情开放、富有激情和幻想、敢想敢做等特点,同时也但容易出现抑郁、焦虑、多愁善感等不稳定情绪。男生的情绪状态要比女生相对趋向稳定,主动和敢为性强,更有独立性和刚毅性,但当情绪冲动时,也容易出现情绪失控、行为过激。

2.年级差异

刚刚入学的一年级新生,往往对一切存有幻想,对各种知识领域都充满了疑问与兴趣,对自己的评价往往过于自负,对自己的自我认识和作用缺乏全面系统的分析,处于不定阶段。二年级是情绪波动较大的阶段,这突出反映在大学一年级的新鲜感已经荡然无存之后,暴露出大学生在大学生活、学业、人际交往等方面所面临的矛盾冲突及造成的情绪困扰。从三年级开始,学生的情绪自控能力有所增强。他们对大学的生活环境已经基本适应,并具备了一定的情绪自控能力,情绪状态相对比较稳定,但到了四年级后,由于即将走上社会,人生将面临重要的转折,此时的情绪状态再次呈现出矛盾性和复杂性的特点。

3.生源差异

来自农村的学生朴实、好学、意志力强,但由于刚进入大城市生活,有许多不适应,不少农村学生是抱着上了大学后在大城市找工作的想法来到高校,急于找到自己的定位,一些农村学生还面临着程度不同的经济负担,这些都会造成自卑、焦虑、忧郁、心理压力过大等情绪问题。城市学生绝大部分为独生子女,在情绪特点上,更加开朗、乐观,自我适应性较强,但同时呈现的问题是,由于在家庭中备受关注,造成一些学生责任意识淡薄,学习缺乏动力,心态浮躁。

二、大学生常见的情绪问题

(一)焦虑

焦虑是一种复杂而且常见的负性情绪,表现为对自身的健康和客观情况做出过分严重的估计,常预感到一些可怕的,可能造成精神的、声誉的和现实的威胁即将来临,在缺乏任何客观根据的情况下出现内心不安,或认为情况严重,或认为即将大祸临头,难免不幸。行为上表现为坐立不安,搔首顿足,怨天尤人,惶惶不可终日。即使劝导解释,也难消除其担忧。由于经常处于紧张状态,常常导致彻夜难眠、胃肠不适、饮食乏味,或出现心悸、出汗、四肢发凉等反应。持续的焦虑可导致注意力不集中,记忆力下降,以致难以适应学习和工作,生活能力也下降。大学生最常见的是考试焦虑,在重大考试面前尤其严重。这种焦虑情绪毫无疑问会影响考试过程的正常进行,导致成绩大打折扣。

(二)抑郁

抑郁情绪自我体验为忧愁和伤感,主要表现为情绪低落、思维迟缓、兴趣索然、精力丧失、自我评价过低。因此导致生活热情降低和学习能力减低、学习效率下降等。外表上衣着随便,给人一个颓废潦倒的印象,面容愁苦,动作甚少。有的人从外表上看不出明显的悲哀抑郁,有的甚至完全难以觉察,有的虽然表面强颜欢笑,但还是能察觉出内心的抑郁。大学生中因大学生活不适应、学习压力、人际关系紧张、失恋产生的抑郁情绪较为常见,每年患抑郁症者也有相当比例的增加。

(三)自卑

自卑情绪来自消极贬抑性的自我评价。主要表现为:(1)自我评价低。对自身条件如容貌、身材、学习、交往和适应能力会做出较低评价,自认为不如他人,低人一等;(2)超概括性自贬。这是一种把自身某一方面的缺憾,以偏概全地泛化到个人其他方面的类型。例如可能是由于自己学习成绩不好而出现了自卑,而后逐渐觉得自己其他方面,如相貌衣着、言谈举止及社会能力等各方面都不如别人,这种一无是处的自我评价使其经常感到精神紧张、无所适从和悲凉。(3)敏感与掩饰。自卑者常常不由自主地拿自己的不足去比较别人的优势,但同时又非常害怕别人了解或关注自己的不足。他们极其在意别人怎么看待自己,总是毫无根据地担心别人会在背后议论或贬斥自己。为使自己的缺陷不被别人知觉,就有意无意地对自己的缺点加以掩饰或否认,采取的方法可能是自我封闭,避免与人来往,尽量少向人吐露心声。其结果是更加自惭形秽,孤影自怜,放弃进取的目标和动力。

(四)冷漠

冷漠是一种情绪反应强度不足的表现,表现为对人对事漠不关心的消极状态。处于冷漠情绪的大学生,在行为上常表现为:对生活没有热情和兴趣;对学习漠然置之,无精打采;对周围的同学冷漠无情甚至对他人的冷暖无动于衷;对集体生活漠不关心,麻木不仁。他们是一类"三无"学生,即无欲望、无关心、无气力。冷漠是一种对环境和现实的自我逃避的减缩性心理反应,它会导致当事者萎靡不振、退缩逃避和自我封闭,并严重影响身心健康。

(五)愤怒

愤怒表现为对他人或外界事物不能满足自己内心需要的一种情绪反应。在程度上有不满、气恼、愤怒、暴怒、狂怒等几种。在大学生中有的人以自我为中心,对他人缺少宽容,别人稍有一些使自己不满意的地方就表现出愤怒,有的冷面相对,有的口出恶言,有的甚至大打出手,这种不加控制的愤怒情绪,不但伤害了同学关系,也搞坏了自己的心情。

(六)恐惧

恐惧是一类带有强迫性质的、不能以人自身的意志和愿望为转移的情绪。如对过去一些本来并不感到害怕的事情却产生了一种紧张、恐惧的情绪体验。他们自己也能意识到这种恐惧是完全不必要的,甚至自己也能意识到这是不正常的表现,但却完全不能控制自己,即使尽了很大努力也依然无法摆脱和消除,因而感到极为不安和痛苦。如,有的学生因偶然一次化学实验中试管发生了爆炸,就再也不敢进实验室,有的同学因某次上体育课摔伤过,以后只要上体育课就恐惧,也有的同学因某次与同学发生冲突,就对人际交往产生了恐惧。

·【心理测试】·

情绪稳定性测验量表

在每题的三个选项中找到一个最贴近自己实际的选项,填在每题的括号中。

1.看到自己最近一次拍摄的照片,你有何想法?(　　　)

A.觉得不称心　　　　　B.觉得很好　　　　　C.觉得还可以

大学生心理健康教育

2.你是否想到若干年后会有什么使自己极为不安的事?（　　）

A.经常想到　　　　　　　　B.从来没想到　　　　　　C.偶尔想到

3.你是否被朋友、同事、同学起过绰号、挖苦过?（　　）

A.这是常有的事　　　　　　B.从来没有　　　　　　　C.偶尔有过

4.你上床以后,是否经常再起来一次,看看门窗是否关好。（　　）

A.经常如此　　　　　　　　B.从不如此　　　　　　　C.偶尔如此

5.你对与你关系最密切的人是否满意?（　　）

A.不满意　　　　　　　　　B.非常满意　　　　　　　C.基本满意

6.你在半夜的时候,是否经常感到害怕?（　　）

A.经常　　　　　　　　　　B.从来没有　　　　　　　C.极少有这种情况

7.你是否经常梦见什么可怕的事而惊醒?（　　）

A.经常　　　　　　　　　　B.没有　　　　　　　　　C.极少

8.你是否曾经有多次做同一个梦的情况?（　　）

A.有　　　　　　　　　　　B.没有　　　　　　　　　C.记不清

9.有没有一种食物使你吃后呕吐?（　　）

A.有　　　　　　　　　　　B.没有　　　　　　　　　C.记不清

10.除去看得见的世界外,你心里有没有另一种世界?（　　）

A.有　　　　　　　　　　　B.没有　　　　　　　　　C.记不清

11.你心里是否时常觉得你不是现在的父母所生?（　　）

A.时常　　　　　　　　　　B.没有　　　　　　　　　C.偶尔有

12.你是否曾经觉得有一个人爱你或尊敬你?（　　）

A.是　　　　　　　　　　　B.否　　　　　　　　　　C.说不清

13.你是否常常觉得你的家庭对你不好,但是你又确知他们的确对你好?（　　）

A.是　　　　　　　　　　　B.否　　　　　　　　　　C.偶尔

14.你是否觉得没有人十分了解你?（　　）

A.是　　　　　　　　　　　B.否　　　　　　　　　　C.偶尔

15.你在早晨起来的时候最经常的感觉是什么?（　　）

A.忧郁　　　　　　　　　　B.快乐　　　　　　　　　C.讲不清楚

16.每到秋天,你经常的感觉是什么?

A.枯叶遍地　　　　　　　　B.秋高气爽或艳阳天　　　C.不清楚

17.你在高处时是否常觉得站不稳?（　　）

A.是　　　　　　　　　　　B.否　　　　　　　　　　C.有时是这样

18.你平时是否觉得自己很强健?（　　）

A.是　　　　　　　　　　　B.否　　　　　　　　　　C.不清楚

19.你是否一回家就立刻把门关上?（　　）

A.是　　　　　　　　　　　B.否　　　　　　　　　　C.不清楚

20.你坐在小房间里把门关上后,是否觉得心里不安?（　　）

A.是　　　　　　　　　　　B.否　　　　　　　　　　C.偶尔是

21. 当一件事需要你做决定时,你是否觉得很难?（　　　）

    A. 是　　　　　　　　　　B. 否　　　　　　　　　C. 偶尔是

22. 你是否常常用抛硬币、玩纸牌、抽签之类的游戏来测凶吉?（　　　）

    A. 是　　　　　　　　　　B. 否　　　　　　　　　C. 偶尔

23. 你是否常常因为碰到东西而跌倒?（　　　）

    A. 是　　　　　　　　　　B. 否　　　　　　　　　C. 偶尔

24. 你是否需要一个多小时才能入睡,或醒得比你希望的早一个小时?（　　　）

    A. 经常这样　　　　　　　B. 从不这样　　　　　　C. 偶尔这样

25. 你是否经常看到、听到或感觉到别人觉察不到的东西?（　　　）

    A. 经常这样　　　　　　　B. 从不这样　　　　　　C. 偶尔这样

26. 你是否觉得自己有超越常人的能力?（　　　）

    A. 是　　　　　　　　　　B. 否　　　　　　　　　C. 不清楚

27. 你是否曾经觉得有人跟踪你而内心不安?（　　　）

    A. 是　　　　　　　　　　B. 否　　　　　　　　　C. 不清楚

28. 你是否觉得有人在注意你的言行?（　　　）

    A. 是　　　　　　　　　　B. 否　　　　　　　　　C. 不清楚

29. 当你一个人走夜路时,是否觉得前面潜藏着危险?（　　　）

    A. 是　　　　　　　　　　B. 否　　　　　　　　　C. 偶尔

30. 你对别人的自杀有什么想法?（　　　）

    A. 可以理解　　　　　　　B. 不可思议　　　　　　C. 不清楚

评分标准

以上各题的答案,选 A 得 2 分,选 B 得 0 分,选 C 得 1 分。请将你的得分统计一下,算出总分。得分越少,说明你的情绪越佳,反之越差。

总分为 0～20 分,表明你情绪稳定、自信心强,具有较强的美感、道德感和理智感。你有一定的社会活动能力,能理解周围人的心情,顾全大局。你一定是个性爽朗、受人欢迎的人。

总分为 21～40 分,说明你情绪基本稳定,但个性较为深沉,对事情的考虑过于冷静,处世淡漠消极,不善于发挥自己的个性。你的自信心不足,办事热情忽高忽低,瞻前顾后,踌躇不前。

总分在 41 分以上,说明你的情绪极不稳定,日常烦恼太多,使自己的心情处于紧张和矛盾中。如果你得分在 50 分以上,则是一种危险信号,你务必请心理医生进一步诊断。

· 【心理故事】 ·

我该让谁来决定我的行动

哈理斯和朋友在报摊上买报纸,朋友礼貌地对摊贩说了声"谢谢",但摊贩冷脸相对,

大学生心理健康教育

一言不发。

哈理斯问道:"这家伙态度很差,是不是?""他每天晚上都是这样的。"朋友说。哈理斯又问道:"那你为什么还是对他那么客气?"朋友答道:"为什么我要让他决定我的行为呢?"

拓展阅读→

梦与情绪

研究发现,睡眠中人人都会做梦,这是正常的生理和心理现象,只不过醒来之后大多数梦会被忘记。梦中的内容并不预示着什么吉凶祸福,所以梦的内容与现实生活的关系相对不大,梦中体验到的与现实生活有密切关系的,主要是梦境中的情绪。

那些自称睡眠状况不好的表现是多梦的人,未必是他们比别人在睡眠中做了更多的梦,而可能是如下原因:

(1)睡眠中的梦境他们大多都记得。

(2)记得的这些梦中体验到的情绪大多不怎么令人愉快。

也就是说他们记住了很多让自己非常不舒服甚至相当痛苦的梦。这其中罪魁祸首就是各种各样的不良情绪,而这些不良情绪并非来自睡眠本身,而是来自现实生活。

心理学家在研究梦的过程中,发现有一些几乎每个人都做过的与某些不良情绪有关的梦,这被称为"共同的梦"。

比如,有一种典型的梦境是我们自己在梦中拼命奔跑,后面有可能会给我们造成伤害的某种动物或人物在拼命地追,这种梦境让我们紧张、害怕、无助而又恐慌,这往往与现实生活中曾经遭遇到的心理伤害或他人的攻击或令人头疼无比的压力性困境有关。

第二种典型的梦境是在梦中快速前行但却找不到路,或在梦中内急万分,心急火燎地找厕所,却怎么也找不到(有一部分确实是真的内急了,这种情况只要起来去厕所可以解决,我们所说的是生理上并没有如厕需求的梦),这种梦境让我们着急、心烦,这往往与现实生活中某些不想、不愿或不知如何去做,而又不得不去面对的任务有关,其中有着饱满的压迫感。

第三种典型的梦境是在梦中忽然从高的地方掉了下去,不断地往下坠落,却总也落不了地,这种梦境让我们恐惧、惊慌、没着没落,这往往与现实生活中对需要解决的问题一筹莫展、对未来的不确定与迷茫、遇到困难但缺乏社会支持、可能被群体排斥疏离、某种重要人际关系即将破裂、某些事情可能失去控制等情景有关。

类似的梦境几乎每个人都经历过,其中的各种体验都和痛苦情绪有关,有的人甚至会体验到极其强烈的恐惧场景,这往往被称之为噩梦或梦魇。很多孩子在现实生活中受到恐吓或惊吓后,在睡梦中还可能出现夜惊。

第三节　有效管理情绪

　　任何人都可以生气,这没什么难的,但要能适时适所,以适当方式对适当的对象恰如其分地生气,可就难上加难了。

——亚里士多德

一、情绪管理能力

　　情绪管理能力是指对情绪的一种自我管理的能力。"情绪管理"即是以最恰当的方式来表达情绪,下面介绍情绪管理能力的五个方面:

(一)情绪的自我觉察能力

　　情绪的自我觉察能力是指了解自己内心的一些想法和心理倾向,以及自己所具有的直觉的能力。自我觉察,即当自己某种情绪刚一出现时便能够察觉,它是情绪智力的核心能力。一个人所具备的、能够监控自己的情绪以及对经常变化的情绪状态的直觉,是自我理解和心理领悟力的基础。如果一个人不具有这种对情绪的自我觉察能力,或者说不认识自己的真实的情绪感受的话,就容易听凭自己的情绪任意摆布,以至于做出许多令人遗憾的事情来。伟大的哲学家苏格拉底的一句"认识你自己",其实道出了情绪智力的核心与实质。

(二)情绪的自我调控能力

　　情绪的自我调控能力是指控制自己的情绪活动以及抑制情绪冲动的能力。情绪的调控能力是建立在对情绪状态的自我知觉的基础上的,是指一个人如何有效地摆脱焦虑、沮丧、激动、愤怒或烦恼等因为失败或不顺利而产生的消极情绪的能力。这种能力的高低,会影响一个人的工作、学习与生活。当情绪的自我调控能力低下时,就会使自己总是处于痛苦的情绪旋涡中,反之,则可以从情感的挫折或失败中迅速调整、控制并且摆脱负性情绪而重整旗鼓。

(三)情绪的自我激励能力

　　情绪的自我激励能力是指引导或推动自己去达到预定目的的情绪倾向的能力,也就是一种自我指导能力。它是要求一个人为服从自己的某种目标而产生、调动与指挥自己情绪的能力。一个人做任何事情要成功的话,就要集中注意力,就要学会自我激励、自我把握,尽力发挥出自己的创造潜力,这就需要具备对情绪的自我调节与控制,能够对自己的需要延迟满足,能够压抑自己的某种情绪冲动。

(四)对他人情绪的识别能力

　　这种觉察他人情绪的能力就是所谓的同理心,亦即能设身处地站在别人的立场,为别人设想。愈具同理心的人,愈容易进入他人的内心世界,也愈能觉察他人的情感状态。

(五)处理人际关系的能力

处理人际关系的协调能力是指善于调节与控制他人情绪反应,并能够使他人产生自己所期待的反应的能力。一般来说,能否处理好人际关系是一个人是否被社会接纳的基础。在处理人际关系过程中,重要的是能否正确地向他人展示自己的情绪情感,因为,一个人的情绪表现会对接受者即刻产生影响。如果你发出的情绪信息能够感染和影响对方的话,那么,人际交往就会顺利进行并且深入发展。

·【经典实验】·

让受试者叼着铅笔看动画片,并对动画片的有趣程度打分。一组受试者用门牙咬着铅笔,这样脸上表现出的是微笑的表情;另一组用嘴唇叼着铅笔,笔不能碰着牙,这样表现出来的是比较严肃的表情。结果,被铅笔"强制"摆出微笑表情的受试者,比起另一组挥严肃表情的受试者来,觉得动画片更有趣。这意味着,我们不但能从别人的表情中看出情绪,而我们自己带有情绪时,可能会更容易理解外界类似的情绪信息。套用一句鸡汤文:"当你对世界微笑时,世界也对你微笑。"其背后的机制可能就是:当你拥有正面情绪时,可能就更容易接受外界的正面情绪。

二、如何管理自己的情绪

(一)接纳情绪

1.情绪的信号作用

在真正的情绪过程中,主观体验、外部表现和生理反应缺一不可,那么当与他人发生冲突时,我们可以利用对方的外部表现与可观察到的生理反应,判断其是否愤怒以及愤怒的程度以调整自己的行为,避免双方受到更大的伤害。同样,当我们有着强烈的情绪体验,如过度焦虑时,情绪的整体性警示我们到了该调整的时候了,因为强烈、过度的生理反应会严重伤害我们的身体。情绪的整体性还告诉我们,无论客观事物给我们是正性还是负性的情绪体验,都说明此事物与我们的内在需要有着深刻联系.

2.情绪的周期特性

无论是正性情绪还是负性情绪都只是一个过程,不可能永远持续下去,终将被时间冲淡。牢记这一点,不但有利于自身的情绪调整,而且对我们的学习、工作、生活以及爱情都有莫大的益处,所以当我们害怕因考试焦虑影响考试成绩时,不必过分紧张,焦虑的过程特性告诉我们只要不重复给它力量,它会很快减弱,甚至会促使你超水平发挥,因为适度的焦虑会提高我们学习和工作的效率。你也不必因与朋友吵架时的咬牙切齿而耿耿于怀，因为那往往只不过是吵架时彼此对双方愤怒力量推动、累加的结果，也许到第二天就会忘得一干二净。

·【经典实验】·

为什么越抗拒,越持续

心理学家韦格纳曾做过这样一个有趣的实验。让一些大学生做被试，事先规定，要求他们在实验的 5 分钟时间内，谁也不能想到白熊。如果谁要是想到了，就必须按眼前的电铃按钮。结果在实验开始后的 5 分钟内，这些大学生几乎都在不停地按电拎。因为这些大学生在排斥自己的心理活动过程中，正在关注和强化着这些观念和感受。这个试验让我们了解了为什么一些学生越是惧怕考试时紧张，考试过程中就越紧张；越是担心自己在与陌生人交往时出现畏惧情绪，当与陌生人接触时就越会产生担心和恐惧感。这也是一些人感到自己的情绪难以控制的原因所在。造成这种情绪困扰的内在原因是多方面的，如过于追求完美、不良的心理定式、早年负性事件所造成的阴影、神经性焦虑等。摆脱此类型的情绪困扰，一是要尝试着接受自己的情绪状态，二是让自己学习不追求完美。

【体验活动】
换个词来表达，感受完全不一样。
我很嫉妒——我爱他太多了。
我很自卑——我希望自己更好。
我很愤怒——我渴望我的努力被看到，我渴望被肯定，被爱。
我很焦虑——我对待自己的学习很认真。
我很悲伤——我真的决定和过去告别了。

(二)学会表达情绪

表达情绪，可以让别人更了解你，而且因为你的表达，别人也会对你表达他的看法与情绪，使你也可以更了解别人，你们的关系就会因此更稳固。另外，表达情绪可以缓解你的压力，使你身体健康，长期的紧张、害怕、焦虑或生气，可能导致胃溃疡、偏头痛等，甚至使身体对抗疾病的能力减低。因此，我们都应该把情绪表达出来。但是怎样才能适当地和正确地表达情绪呢？表达情绪时要注意以下几点：

1.认识和觉察情绪

很多人不知道自己在经历什么情绪，当然就无法化解。我们必须学习对自己的情绪更为敏感，注意自己的生理变化、非语言信息以及自己的言语表达。每次感觉到自己有心跳加速、头脑发胀、胃部紧缩、手心冒汗等生理反应，或有手指紧握、声调上扬、四肢僵硬等非语言反应时，就要立刻核实下自己到底在经历什么样的情绪，到底是什么事件引起你有这样的体验，你自己对事件的解释为何？是不是因为你对事件的解释才导致你有这样的情绪？这事件有没有可能有不同的解释等。这样一来，你会体验到你也许不能控制导致你体验某些情绪的外在事件，但是你却能控制这些外在事件对你产生的感受及其影响，真正成为情绪的主人，而非情绪的奴隶。

2.及早处理情绪

很多人因为不知如何表达情感，因此选择储存感受，而不直接处理它，导致了许多不良的结果。我们每个人常常都会面临一些负性事件，一般人都会立即发一顿小脾气、骂一骂人，这无可厚非，但有些人总是害怕或者恐惧立即表达情绪，如果每次都不立即处理这种情绪，有一天它们超过了你的心理承受能力的极限，你就会爆发出来，说"我再也不能忍耐了""我要报复"——甚至已经采取了行动，例如：云南大学化学院学生马加爵在2004年残忍地杀害了他的4个同学，主要原因并不是打牌这样的小事，不是为了获取享受而犯罪，而是为了表达、发泄某种情绪而犯罪，他的情绪特点是内强外抑，这种内外的不协调也是造成他行为问题的一个重要原因。因此，学习及时处理情绪是非常重要的，感受到某种情绪，要适当地将它表达出来，让对方明白，也让自己能宣泄掉这种情绪，更积极、直接地处理问题。

3.把握契机，表达情绪

情绪一旦产生，马上处理最好，但是有时候情境或时机不对，还是必须暂时按捺情绪，再尽快地找到适当机会，加以处理。例如，上课的时候，老师讲了一些事情，误解了你，使你很生气，但是如果你当场发作，可能使你及老师下不了台，你只好暂时压抑，等到下课时到老师的办公室，清楚委婉地把你的感受和看法向他表白。如此一来，既不会让你压抑到一定程度，也兼顾到选择适当情境表达，让你和对方都能在比较理性的场合处理情绪，除了注意个人情绪表达的时间外，一定要让对方也有反应的时间，不要因为时间紧迫，一股脑地把自己的情绪宣泄出来，掉头就走。这样，对方既没有时间完全了解你的情绪，也没有时间表达他的情绪或反应。的确，你是表达了情绪，但对方却因此累积了负性情绪，对两个人的相处而言仍然是不恰当的。

4.清楚、具体地分享情绪

当个人的情绪是针对某个人而产生时，与其选择压抑、忍耐，或者在背后责备他，不如尝试用清楚、具体的方法与对方沟通，让对方了解你的感受，在表达情绪时，一方面应该用正确的"类型"与"程度"的情绪字眼来表达。在情绪字眼后，加上简单的理由说明，来帮助彼此更好地沟通，例如，"我很生气，因为你把我最重要的一本书弄丢了"。在说明理由的时候，也要尽量具体明白，例如：不要说"我很生气，因为你说话不算话"，而是说"我很生气，因为你说好6点咱们一起看电影，可我等到7点，你都没有来"。

·【经典实验】·

有位心理学家做过这样一个调节情绪的实验：在一条船上，他建议那些经常感觉心浮气躁的人坐到船尾去，对着船后波涛滚滚的海水，把自己心里的烦恼抛撒干净，直到自己感觉心情舒畅为止。所有参加实验的人都认为这种方法很有效，自己的坏情绪仿佛真的被洗干净了，烦恼似乎都在一瞬间消失了，就像一个物件一样被扔进了海里，被冲到了没有人的角落。他们还表示，以后还会通过这种方式来排解心中的郁闷，直至自己重新感到轻松为止。

·【心理故事】·

爱地巴跑圈

有一个叫爱地巴的人，每次生气或与人起争执的时候，就以很快的速度跑回家去，绕着自己的房子和土地跑3圈，然后坐在田地边喘气。爱地巴工作非常努力，他的房子越来越大，土地也越来越多，但不管房、地有多大，只要与人争论生气，他还是会绕着房子和土地跑3圈。爱地巴为何每次生气都要绕着房子和土地跑3圈？所有认识他的人，心里都很疑惑，但是不管怎么问他，爱地巴都不愿意说明。

直到有一天，爱地巴很老了，他的房、地已经很广大，他生气，挂着拐杖艰难地绕着土地跟房子，等他好不容易走完3圈，太阳都下山了，爱地巴独自坐在田边喘气。他的孙子在身边恳求他："阿公，你年纪这么大了，这附近地区也没有人的土地比你大，您不能再像从前，一生气就绕着土地跑啊！您可不可以告诉我这个秘密，为什么您一生气就要绕着土地跑上3圈？"

爱地巴禁不起孙子恳求，终于说出隐藏在心中多年的秘密，他说："年轻时，我若和人吵架、争论、生气，就绕着房、地跑3圈，边跑边想，我的房子这么小，土地这么少，我哪有时间，哪有资格去跟人家生气，一想到这里，气就消了，马上开始努力工作。"孙子问道："阿公，你年纪大了，又变成最富有的人，为什么还要绕着房、地跑？"爱地巴笑着说："我现在还是会生气，生气时绕着房、地走3圈，边走边想，我的房子这么大，土地这么多，我又何必跟人计较？一想到这，气就消了。"

大学生心理健康教育

拓展阅读→

发怒三部曲

怒火的背后总是隐藏着痛苦,但是不分青红皂白地乱发脾气也是愚蠢的。必须学会把这种愤怒的能量向外发泄。当愤怒来临时,试试下面的"发怒三部曲":

1. 分散注意

当突如其来的愤怒袭上心头,言辞冲撞、歇斯底里只能让局面变得更糟。此时最关键的是保持冷静。这不太容易了,但你可以试试:默念从 1 到 10;去一个无人的地方大声喊叫;摔打枕头撕纸片来转移注意力;给好朋友打电话倾诉一番。只有克制对刺激物的瞬间情绪反应,你才能进入下面更理性的环节。

2. 理清思绪

注意到了吗?有时候只是一件无足轻重的小事,就能让你变得气急败坏,怒不可遏。到底是什么点燃了你心中的怒火?试着问问自己这些问题——是你感到受伤害吗?他是有意还是无心?你说"别人肯定是故意的",你肯定自己没有弄错吗?是不是你太敏感了?情况真的严重到让你暴跳如雷吗?有没有不发怒却能解决问题的方式?你大吼大叫到底是想达到什么目的?要让对方望而生畏,还是希望能和他沟通?……天呀,如果是在盛怒之下,你根本无法回答这些问题,但是,你应当试图回答这些疑问。只有这样,你才能知道接下来该做什么。

3. 表达不满

一旦觉得已经控制住了情绪,你就可以表达自己的感受了。但请注意,既要真诚,也不要降低自己的原则。心理学家托马斯·高登为我们推荐了一个方法:说出自己的感受,但是不能站在别人的立场。和对方说哪些行为让你感到不满:"当你……";说出自己的感受:"我觉得……";和对方分享你的期望:"我希望能这样,因为……";表达你现在的需要并说明原因:"我请你……是因为……"等。不要忘记你的目的是重新找到关系中的平衡。不要滔滔不绝,不要不容对方说话,也不要在他面前让步。只有找到修整你们关系的方法,才能真正达到目的,让每个人都保留自己的完整性。表达愤怒的好处远远不止出了口恶气,它的可贵之处是重建自己和自己、自己和别人的关系。好好地、小小地发一次怒,会让我们找回和谐。

·【经典研究】·

愤怒的风险

容易愤怒与不友善的男性易患心脏病,但这个结果并不适用于女性。美国密苏里大学首席研究员丹尼尔认为:愤怒的人更容易受到严重的伤害,愤怒的男人面临的风险要比女人高。另外,美国匹兹堡大学的研究人员也发现,一些妇女之所以易怒和情绪化,可能和她们体内一种变异的"愤怒基因"有关。女性大脑中有一种基因,它能产生复合胺。在易怒的女性体内,这种基因发生了变异,它使复合胺不能正常发挥作用,越易动怒的女性,这种基因的变异就越明显。

(三)培养积极情绪

如果我们平时能够培养积极的情绪,就好像在往自己的存折里存钱,当生活中遇到迷茫、难过、愤怒、恐惧时,我们就有足够的力量去面对和改变。情绪和励志大师安东尼·罗宾指出人生中最有力量的 10 种积极情绪,这是我们必需的。

1.爱与温情

任何负面的情绪在与爱接触后,就如冰雪遇上了阳光,很容易就消融了。如果现在有个人跟你发脾气,你只要始终对他施以爱心及温情,最后他将会改变先前的情绪。

2.感恩

一切情绪之中最有威力的便是爱心,但它常以不同的面貌呈现出来。感恩也是一种爱,因而安东尼·罗宾喜欢通过思想或行动,生动地表达自己的感恩之情,同时也好好珍惜上天赐给他的、人们给予他的、人生经历的一切。如果我们常心存感恩,人生就会过得再快乐不过了。因此请好好经营那些值得经营的人生,让它充满芬芳。

3.好奇心

如果你真心希望你的人生能不断成长,那么就得有像孩童般的好奇心。孩童最懂得欣赏"神奇"了,因为那些神奇,能占据孩童的心灵。如果你不希望人生过得那么乏味,那就在生活中多带些好奇心。如果你拥有好奇心,便会发现生活中处处都有奥妙,你也能更好地发挥潜能。如果你好好发挥你的好奇心,那么人生便是永无止境的学习过程,其中全是发现"神奇"的喜悦。

4.振奋与热情

如果做任何事情都带着振奋与热情,它就会变得多彩多姿,因为他们能把困难化为机会。热情具有伟人的力量,鼓动我们以更快的节奏迈向人生的目标。19 世纪英国著名首相狄斯累利曾说过这样的话:"一个人要想成为伟人,唯一的途径是做任何事情都得抱着热情。"我们要如何才会有热情呢? 这就跟如何才会有爱、有温情、有感恩和好奇心一样,只要你想要热情,你就运用表情:讲话要有力,看事情要远,以无比的决心去追求期望的目标。

5.毅力

上面所说的都有价值,然而你若是想在这个世界留下值得让人怀念的事迹,那就非得有毅力不可。毅力能够决定我们在面对困难、失败、诱惑时的态度,看看我们是倒下去了还是屹立不动。如果你想减轻体重、如果你想重振事业、如果你想把任何事做到底,单单靠着"一时的热情"是不行的,你一定得具备毅力。毅力是你行动的动力源头,能把你推向任何想追求的目标。具备毅力的人,他的行动必然前后一致,不达目标绝不罢休。

6.弹性

安东尼·罗宾认为:要保证任何一件事能够成功,保持弹性的做事方法绝不可少。要你选择弹性,其实也就是要你选择快乐。在每个人的人生中,都必然会遇到诸多无法控制的事情,然而只要你的想法与行动能保持弹性,那么人生就能永葆成功,更别提生活会过得多快乐了。芦苇就是因为能弯下身,所以才能在狂风肆虐下生存,而榆树就是想一直挺着腰杆,结果为狂风吹折。

7. 信心

安东尼·罗宾认为:当你有信心时,就敢于去尝试、敢于去冒险。要想建立信心有个办法,那就是不断练习使用它。如果有人问你是否有信心能把鞋带系好,相信你会以十足的信心回答说没问题。为什么你敢说得那么肯定?只因你做这件事情已经成千上万次了。同样的道理,如果你能不断从各方面培养自己的信心,迟早有一天你会发现,不知何时,信心已在那里。

8. 快乐

要想脸上表现出快乐的样子,并不是说要你不去理会所面对的困难,而是要知道学会如何保持快乐的心情,那样就有可能改变你生活中的许多事情。只要你能脸上常带笑容,就能把快乐传染给身边的每一个人,让大家更加充满信心,即使面对困难,也能勇往直前。

9. 服务

某天午夜时分,安东尼·罗宾驾车在高速公路上飞驰。心中想着:"我得怎样做才能改变人生?"突然有个想法闪过脑际,罗宾如大梦初醒,兴奋得难以自持。随即他把车停在路边,在笔记本上写下了这句话:"生活的秘诀就在于给予。"作为这个社会的一分子,如果我们所说的话或所做的事,不仅能丰富自己的人生,同时还可以帮助别人,那种心情是再令人兴奋不过的了。我们常常会被那些追求人生最高价值之人的故事所感动。他们无条件地去关心人们,带给人们极大的福气。每天我们都应该好好自省,到底能为他人做些什么事,别只想到自己的好处。一个能够不断地独善其身并兼济天下的人,必然是因他明白了人生的意义,那种精神不是金钱、名誉、夸奖所能比的。拥有服务精神的人生是无价的,如果人人都效仿,这个世界定然会比今天更美好。

10. 活力

这是很重要的一种情绪,你要经常注意自己是否活力充沛,因为一切情绪都来自你的身体,如果你觉得有些情绪异于常人,那就赶紧检查一下身体吧。当我们觉得压力很重时,呼吸就会很不顺畅,这样就慢慢把活力耗竭掉了,如果你希望有个健康的身体,那就得好好学习正确的呼吸方法。另外一个保持活力的方法,就是要维持身体所需足够的精力。由于每天的身体活动都会消耗掉我们的精力,因而我们得适度休息,以补充失去的精力。根据研究调查,大部分人一天睡 6~7 小时就足够了。还有一个跟大家看法相反的发现,就是静坐并不能保存精力。这也就是为什么坐着也会觉得疲倦的原因。要想有精力,就必须"动"才行。越是运动就能越产生精力,因为这样才能使大量的氧气进入身体,使所有的器官都活动起来。唯有身体健康才能产生活力,有活力,我们才能应付生活中各种各样的问题。由此可知,我们一定得好好培养出活力,这样也才能控制生活里的各种情绪。

当你的心充满一些具有活力的情绪,那么通过为他人服务,可以让大家一同来分享富足与快乐。

？思考题

1.有人把情绪分为积极情绪和消极情绪,并提倡人要尽量表现出积极情绪,避免消极情绪,谈谈你的看法。

2.你是否曾在愤怒情绪状态下做决定或与人沟通,结果如何? 你认为愤怒时应如何处理自己的情绪?

推荐阅读→

托瓦尔特·德特雷福.疾病的希望—身心整合的疗愈力量.北京:当代中国出版社.

推荐理由:很多疾病的背后暗藏了连医学诊断也没有发现的东西。传统医学总是借助药物来抑制疾病的症状,而本书却告诉我们,要从症状中找到有价值的东西,看清内心的冲突和隐藏的问题,找到自己或别人发病的真正原因。

第六章　学会学习

——大学生学习与心理健康

除了学习之外,世上没有任何力量能在人的精神和心灵中,在人的思想、想象、见解和信仰中建立起统治和权威。

——培根

▶ 本章导读

本章围绕学会学习这一主题,从大学生的学习特点入手,同时探讨了学习和心理健康之间的关系,介绍了常见的学习心理问题并教会大学生如何自我调适,最后通过学习策略学习方法的学习,教会大学生如何更好地应对大学的学习生活。

第一节　大学生的学习

美国著名的未来学家埃尔文·图夫勒曾经说过一句话:"未来的文盲不再是不识字的人,而是没有学习能力的人。"学习能力在当今是每一个人必备的能力,是进入当今知识经济社会的一张通行证,所以如何学习在当下显得尤为重要。

一、什么是学习

很多人认为学习或许就是看书、听课、做作业。然而这是狭义的学习,实际上我们平时看电影、与人交流、思考也都是学习。在此,我们采用心理学者教授黄希庭等人对学习的界定,即学习是在经验的基础上形成的持久的行为或行为潜能的变化。我们在理解学习的定义时,应该注意到 3 个要点:一是学习的变化,不仅是外显行为的变化,也有内隐行为或内部心理过程的变化;二是这种变化不是短暂的而是相对持久的变化,比如,一个人学会游泳、骑自行车,以后似乎不会忘记,即使时间长了,恢复起来也很容易;三是学习是基于经验的过程,是后天经验引起的,而不是来自成熟。

二、大学生学习的特点

中学时期很多家长和老师为了鼓励学生努力学习,经常用"现在苦一点儿、累一点儿,只要考上了大学,你爱怎么玩就怎么玩"等类似观点来教育。于是有很多学生考取大学后,认为学习再也不是主要任务,而将大部分的时间和精力用在休息、娱乐和发展个人兴趣爱好上,导致学习成绩一团糟。一些高中时的尖子生,以高分进校,可在大学却严重退步为班级倒数几名,甚至有些人考试成绩经常是"大红灯笼高高挂",不得不留级、退学,多年的努力付诸东流。有统计显示,大学一年级已成为考试不及格的重灾区。实际上,与高中相比,大学的学习任务并没有减轻。那么大学的学习和中学的学习有何不同呢?其实,大学学习并没有想象的那么简单,大学的学习更为复杂,其在学习的内容、策略和途径、目标定位上都有自己的特点。

(一)学习的专业定向性突出

这是大学学习与中学学习明显的不同之处。中学是基础教育阶段,学习的内容不分专业,学生对开设的各门课程都必须学习。而大学学习则不同,大学生的学习目标是学好专业理论与专业技能,成为将来工作岗位所需要的高级人才。因此各专业课程的设置、教学内容、教学安排以及培养目标存在较大差异。大学生一旦选定了专业、确立了主攻方向,就必须对该专业知识有较深入的了解和掌握。当然大学生学习的专业性并不否定学习的广博性。著名的诺贝尔物理学奖获得者李政道博士曾说过:"我是学物理的,不过我不专看物理书,还喜欢看杂七杂八的书。我认为年轻的时候杂七杂八的书多看一些,头脑就比较灵活。"因此,大学生的学习不能拘泥于某一学科领域,必须扩大自己的知识面,广泛涉猎各学科领域。

(二)学习的自主能动性增强

进入大学之后,很多事情都要靠自己去决定,再也没有以前高中老师催促、监督、跟踪,也没有家长指挥、协调。对有些人来说犹如脱缰的野马获得了自由,可以自己安排自己的活动,但是对另一些人来说就如从小被驯服的大象,一下子获得自由,没有管束反而不知道该做什么,从而陷入迷茫。不管是哪类同学,大学对于你而言是一个机会,是一个开始。无论是从专业内容、学习时间及学习方式等,大学的学习都更加强调个体在学习活动中承担主动的角色,需要大家在学习态度上从"要我学"转变到"我要学"。

学习地点自由,同学们可以根据自己的需要、兴趣、特点自主安排,并且可以自由选择教室、阅览室、图书馆或者宿舍进行学习,教师也不再跟班检查督促;学习的内容自由。大学虽然仍有专业限制,但学习的选择余地很大,大学鼓励学生多涉猎相关知识,同学们也可以根据自己的实际情况、兴趣、特长进行选修课的选择,从而达到扩充知识、发展多种能力的目的。学习时间自由,在大学里我们会发现,有些学生闲得难受,有些学生忙得不可开交,所以如何合理安排自己的学习,统筹规划,自觉制订学习计划,合理安排学习时间,自我检查学习质量,成为每个大学生必须面对的重要课题。

(三)学习方式和途径的多样性

大学开放式的教学为同学们提供了多种多样的学习机会,除课堂学习外,学术交流、专家讲授、课外实践、多媒体教学等都为学习提供了良好的条件。有的同学能充分利用各种渠道学习,而有的则延续中学时的学习方式,只会听教师讲课。因此,如何利用各种途径和渠道开展多方面的学习是大学生必须掌握的一项基本功。

(四)学习的探索性和创新性

探索性是指大学生在学习过程中对书本结论之外的新观点、新理论进行深入钻研和探索。大学生的学习和中学生学习相比,最大的一个不同之处在于学习内容不再局限于基础知识,很多课程除了基本原理、知识外,需涉及本学科发展的前沿领域,要了解本学科最新的研究成果和资料。这就要求大学生不仅要掌握所学的知识,还要通过查阅相关的资料来验证、理解和充实所学内容,探索学科发展的新领域。大学学习带有初步研究的性质,需要大学生掌握科学的研究方法,培养独立思考、探索创新的精神。在大学几年的学习过程中,有些学生已参与教师的科研课题或独立撰写论文或实践调查报告,已逐步养成良好的科研习惯。

三、学习与心理健康的关系

学习是人得以生存和发展的必然条件,学习促进了大学生身心的全面发展,是大学生心理健康的保证,同时学习又是一个非常复杂的心理现象,大学生的心理健康状况、心理发展水平也会对其学习产生直接的影响。可见,大学生的学习与其心理健康的关系是相互影响、相互制约的。

(一)学习对心理健康的影响

1.学习对心理健康的积极影响

(1)学习能够开发智力和潜能。每个人都有与生俱来的智力和潜能,这些智力和潜能只有通过学习才能得到开发和利用。同样,大学生的观察力、注意力、记忆力、思维能力以及想象力只有在实际学习过程中,才能得到开发、利用和提高。如果不学习,先天素质再好的大学生,其智能也得不到开发和利用。

(2)学习能够提高各种能力。能力是人顺利地完成某种活动所必须具备的心理特征,它总是在一定的活动中表现出来,并且在活动中获得和加强。总体来说,这些能力包括自学能力、操作能力、创造能力、表达能力、管理能力等,而这些能力都是通过学习活动得到提高的。

(3)学习能够促进正向情绪、情感的产生。一个善于学习、乐于工作的人,常把学习和工作当作一件乐事,能从中找到幸福和愉快。通过努力学习,完成一项学习任务或取得一定的成绩后,就会收获成功的喜悦和快乐。同时自己会发现,一分耕耘,会有一分收获,真正体会到自己的价值和自尊。当遇到不如意的事情时,若能专注于学习,也会冲淡或忘掉烦恼。以学习为乐,可以调节大学生的情绪、情感,促进正向积极情绪、情感的产生,提高大学生的心理健康水平。

(4)学习能够促进自我意识的发展。古人说:"学然后知不足,知不足然后能自反也。"只有多学习,才能提高自身的理论水平,从而提高认识问题、分析问题的能力,掌握科学的认知方法,这样才能更好地发现自身的不足,才能正确认识和评价自己和他人,才能不断地根据社会需要进行自我调节,以便更好地适应社会。

（5）学习能使心理健康水平不断提高。心理健康是一个循序渐进的过程，它需要不断地学习和实践。而在这一过程中，掌握必要的心理学知识和理论，无疑对提高大学生的身心发展水平有一定的帮助。只有通过不断地加强学习，大学生才能获得必要的知识，才能提高自己的心理健康水平。

2.学习对心理健康的消极影响

任何事物都有正反两面，学习同样也不例外。学习是一项艰苦的脑力劳动，需要消耗大量的心理、生理能量，能量消耗过多会带来一些消极、不良的影响。

（1）从学习的强度来说，学习负担如果过重，会带来一定的心理压力，造成精神高度紧张，出现学习焦虑现象。此时，如果不能很好地调节，不采取适当的劳逸结合的方法，过度地疲劳，就容易对身体健康造成危害，进而影响心理健康。

（2）从学习的内容来说，由于大学生在学习内容和学习时间的支配上具有高度的自主性，因此在完成学校的指定课程外，他们还有足够的时间去学习其他的知识。而如果选择的学习内容不健康，就易造成心理污染，使一些辨别能力差、抵抗力弱的大学生受到伤害。另外，如果学习内容难度过大，也容易使大学生产生畏难情绪，甚至失去学习的信心。

（3）从学习方法来说，如果采用的学习方法不当，就易造成所下功夫与所得成绩不成正比，即出现很努力地学习却总也不见成效的现象，学习成绩长期得不到提高。长此以往，会出现自卑心理，甚至自暴自弃，导致恶性循环，影响其心理健康。

（二）心理健康对大学生学习的影响

学习的好坏受很多条件与因素的影响。从个体的发展来看，影响个人学习的条件既有遗传因素、个体生理健康的因素，又有环境的因素和个体心理的因素等。就大学生而言，由于我国现行的高考选拔制度，按照常规入学的大学生，其入学成绩应该相差不大，而且又在相同的环境中读书（同一学校、班级，同一教师授课），但是成绩却有明显的优劣之分，这又是为什么呢？造成这种差距的主要原因在于个体心理因素。

从个体心理因素来看，影响学习成绩好坏的主要因素又可以分为智力因素和非智力因素。智力，是指个人凭借感觉、知觉、注意、记忆、想象和思维的活动来分析问题和解决问题的能力，而个人分析问题与解决问题所赖以进行的观察力、注意力、记忆力、想象力和思维能力构成了智力的因素。智力因素固然能够影响学习的优劣，但它不是影响学习优劣的唯一因素。按常规途径入学的大学生，在智力因素方面的差距应该不大，对于他们来说，影响学习的因素更多的是非智力因素。影响学习的非智力因素包括除智力以外的全部个体心理特征，如学生的学习动机、态度、情绪情感、意志、个性等因素。这些因素是影响学习成绩的关键所在。试想一个智商很高，却有厌学情绪，学习上不肯努力的大学生，会取得好成绩吗？因此，为了提高学生的学习效率和质量，在充分发挥学生的潜能、调动和组织学生的智力因素的基础上，还要充分激发学生学习的动机等非智力因素，而在这一过程中，心理健康与否，与学习动机和其他非智力因素的正向发挥有着很大的关系。良好的心理健康状况可以激发积极的学习动机的产生，形成良好的情绪情感，坚定意志，促进积极个性的形成，进而对学习产生促进作用；反之，若心理健康状况不良，甚至有心理疾病，则会不同程度地影响非智力因素，妨碍学习，阻碍大学生潜能的发挥，严重者甚至无法学习。

拓展阅读→

追求卓越，成功就会出其不意找上门

《三傻大闹宝莱坞》根据印度畅销书作家奇坦·巴哈特的处女作小说《五点人：在印度理工学院不要做的事情》改编而成。

"辛酸的喜剧感"是这部印度电影的一大特色。其中采用倒叙和插叙的电影语言，将现在、过去两条叙事线索交替进行，穿插讲述他们三个人的大学时代，经历了从困惑，到叛逆，再到自我解放的认知过程。从中探讨了印度当代的教育制度、学习压力、贫富差距、医疗状况以及壁垒森严的等级观念等一系列的社会问题。而衔接全片的则是毫无矫揉造作的亲情、友情、爱情、成长、人生观、价值观、理想。《三傻大闹宝莱坞》并非一部完美的电影，但它是生气勃勃的、激励人心的当代艺术品，提出了引人深思的问题——为什么而学习？

该影片含有对"一切为了高分，一切为了工作"的现象抨击，这也无形中道出无数中国大学生的心声。在我们的大学校园中，不少同学都抱着当好孩子，上好大学，找好工作，找好对象，达成理想的人生状态的美好"愿景"开始大学生涯。为此，有些人为了争取高分而选择了"死记硬背式"的学习；有的同学迫于父母的压力，勉强就读自己不喜欢的专业，学会了在"伪装"中痛苦学习；有的同学虽然喜欢所学专业，但每天害怕自己因成绩差而没法毕业导致无法改变拮据的家庭经济状况，慢慢以逃避敷衍的方式应付各种考试。而真正喜欢学习的同学往往能够从中获得乐趣，思考如何才能更好地学习，并能朝着人生的目标奋发前进，成功的人生也就随之而来，就如影片所说："追求卓越，成功就会出其不意找上门。"

第二节　学习心理问题与调适

学习心理问题是指影响个体正常学习行为和学习效能的心理因素或心理状态。学习是一个智力因素和非智力因素共同参与的过程。在这个过程中，任何因素失调都会导致大学生学习心理问题的产生，轻则学习效率降低，重则产生厌学、逃学、休学、退学等问题。因此，了解大学生常见的学习心理问题及其有效的调节方法，能够更好地帮助大学生顺利完成大学阶段的学习任务。接下来，我们来看看非智力因素失调会产生哪些学习心理问题？

一、学习动机问题

（一）学习动机

学习动机是激发个体进行学习活动、维持已引起的学习活动并使行为朝着一定学习目标迈进的一种内在的心理状态。学习动机作为推动我们学习的内部力量，在我们的学

习中起着重要的作用。一方面它直接引发我们的学习行为,使我们处于驱动状态,促使我们投入学习活动;另一方面它维持和加强我们的学习进程。学习动机的强弱直接影响学习进程的稳定性和持久性。一个有着强烈学习动机的学生,在学习过程中往往会表现出坚强的意志和认真的学习态度。

·【知识链接】·

耶克斯—多德森定律是心理学家耶克斯与多德森经实验研究归纳出的一种法则,用来解释心理压力、工作难度与作业成绩三者之间的关系。动机水平与工作效率之间的关系不是一种线性关系,而是倒 U 形曲线,如图 6-1 所示。中等强度的动机水平最有利于任务的完成。动机水平的最佳水平不是固定的,依据任务的不同性质会有所改变。在完成简单的任务时,动机水平高,效率可以达到最佳水平;在完成难度适中的任务时,中等的动机水平下的效率最高;在完成复杂和困难的任务时,偏低动机水平下的工作效率最佳。

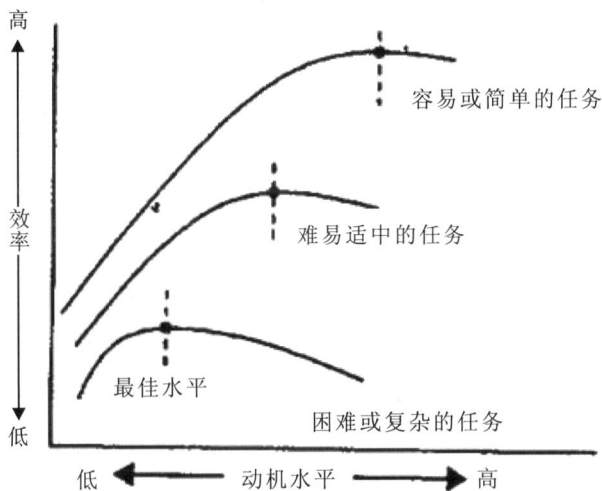

图 6-1　耶克斯—多德森定律效率与动机水平图

1.各种活动都存在一个最佳的动机水平。

2.动机水平的最佳水平随任务性质的不同而不同。

3.在难度较大的任务中,较低的动机水平有利于任务的完成。

什么人更能取得较好的作业成绩?

很显然,是那些可以灵活调整自己动机强度的人。因为在现实环境中,没有一个人总是在执行固定难度的任务,而是总会遇到不同性质的任务,显而易见,只有能够根据任务性质调整自己动机的人才能够取得较好的成绩。

这需要做到以下几点:

1.准确地评价任务的难度;

2.确定合理的目标和期望;

1.学习动机缺乏

→→→→→

【身边案例】

小王,男,大一,来自山区,学业成绩一直非常优异。上大学后,忽然感到心中茫然,学习没有动力,生活没有目标。有时候想到辍学在家的妹妹和年迈的父母也恨自己不争气,可他的确找不到奋斗的目标与学习的动力,学习上得过且过,生活上马马虎虎,盲无目的,上课打不起精神。他不是因为喜欢上网而荒废了学业,而是因为实在没劲才去上网聊天打游戏。他如何才能摆脱这种状态?

←←←←←

小王同学存在的问题是学习动机的缺乏。学习动机的缺乏主要表现为:

(1)无明确的学习目标。在学习上既无长期目标,也无近期目标,没有前进的动力,认为在大学里只要每门功课能拿到60分,毕业时能拿到文凭就行了。

(2)无成就感。在学习上缺乏自尊心、自信心,没有求知的需要和激情,总认为自己就是学不好,认为自己天生就不行,对学习提不起兴趣,因此学习成绩不好也不觉得丢面子,成绩不及格也不在乎。

(3)学习上注意力分散。表现为:平时不能专心看书,不能集中精力思考,兴趣容易转移;上课时不专心,不能集中注意力思考问题,思路不能跟着老师走。人在课堂心在外;学习肤浅,常满足于一知半解。

(4)缺乏适宜的学习方法。表现为学习方法不当,学习上一直处于被动、消极状态。此类大学生常把学习看成是奉命的、被迫的苦差事,不愿积极寻求适合自己的学习方法,只满足于死记硬背,应付考试。由于缺乏正确而灵活的学习方法,因而不能适应紧张、繁忙的学习生活。

(5)有厌学情绪。学习态度不端正,对学习生活感到无聊,在学习中无精打采,很少能享受到学习成功带来的快乐。表现为:平时不愿看书,不愿上课;上课时提不起精神,不愿意动脑筋;课后不做作业、不复习,对学习敷衍了事。

2.学习动机过强

→→→→→

【身边案例】

小蔡,男,今年已经大三了,一直优秀的他一向对自己要求很高,当然这也与家庭的期望有关,父母都是具有高级职称的知识分子,在他们的言传身教下,小蔡从小就很努力学习。刚进大学时,小蔡进行了认真细致的职业生涯设计,一步一个脚印向前走,成绩要拔尖,二年级时要通过国家六级英语考试和托福考试,为将来出国留学做好准备;三年级前入党,与此同时,自己在各方面的能力都应有所提高。于是,在大学里,小蔡像一只陀螺飞速运转着,珍惜大学的分分秒秒,因为相信:付出总有回报。但是现在的他觉得离自己制定的目标越来越远,他开始怀疑自己的学习能力,感到自己学习上的优势在消失,甚至多年积累的自信也受到挑战,对未来,他忽然担心起来,他该怎么办?

←　←　←　←

　　大学中有相当一部分的同学存在跟小蔡的一样的困扰,他们明明很努力很上进,却发现离目标越来越远,不知道在忙什么。那么这到底是怎么回事呢? 其实是学习动机过强的错!

　　学习动机过强表现在:

　　(1)自我期望值过高。由于缺乏对自身各方面素质的全面认识和对外界客观条件的认识,为自己所确立的抱负与期望远远超过了自己的实际水平,目标过高,成就欲望过于强烈,形成了只能胜利不能失败的心理定式。但是,自己的水平和能力又达不到目标的要求,从而造成失败。失败的体验又挫伤了自尊心、自信心,严重的会产生自卑、压抑等心理问题,从而影响学习效果。

　　(2)学习过于勤奋。有些人把学习看成是至高无上的,把时间全部用在学习上,从不或很少将时间花在娱乐或文体活动中,认为时间不用在学习上就是一种浪费。他们在学习上不怕苦、不怕累,对待学习到了废寝忘食的地步,把全部的心思都用在了学习上,如此下去,将会影响一个人正常人格的发展,影响其身心健康,不利于个人发展。

　　(3)有强烈的争强好胜心理。把分数和名次放在很重要的位置上,争强好胜,在每次考试或竞赛中总想取得第一名,害怕失败,他们很想得到老师、长辈或亲朋好友的肯定与表扬,唯恐失败而被人看不起,看到别人超过自己就不高兴,嫉妒心强。

　　(4)精神紧张。由于长时间超负荷学习,压力巨大而导致心理脆弱,情绪上难以松弛,常伴随着学习焦虑和考试焦虑现象的产生。精神紧张易引起学习过程中注意力不能集中、记忆力下降、思维迟钝等问题,从而造成学习效率低下,久而久之还容易产生头痛、头昏、耳鸣、心悸、肠胃不适、失眠多梦等许多身心疾病。可见,对于学习动机过强的学生来说,学习同样是一件苦差事,而不是一种乐趣。学习动机过强并不一定就能学习好。

　　(5)对自己要求过严,容易产生自责。学习动机过强的学生追求的是学习上的高目标,对自己的要求是只能胜利不能失败,这样就容易产生挫折感。他们往往容不下自己的失败与挫折,一旦没有达到自己设置的目标,就会责备自己,并给自己施加更大的压力,期望下次获得成功;他们通常不满意自己的现状,总觉得自己应该做得更好,即使成功也并不能给他们带来多少喜悦。

　　3.学习动机不当的调适

　　学习动机缺乏和学习动机过强都是学习动机不当的表现。学习动机是推动学生进行学习活动的内在力量,学习动机发生问题时要根据其原因进行有针对性的调适。为此,可考虑从以下几个方面入手。

　　(1)明确学习的目的和意义,确立合适的学习目标。很多情况下,大学生之所以缺乏学习的积极性和主动性,是因为他们不知道要学什么、为什么学和怎样学,即没有明确的学习目标。有研究表明,一个不知道学习的具体目的和意义的学生,是很难充分发挥其学习的主动性的,而当他明确了学习的具体目的和意义之后,就会产生一种强烈的学习愿望,推动他去积极主动地学习。对于没有明确学习目的和意义、没有学习目标的大学生,可考虑先确立一个切实可行的近景性学习目标,且目标的难度不应过高也不宜过低,以经过适当努力即可达到为宜,以后再逐步提高目标的难度。另外,还需注意的是目标的制订一定要在自己能力所及范围之内,而且目标要清晰、具体,具有可操作性,是经过努力能够实现的,切勿把目标定得过高、过于模糊,难以操作,否则易造成学习动机过强,影响学习效果和身心健康。

(2)加强自我认识。大学生学习动机过强往往是因为对自己的过高估计,并由此造成在学习行动中对自己过分苛求,最终带来身心的伤害。因此要解决动机过强的问题,首先要对自己的能力和水平有一个客观的评价,正确认识自我,制订的目标要在自己能力所及的范围内,既不要好高骛远,也不要盲目攀比、操之过急。

(3)激发求知欲。孔子说过:"知之者不如好之者。"爱因斯坦也说:"热爱是最好的老师。"如果大学生喜欢自己的专业,就会产生一种内在的学习驱动力,因此培养对本专业稳定的学习兴趣,对学习动机的激发和心理健康都将十分有利。大学生对专业兴趣的培养可以通过听讲座、看相关专业书籍、参加本专业的讨论等形式了解自己的专业在科技发展中的重要作用,目前的技术水平和发展趋势以及我国目前相关技术上还有哪些欠缺等。另外,大学生还可以通过参观专业对口的工厂、企业、研究所、学校等,真切体会专业学习的重要性,从而提高学习兴趣,产生学习动力。

(4)进行正确归因。归因是对他人或自己的学习结果的原因做出解释或推测的过程。有相当一部分大学生学习动机缺乏是由于学习上遭到失败和挫折后,进行了不正确的归因所造成的。因此,鼓励并帮助学生建立一种正确的成败归因模式,将能促进其学习动机的端正和学习成绩的提高。

培养大学生良好的归因训练模式可采用如下两种方法:第一,团体发展法。大学生可以自己组织3~5人在一起分析讨论学习成败的原因,每个人填写归因量表,即从一些常见的原因(能力、努力程度、任务难易、同伴帮助等)中选出与自己的学习成绩关系最大的因素,并且评价这些因素所起的作用。同学间可相互指出自我评定中存在的归因误差,并且相互鼓励比较符合实际的积极归因。第二,观察学习法。观看归因训练的录像,把成功和失败的原因归之于自身努力。让学生树立"只有努力才有可能成功,不努力注定要失败"的信念。另外,要避免大学生产生"成功只取决于努力"这种不现实的认识,引导他们正确评价自身能力,同时又要认识到努力对成功的巨大作用。

(5)激发大学生学习的成功感。在大学生动机形成过程中,重要的是对自己能力的信念,即认为自己有能力获得成功,这种能力的信念将直接影响他们的学习行为。因此,培养大学生的学习成功感,对于其学习动机的激发有重要的意义。要培养学习成功感,从学生的角度来说,可以在学习过程中创设成功的机会,在自身的进步中体验成功的喜悦,并从自身的变化中认识自己的能力。另外,还可以通过观察与自己能力相近者获得成功的行为来激发自信心,增强成功感。

（6）关注学习过程。长期以来，人们一直把关注学习的焦点放在分数上，分数作为学生学习结果的一种体现当然是很重要的。但关注学习结果带来的负面效应除了对当前学习有不良影响外，还直接影响学生对学习的态度，有的学生为了取得好成绩而不择手段地选择作弊、抄袭他人试卷、偷偷涂改成绩等错误行为。而学习动机过强的学生往往过分注重长辈、老师及周围的同学对自己的看法，使得学习中压力过大，患得患失。因此，这样的学生要注意把关注点聚焦在如何学会学习，学会了多少知识，而绝不能以成绩来评定胜负，要淡化名利得失，不要总在设想成败的后果，应增强抗挫折能力。

如果大学生开始关注学习过程，则其对学习会有全新的体验。在这个过程中，要把握两个原则：一是关注学习过程中的努力；二是关注学习过程中的成功体验。当把精力放在关注自身的努力时，大学生就不会在乎别人怎么评价自己，不会被一时的失败打倒。在学习过程中体验成功的喜悦，可以增强学习的信心和兴趣，能更好地激励学生为了实现目标而敢于尝试、敢于探索，这时的学习动机将是持久的、内在的。

（7）掌握良好的学习方法。学习方法不当会使学习效果不佳，长期学习效果不佳则会使学习动机减弱甚至消退。要始终维持大学生的学习动机在较高的水平，就必须引导他们掌握一套良好的、适合于自己的学习方法。

二、专业承诺问题及调适

→　→　→　→　→

【身边案例】

小刘，大二学生，高考结束后分数不高不低，家人帮他选择了光电信息科学与工程专业。小刘高中物理超级差，自己也对物理有非常深的抵触情绪。整个理综就靠化学、生物拿分，也很喜欢化学、生物，数学也不错，英语也不错。然而现在这个专业全部都是物理、光学、电学、数电、模电的知识，完完全全听不懂，而且根本没有一点点兴趣，还得硬着头皮去学，现在感觉真的很烦躁。转专业是不太可能了，他们学校只能大一转专业，可大三专业课更多，现在他都听不懂了，感觉未来挺迷茫的，大家对小刘有什么建议吗？

←　←　←　←

所学专业并非所爱，这种烦恼你可曾有？为什么有那么多的学生对自己的专业不满意呢？这源于在高考填报志愿时，大多数学生是盲目选报专业的，有的只是跟着赶时髦盲目追求热门专业，有的被逼完成父母的梦想，有的只是看着专业名称望文生义。进入大学校门后，才发现原来心仪的专业与自己想象中的就业前景和兴趣完全对不上。有的同学一开始就对这所学专业不感兴趣，一听到专业理论知识就头大，有的同学因为被调剂所以对所学专业有抵触情绪。于是他们感到前途暗淡，心灰意冷，厌学情绪与日俱增。有些入学时成绩非常优秀的学生，就因为钻不出这个牛角尖，导致不能正常毕业。

(一)专业承诺

专业承诺是指大学生认同所学专业并愿意付出相应努力的积极态度和行为。对大学生专业承诺的研究是近几年来在国内兴起的。大学生的主要任务是专业学习,对专业学习的承诺反映了大学生对所学专业的喜爱程度、愿意付出的努力以及继续从事该专业的愿望等积极心理。大学生对所学专业的承诺越高,学习积极性就越高,转专业的可能性就越小。反之则会造成消极的学习心理。目前,我国大学生专业承诺整体水平不高。

大学生面对全新的专业学习,或多或少会产生迷茫和困惑,这主要来自对自身所处情境的未知。还有部分大学生因未能考入自己理想的专业,或者发现所学专业与自己想象相差甚远,从而产生失落感或挫折感,导致其丧失了专业学习的积极性和动力,直接影响了大学生对所学专业的认同。这些都使得学生的专业理想模糊化,不利于个体的成长和发展。

(二)积极调适

专业承诺直接影响着大学生的专业学习以及今后的职业发展。因此,发展专业兴趣、积极融入专业学习尤其重要。

首先,保持良好心态,积极适应大学生活。大学生大部分都在 20 岁左右,无论从哪个方面来讲,可塑性和潜力都是很大的。有些同学过早断定自己不是学某学科的料,有失偏颇。一个人某方面是否真正有所作为,必须经实践检验。比如,有的年轻人自认为自己是文学家、艺术家或企业家的"料",可是经过社会的选择却未必如此,所以,下这种结论为时尚早。况且大学生也不必完全放弃自己的兴趣,可以通过辅修第二专业,做到"鱼"和"熊掌"兼得。总的来说,大学阶段都是打基础的,是培养思维能力的阶段,应当尽力学好各门功课。大学本科教育在很大程度上是通才教育,这种观念已越来越被用人单位所接受,所以大学生要调整一遇到不顺心的事便消沉、低迷、不知所措的心理状态。

其次,激发专业的学习兴趣和热情。专业兴趣是一个培养、变化的过程。研究表明,兴趣的形成与发展,大都经历了无趣—有趣—乐趣—志趣这样的过程。对于那些报考专业与所学专业相符的大学生,可大量阅读文献,拓展知识面;对被调剂专业的大学生,可以采取一些手段来培养自己对所学专业的热情。"这个世界,不是缺少美,而是缺少发现美的眼睛。"发现所学学科之美,也许你就会爱上这门学科。世界上不少著名的成功者的兴趣都是经过转移和调整的。马克思原先爱好的是诗歌,歌德原来喜欢的是美术,发明电报的莫尔斯原来是个画家。由此可见,我们完全可以将自己的兴趣转移到自己所学的专业上来。

最后,积极参与校园文化活动。如果对学科的单一了解还不能激起你对所学专业的兴趣,建议多参加自己喜欢的校园文化活动,这对激发自己的求知欲、增强内部学习动机有重要意义。

三、学习倦怠及调适

→→→→

【身边案例】

　　小林,女,大三学生,从开学以来一直努力学习,下个学期又要考研,考雅思。暑期还得实习,可是好像现在很累很累,有时她在想为什么自己要这么累,为什么自己不能坚持看一整天的书,好像自己明明很忙却没有忙出什么结果。有什么比较好的方法让她摆脱这种倦怠,她好讨厌这样的自己,难道高考毕业后就丧失了那种一直朝着一个方向努力的恒心和耐心吗? 为什么长时间集中注意力这么困难呢? 为什么有时候自己明明知道有些事情是浪费时间,可是还要去做那件事情呢? 有什么方法可以克服吗? 小林真的很想完成自己的目标和理想,你想到有什么办法可以帮助她吗?

←←←←

(一)学习倦怠

　　小林的故事告诉我们当下存在的一个现象,就是很多同学对学习产生了厌倦感,这是学习倦怠的表现。学习倦怠指的是当学生对学习没有兴趣或缺乏动力却又不得已而为之时,就会感到厌烦,从而产生一种身心俱疲的心理状态,并消极对待学习活动,这种状态称为学习倦怠。具体表现为情绪低落、行为不当、成就感低三个方面。情绪低落指大学生由于不能很好地处理学习中的问题与要求,表现出倦怠、沮丧、缺乏兴趣等情绪特征;行为不当指大学生由于厌倦学习而表现出逃课、不听课、迟到、早退、不交作业等行为特征;成就感低指大学生在学习过程中体验不到成就感,或指完成学习任务时能力不足所产生的学习能力上的低成就感。

　　研究表明大学生学习倦怠的水平较高,有相当一部分的大学生在学习中的积极性不高,表现出较严重的逃课、不爱听课、不努力、迟到、早退等不良的学习行为。大学生学习倦怠产生的原因:学业重负,学习时间过长过紧,大脑得不到休息引起的注意力涣散、思维迟钝、情绪躁动、学习效率降低,从而产生心理疲劳;专业学习遇到困境,学习兴趣减退;竞争激烈,焦虑过度;自我效能感低,自我评价消极;抱负水平低,学习动力不足。

(二)学习倦怠的调适

　　该如何解决学习倦怠问题呢? 首先要认清倦怠因何而起,这样才能有针对性地加以解决。如果是因为学习太久身体过度疲劳,那么就赶快给自己放个假,多休息一下;如果是心理问题,那还得用心药医治。但总体说来,调节并不是单一地采取某种方法,而是把几种方法综合在一起,这样会起到更好的效果。

　　1.科学用脑,防止学习中的疲劳

　　其一:顺应生物钟的节律,安排学习和生活。每个人用脑的特点和习惯不同。有些人是"猫头鹰型",有些人是"百灵鸟型",然而大多数人属于"混合型",即用脑效率呈现出如下规律:上午7~10时生物机能处于上升状态,10时左右精力最充沛,是学习和工作的最佳状态,以后逐渐下降,至下午5时后又再度上升,到晚上9时又达到最佳状态。大学生应摸清自己的生物节律,在"黄金期"安排难度大的学习内容,避免过度疲劳。

注意劳逸结合,学会放松。美国科学家在过去35年内对400名21~84岁的成年人进行了语言能力、感觉速度、空间定向及计算机思维等方面的测试研究,结果表明,25%常参加运动锻炼的人,在智力和反应方面明显高于不参加锻炼或极少参加锻炼的同龄人,所以在紧张的学习过程中适当地穿插一些运动,更能提高大学生的学习效率,正所谓"磨刀不误砍柴工"。

其二,科学用脑,减少疲劳,大脑皮层之所以能长时间工作,兴奋区和抑制区互相转换是一个非常重要的条件,多种活动互相轮换,可以使大脑皮层的各个区域得到轮流休息,从而保证大脑的工作效率,大学生可以安排不同性质的学习内容交替学习,如学完数学看英语。许多有成就的科学家和革命家都懂得合理用脑,让大脑交替兴奋。例如,鲁迅在创作感到疲劳时,就读点政治、经济、地理、考古等方面的书籍;达尔文在进行化论的研究中,以阅读马尔萨斯的《人口论》作为休息。因此,大学生在从事计算、语言、逻辑、哲学等科学活动时可穿插色彩、音乐、幻想等艺术活动,这样就可缓解疲劳,起到事半功倍的效果。

2.自我调节,学会舒缓压力

心理学认为,一个人随时可以通过想象、联想、幻想而自我衍生出正负情绪。作为大学生个体,当发现自己有学习倦怠的征兆时,应勇于面对现实,正确认识学习倦怠的各种症状,反思自己的压力来源,主动寻求帮助,采用降低压力的心理治疗方法,如系统脱敏法、放松训练等法加以化解。

四、考试焦虑问题及调适

→ → → → →

【身边案例】

小健从小学习成绩一直很好,还是班长。高考考入了一所医学院校,他心里十分高兴,对自己充满了信心,决心通过自己的勤奋和努力,取得更优异的成绩,并憧憬在大学里全面提升自己的能力,为毕业简历获取更多筹码。

由于他热情、积极,社会活动能力强,很快担任了学生会主席、社团会长等职务。但与此同时,期末考试成绩就让他大失所望。他发现医学科目并不是自己所"擅长"的,考得不理想,甚至影响学年度奖学金的评定。在极度的失望后,他又振作起来,更加勤奋和刻苦,但由于学习时间不够,考试成绩仍然不理想,出现了学习和工作的强烈冲突,于是他开始怀疑自己的能力,怀疑自己并不像原来想象的那样聪明。由于学习成绩是学生干部的部分要求,在开展工作时,他感到无力、焦虑、不自信了。

从此,在考试前他总是缺乏信心,精神极度紧张,吃不好、睡不好,并伴有呕吐、恶心、小便频繁等症状。

(一)考试焦虑

考试焦虑是由应试情景引起的紧张不安、忧虑、恐惧甚至逃避的心理状态。心理学研究表明,适度的焦虑会产生积极的效果,使应试者较好地发挥水平,但焦虑程度过高或过低都会降低学习效率。有研究表明,我国大学生中,考试焦虑较高的人数达20%。考试焦虑的表现主要有:(1)在考试前紧张、忧愁、失眠、恐惧、心烦意乱,不能集中注意力复习,老想着考试失败可能带来的伤害;(2)在考试中四肢发凉、肌肉颤抖、心跳加快、冒虚汗、尿频、莫名的腹泻、注意力不集中、记忆受阻、思维迟钝等,有时全身发抖、眼发黑、甚至晕倒。

对进入大学的学生来说,过五关斩六将,对考试应该非常熟悉且非常擅长,为什么进入大学还会引起考试焦虑呢?主要有以下几个原因:一是成就动机过强,迫切希望能通过好成绩证明自己的优秀,实现自己在大学的价值;二是自信心不足,总是担心自己的学习能力、各方面比别人差,担心自己复习不充分,每次考试前都给自己消极的心理暗示;三是恐惧心理,因在一次考试失利后,对考试产生恐惧感,担心再次失败;四是很多的家长对孩子的期望非常高,这也使大学生们产生了无形的压力;五是学生考试前准备不充分,临场前也会产生焦虑感。

(二)考试焦虑的调适

1.正确看待考试

考试只是检验所学知识的一种手段,是认识和检验自己学习效果的一个机会。因此,大学生要正确对待考试,尽力发挥自己的水平。考试成绩只能从某一个方面而不能全面综合地反映学生的学习情况,因而不要把成绩看得过重。把每次考试都与自己的命运连在一起。就业不仅看成绩,还要看能力,只要学到了货真价实的知识,掌握了一定的技能,就会有用武之地。

·【经典实验】·

反馈效应实验

心理学家罗西和亨利曾做过一个著名的反馈效应心理实验:他们把一个班的学生分为三组,每天学习后就进行测验,测验后分别给予不同的反馈方式:第一组每天告知学习结果,第二组每周告知一次学习结果,第三组只测验不告知学习结果。8周后将第一组和第三组的反馈方式对调,第二组反馈方式不变,实验又进行了8周。反馈方式改变后,第三组的成绩有突出的进步,而第一组的学习成绩逐步下降,第二组的成绩稳步上升。

这个实验说明,学习者对自己学习结果的及时了解对学习积极性有强化作用,有助于提高学习效率。反馈方式不同,对学习的促进作用也不同。及时知道自己的学习成绩对学习有重要的促进作用,而且及时反馈比远时反馈效果更好。

对考试焦虑的认知矫正的自我操作过程:(1)检查自己的担忧。把自己有关考试的担忧写出来,将各担忧项目按顺序加以排列。(2)对担忧进行合理化分析。分析自己所担忧的事项中哪些是合理的,哪些是不合理的,从而找出错误认知。(3)与担忧辩论。针对担忧的不合理处,用事实、常理予以驳斥,并对不合理的担忧作"危害分析"。(4)形成正确的考试观。试卷是一把尺子,考试是一种手段,测量的是学习中对知识的掌握程度,暴露出的是学习中存在的知识漏洞。既然只是一种手段,那就无所谓好坏,考试是当之无愧的中性词。因此,应以平常心面对考试,把考试看成检验自己能力的一个机会。

2.积极备考,设定合理的考试期望

学习无捷径可走,不要投机取巧,总想着碰运气。平时要认真学习,考前制订复习计划,对学过的知识进行全面、系统的复习。同时正确评价自己,对自己掌握的知识和已具备的能力做出正确的评价,在此基础上制订出符合个人实际的考试成绩目标,避免出现考试焦虑。

3.缓解考试中的消极状态

在考场中如出现考试焦虑感很严重,以致思维混乱或成一片空白,头昏脑涨,可进行自我调节。一是放松法。闭上眼睛,放松身体和思想,伸展四肢并变换身体的位置,做几次缓慢的深呼吸,并在深呼吸时提醒自己"放松",紧张的情绪会慢慢得到缓解。这样随着情绪的稳定,记忆也就清晰了。二是积极暗示法。在答题过程中,如果感到紧张,可进行积极的自我暗示:"冷静,这些题我以前做过""我很安静""我很放松"。待情绪趋于镇定后,再答题。

4.进行心理咨询

如果觉得自己有考试焦虑,并且通过自我调节的方式无法调整,应积极寻求心理咨询帮助。

五、学习畏难问题及调适

畏,是害怕、恐惧的意思,它是个体企图摆脱、逃避某种情境时产生的情绪体验;难,是困难、挫折的意思,它是个体从事有目的的活动受到阻碍或干扰,以致其动机不能得到满足时产生的情绪波动和心理防御的过程。大学生学习畏难是在学习活动中遇到了某些阻碍和干扰,使得学习的需要难以满足,于是产生了害怕学习的现象,进而产生了某些逃避学习的行为。

(一)学习畏难的表现

1. 逃避学习环境

有些大学生在学习上遇到困难或挫折后,往往不从主观上分析原因,片面地认为自己再怎么努力也是没有用的,于是变得对学习漫不经心,得过且过,转而把大量的精力用在了与学习无关的活动中,如娱乐活动等方面。这种逃离学习环境的行为,在一段时期内,对畏难情绪的缓解可能会起到一定的效果,但是学习毕竟是主要任务,学习的重要性在大学生的现实生活中及潜意识中会不断地以各种形式显现出来,以提醒大学生要好好学习。这样就很容易陷入逃避学习与需要学习的矛盾之中,造成学习畏难情绪的进一步加深。

2. 常幻想

有些同学学习不好或遇到考试失败等挫折后,常以幻想的方式来排解当前的消极情绪,他们往往跳过努力学习的过程,幻想有一天学习成功了,他们将得到家长和教师等长辈的赞许、周围同学的认同,将来有可能走上好的工作岗位的愉快景象。这样想可能会使他们鼓起勇气,努力学习,但是如果总是沉浸于幻想之中,不去面对现实,他们将难以接受学习过程的艰辛,以致最终不能适应学习生活。

3. 找借口

一些人每到考试时就会生病,他们中的一部分人是由于对学习有畏难情绪,害怕失败,精神紧张过度,不自觉地将心理上的困难转换成为身体方面的症状,为自己日后考试的失败找借口。另一部分人可能并没有生病,但同样由于害怕考试的失败,硬说自己生了病,借以逃脱他人对自己学习不好的责备,进而维护自我的尊严。

4. 封闭学习

一些对学习有畏难心理的同学还经常表现出对一切有关学习的事情的自我封闭。他们往往不愿意与人谈起自己的学习情况,时常逃课,见到教师就头痛。

(二)学习畏难的调适

1. 正确对待学习上存在的困难

大学生学习上的困难大多是由于不适应大学的学习节奏,未能找到合适的学习方法造成的。因而了解大学学习的性质、特点,探索一套新的、适合自己的学习方法是克服畏难心理的有效途径。

2. 改变不良认知方式

畏难心理的产生在很大程度上是由于大学生对学习困难的认知引起的,或者说是由于大学生认知方面的偏差引起的。例如,有的学生一次考试失败就认为自己能力不够,学不好;有的大学生在中学阶段学习一直很好,可是进入大学后由于一时的不适应造成学习上的滑坡,因而对自己的学习能力产生怀疑,开始害怕学习;还有的同学把学习中的一些小失败、小挫折想象得非常可怕,认为自己能力不行,学不下去,毕不了业,找不到工作,人生没前途,生命没价值等。可见,只有改变不良认知方式,纠正错误的观念,实事求是地评价学习中出现的各种困难,才有利于克服学习畏难心理。

3.勇于面对困难

最大的恐惧就是恐惧本身。当对某事物感到恐惧时反而去接近,这样做有利于克服恐惧心理。为了克服学习上的畏难心理,应主动地投入到学习活动中去。但是投入学习的过程要有一定的策略,应从简单的学习活动开始,有计划、有步骤地展开学习活动,由易到难,在不断尝到成功喜悦的同时,消除畏难情绪,最终把握学习活动。

4.优化个体自身的人格品质

学习上出现畏难心理与人格特征有一定的关系。急躁、心胸狭窄、意志薄弱、缺乏自知之明的人更容易在学习上产生畏难心理。因此,同学们应主动对自己的人格特征进行反思,有意识地培养自己良好的人格品质。学习的路途是坎坷的,只有乐观自信、自强不息、顽强拼搏的人,才能达到光辉的顶点。

拓展阅读→

为什么有人喜欢偷偷学习呢?

这个问题早在20世纪就受到教育心理学家关注了,考文顿教授于1984年提出自我价值理论,他之所以提出这个理论,主要是试图对教学中出现的"学生为何逃避失败""为何不愿付出努力"等一系列问题做出回答,这个理论的主要观点可以概括为以下几点:

(1)学习动机的核心是逃避失败以维护自我价值。

自我价值:是指个体对自身重要性价值的主观感受,反映的是一个人对自己的悦纳程度。这个理论的假设就是人天生就有维护自我价值的倾向。我们从小就知道成功能获得认可和赞扬,从而提升了人的自尊,使人产生更高的自我价值感,但是获得成功需要一定的能力的支持,这就使成功、能力和自我价值感三者形成了前后因果的连锁关系。于是我们形成了一个共同的认知:有能力的人容易成功,成功又能带来巨大的自我价值感;相反失败则代表能力不足,这会损伤自尊,降低自我价值感。而在学校中,获得好成绩就代表成功,但并不是每个人都能获得好成绩,所以就会存在一些学生不努力学习,从而避免失败来维护自我价值感的现象。

(2)人们倾向于把成功归因于能力而不是努力。

人们对失败做出解释时,通常是认为是自己努力不够而不是能力不够,但是在对成功做出解释时,则更倾向于解释为自己具有出众的能力而不是因为过多的努力,并且付出较少努力的成功被看作更有价值。因此,有能力、付出较少的努力就能取得成功的能力,是保持积极自我形象的最重要的因素,成功更多地被视为是个人能力的展现而非努力的结果。

(3)自我价值感是个人追求成功的内在驱动力。

人们有得到赞同和认可的需要,也有拒绝和否认失败的倾向,这就导致自我知觉和自我价值之间会存在一个冲突。为了解决这个冲突,个体会形成一种保护和防御以建立一个正面的自我形象的倾向,这种倾向就是自我价值动机,所以自我价值就成了个人追求成功的内在驱动力。这样能解释为什么学生会那么努力追求好成绩,是因为他渴望获得好成绩从而得到赞扬,从而提升自我价值感。

所有人的学习动机可以用两种驱动力来描述:追求成功的驱动力和避免失败的驱动力,而这两种驱动力都有高低之分,因此就可以把学习动机分为 4 种类型,如图 6-2:

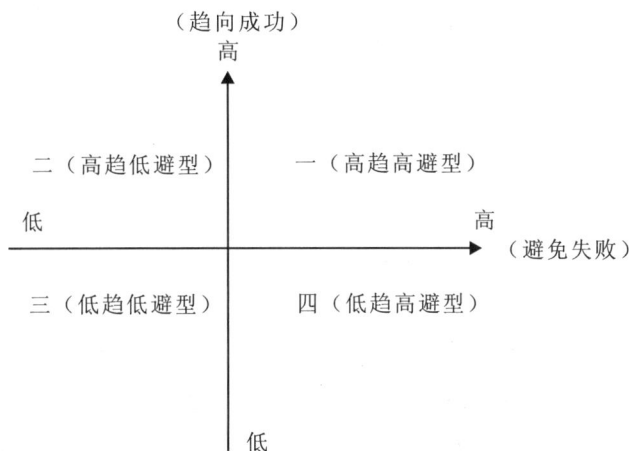

（趋向成功）

高

二（高趋低避型）　　　　一（高趋高避型）

低　　　　　　　　　　　　高

　　　　　　　　　　　　（避免失败）

三（低趋低避型）　　　　四（低趋高避型）

低

图 6-2　成功失败趋避图

第一种:高趋高避型。

这种动机的学生受到成功诱惑的同时也要面对失败的恐惧。他们对任务有既追求又排斥的冲突情绪,但焦虑引起并加强了他们对学习的注意,所以他们会想办法取得成功来避免失败。表面上,他们追求成功、努力学习、聪明能干,但事实上他们又严重受到紧张、冲突的精神困扰。追求成功的同时又在掩饰自己的努力,他们中就出现了一种"隐讳努力"的现象。他们在同学中尽量表现得贪玩、不在乎考试,但私下里却偷偷地努力。这样成功时,他们的成绩更有价值,更能说明他们的能力过人,而在失败时,也可以为自己的失败找到很好的理由,就是没好好努力,从而不会被认为是无能。这种学生被称为"过度努力者"。

第二种:高趋低避型。

这种类型的学生具有无穷的好奇心,他们就是喜欢学习,他们能很努力地学习,努力地发展自己。这种学生通常也表现出自信机智,他们会把失败解释为是自己努力不够,从而会更加努力。成功时,会解释为是自己的能力和努力共同的作用。他们被称为"成功定向者"。

第三种:低趋低避型。

这种学生没有对成功的期望,也没有对失败的恐惧,并且他们内心很少有冲突,同时他们很少学习或者直接放弃学习,对学习表现出漠不关心的态度。这种漠不关心,有些是真正的漠不关心,因为觉得课程对自己根本无用;也有些漠不关心是因为隐藏着反抗,也防止了对自己无能的评价。这种类型的学生被称作"失败接受者"。

第四种：低趋高避型。

这类学生认为逃避失败比期望成功更重要，为了避免失败的恐惧，而又不至于被别人认为是无能的，他们就会采取自我妨碍的策略，失败了可以为自己找一些借口。他们被称为"逃避失败者"。

第三节　学习策略

→→→→

【身边案例】

文文觉得老天爷真不公平，她是一个很勤奋的学生，每天都按时上课，从不缺课、逃课，她把她所有的业余时间都用在了学习上。可成绩总是不尽如人意，尤其是英语，四级考了3次都没过。可同宿舍的晓琳，每天花在学习上的时间比自己少多了，经常去打球，跳健美操，平时还经常和同学一起出去玩，参加社团活动，可是成绩却非常好，英语六级都过了。文文心理很不平衡，不明白为什么自己比晓琳多花那么多时间，可成绩却不如她？

请思考：在你的周围有没有类似的同学？为什么会有这样的结果？

案例引发的思考

大学阶段是一个人成为专业人才的关键阶段。这一阶段学习的一个明显特点就是专业性强，大学阶段的学习不仅分出了文理科，而且更进一步分出各种具体的学科或专业，这就使得中学阶段那种主要以记忆为主的学习不再适用，更重要的是运用、分析、评价自己所掌握的知识和所见所闻。研究表明，大学生经过中小学时期的学习，基本上形成了独立学习的能力，掌握了一些科学高效的学习策略。但大学生的学习策略水平并没有随着年级的增长而相应提高，在某些方面，大学生的学习能力仍处于不断发展之中。这说明加强大学生学习策略的培养是必要的。学习策略是学生学会学习的重要指标，也是影响学习效率和质量的重要因素。

←←←←

一、学习策略概述

学习策略就是能使学习者提高学习效率的方法和技术。国内学者一般认为，学习策略是指学习者在学习活动中有效的学习程序、规则、方法、技巧及调控方式。国外学者将学习策略概括为认知策略、元认知策略及资源管理策略。

```
        ┌复述策略:重复、抄写、做记录、画线等
   ┌认知策略┤精加工策略:想象、口述、总结、做笔记、类比、答疑等
   │    └组织策略:组块、选择要点、列提纲、画地图等
学 │     ┌计划策略:设置目标、疑问等
习 │元认知策略┤监视策略:自我测查、集中注意力、监视领会等
策 ┤     └调节策略:调查阅读速度、重新阅读、复查、使用应试策略等
略 │     ┌时间管理:建立时间表、设置目标等
   │     │学习环境管理:寻找固定的地方、安静的地方、有组织的地方
   └资源管理策略┤努力管理:归因于努力、调整心境、自我谈话、坚持不懈、自我强化等
         └他人支持:教师/伙伴帮助、使用伙伴/小组学习、获得个别指导等
```

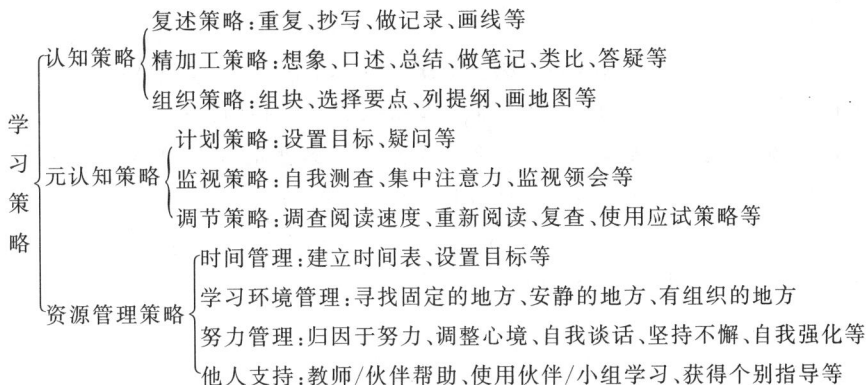

二、常用的学习策略

(一)复述策略

在学习的过程中,为了识记学习内容,必然要对所学知识反复进行复习和记忆,复习不是单纯的重复,要根据学习规律特别是记忆规律来合理科学地组织学习,达到掌握系统知识的目的,复述过程包含着许多有效的具体策略。

1. 及时复习

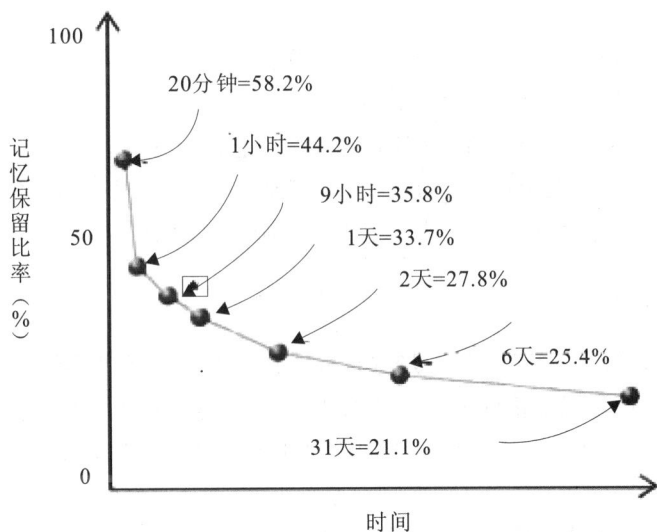

图 6-3　艾宾浩斯遗忘曲线

根据图 6-3 艾宾浩斯的遗忘曲线表明,遗忘的规律是先快后慢,在识记过后的短时间内遗忘量很大,随着时间的推移,遗忘量会逐渐减少。这就提示在掌握知识时要及时复习,最好在当天对所学知识进行及时复习,不能在大量遗忘发生之后再复习,那样几乎等于重学,会耗费大量的时间和精力。

2.分散复习

集中复习是指集中一段时间多次重复学习。很多学生平时不认真学习,等到期末考试才来抱佛脚、开夜车,把"宝"全压在集中复习上。"考前背背背,考后忘忘忘",很多学生都有这样的体会,考完过后,脑子里什么都没有了。这就是短期的集中复习后,遗忘量很大。而分散复习则不同,是将要学习的内容每隔一段时间重复识记。心理学研究证明,分散复习的效果,不论在记忆的持久性上,还是在记忆精确性上,都比集中复习的效果要好。因此大学生学习时要更多地分散学习。

3.尝试回忆

不少学生为了牢固掌握知识,在复习中反复阅读,直到滚瓜烂熟。实际上这不是科学的学习方法。在复习中,一边阅读,一边合上书本进行尝试性回忆,这样可以清晰地掌握识记的盲点、复习的重点和难点。使复习的指向性更加清晰。心理学研究表明,尝试回忆在记忆的持久性和精确性上比从头到尾背诵效果更好,还可节省大量的时间和精力。

4.适当的超额学习

超额学习是指在学习过程中,在知识已达到可以背诵后仍继续学习。研究发现,在适当范围内,超额学习的次数与保持量之间呈正相关。但是,也不是越多越好。心理学研究表明,150%的过度学习效果最好,超过200%的学习则会出现"报酬递减"现象,也就是说,过量的超额学习不仅达不到增效的目的,反而会降低学习效果。

5.多种感官协同参与复习

多种感官指的是在具体识记时,多运用眼看、耳听、口述、手写等方式;在复习方式上可以用朗读、背诵、提问、做练习、实验操作等方式。从学习的生理机制上来看,学习就是在大脑皮层上建立暂时神经联系,而多重感官参与能建立多种的神经联系,不仅记得牢,而且便于提取。心理学家做过一个实验,单凭听觉获得的知识一周后能记住15%,单凭视觉获得的知识一周后能记住25%,而视听结合所获得的知识一周后能记住65%。

(二)精加工策略

为了更好地理解与识记正在学习的内容,把新知识和已有知识有效地联系起来,形成自己的东西,这个过程就是精细加工。精细加工越深入,回忆越容易。使用比较多的一般是笔记法、总结法、类比法和图示法。下面简要介绍笔记法和图示法。

1.笔记法

俗语说:好记性不如烂笔头。在阅读和听讲中借助笔记,既可以有效地控制自己的认知加工过程,维持学习注意力与兴趣,又有助于概括新的知识和建立新旧知识间的联系。

2.图示法

将学习材料的主要内容用简图表示出来,以便理解与记忆。

(三)组织策略

组织策略即根据知识经验之间的关系,对学习材料进行系统、有序的分类、整理与概括,使之结构合理化。应用组织策略可以对学习材料进行深入的加工,进而促进对所学内容的理解和记忆。与精细加工策略相比,组织策略更侧重于对学习材料的内在联系的建构,更适用于那些需要深入理解与思考才能把握内在深层意义的学习材料。下面将为大家介绍一种比较好用的方法:思维导图。

思维导图又叫心智图,是表达发散性思维的有效的图形思维工具,它简单却又极其有效,是一种革命性的思维工具。思维导图运用图文并重的技巧,把各级主题的关系用相互隶属与相关的层级图表现出来,把主题关键词与图像、颜色等建立记忆链接。思维导图充分运用左右脑的机能,利用记忆、阅读、思维的规律,协助人们在科学与艺术、逻辑与想象之间平衡发展,从而开启人类大脑的无限潜能。思维导图因此具有人类思维的强大功能。下面将用思维导图的方法介绍思维导图的用途。如图 6-4 所示。

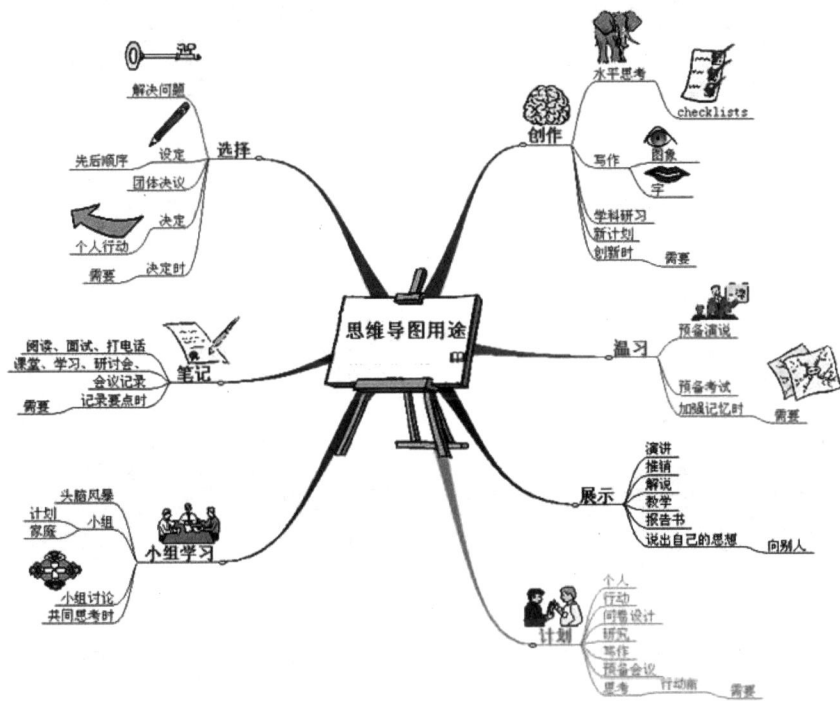

图 6-4　思维导图的用途

1.思维导图的制作准备工作

手工绘制有效的思维导图,需要准备:

(1)纸张:普通空白纸即可,线格纸次之,依照需整理内容决定纸张大小。

(2)笔:各种颜色的笔,以及几只高亮记号笔。

(3)时间:至少需要 10 分钟的不受干扰的时间。

(4)大脑。在绘制思维导图的软件方面,Mind Mapper 和 Mind Manager 是比较有代表性的、使用范围比较广的两款;Inspiration 是一款概念图绘制软件,也可以用于思维导图的绘制。Microsoft Office 中的 Word 和 PowerPoint 也包含部分功能,可以帮助绘制简单的思维导图。

大学生心理健康教育

2.制作思维导图

(1)绘制中心图案、主题(如图 6-5 所示)。(2)绘制章节和主干(如图 6-6 所示)。(3)绘制分支知识点(如图 6-7 所示)。(4)完成知识点、关键词(如图 6-8 所示)。(5)根据记忆联想加上彩绘和符号(如图 6-9 所示)。

图 6-5　中心图案、主题

图 6-6　章节和主干

图 6-7　分支知识点

图 6-8　知识点、关键词

图 6-9　彩绘和符号

出于自身之思考,自身之手笔的东西,总是能更容易被自身记住并回忆起来。在思维导图的制作过程中,没有必要一味追求所谓标准画法,只要是在遵从正确的原则画出来的思维导图,自身特点越明显,就对自己越有价值。

(四)时间管理

1.合适的学习目标

一个人之所以会成功,是因为他设定了目标,并且有达成目标的信心。为了管理好我们的时间,第一个步骤就是要设定目标。目标可以使我们的生活更有方向感,可以使我们做事情更加专心致志,同时,目标也可让我们区分出事务的轻重缓急,让我们把时间花在更紧迫的事情上,我们在设定目标时要注意目标的三个特性:完整性、清楚性和合理性。

一个良好的目标应该包含长期目标、中期目标和短期目标 3 种类别。每一个阶段性目标都应该有完成的期限规定,为了保证目标的实现,我们在设定目标时既不应该过于简单,也不应该不切实际。目标设定是一个持续的过程,所以目标也不是永恒不变的,而是可以随时改变的,如果目标已经实现或者目标偏离了我们的现实生活,我们也应对目标进行修订。比如,一个学生原来的目标是当一名经济学家,但是上大学后,他学的是英文专业,虽然辅修了经济学的课程,但是受时间和精力所限很难学好全部经济学课程,而且,他觉得对于经济学也不像自己所想象的那样感兴趣。因此,这个时候他可以尝试重新设定自己的目标。

·【经典实验】·

定位速效法 ————————◎

将一个班的学生分成 3 组,分别去 10 公里外的村庄。甲组学生不知道村庄有多远,只让他们跟着向导走,刚走两三公里,就有学生叫苦,走了一半路时学生开始抱怨,情绪低落而且开始散乱,以致溃不成军。乙组学生仅知道距离目的地有 10 公里,中途没有路牌,他们只跟着向导走,走了多少,还剩多少一概不知。结果行走到不到一半时就有人叫苦不迭,速度也越来越慢。丙组学生不仅知道距离目的地有 10 公里,而且能不时看到路牌,上面写有里程,他们走了多少还剩多少心中都很清楚。结果这一组学生一路上精神饱满,每当他们疲劳时,看看路牌,都为自己已走过的路程感到振奋,没人叫苦。实验的最终结果显而易见,丙组最快,乙组次之,甲组最慢。

心理学把这种按计划工作、目的明确、效率高的现象叫"定位速效法"。

大学生心理健康教育

2.时间管理

莫扎特只活了 35 岁,但在他短短的一生中却谱写了 600 首以上的旷世之作,而很多活了七八十年的普通人却一生碌碌无为。以实际使用的时间来看,莫扎特的每天 24 小时,他的每一分、每一秒比起其他人,可说是更长。这个时候,两者的时间质量是不同的。

时间管理是为提高时间的利用效率和有效性而对时间进行合理计划与控制,有效安排与运用的管理过程。时间管理的研究对象并不是时间,而是与其相关的"自我管理"。大学生是否善于管理自己的时间直接影响到学习成绩及大学生活质量的好坏。

怎么能让时间质量更高呢?可以运用 80/20 法则管理时间。

80/20 法则,又称为二八法则,是可以运用在生活中各个方面的一个有趣的法则,但是如果将这一法则用在时间管理上,你会发现有意想不到的收获。事实上,人们常说的那种事半功倍,就是 80/20 法则有效运用的理想境界。二八法则即消耗 20% 时间可创造 80% 的效益,可有人往往消耗 80% 的时间只创造了 20% 的效益。这就是说,当你从事重要任务时,用最少的时间就可以获得最大效益。这就像很多学生干部把大量时间花在处理无关紧要的事情上面,而非常重要的事情却无暇顾及。

我们可以采用 80/20 法则制订时间管理优先矩阵,可以把你面临的事情按照"紧急""不紧急""重要""不重要"四类,分别写在如图 6-10 所示的矩阵中。

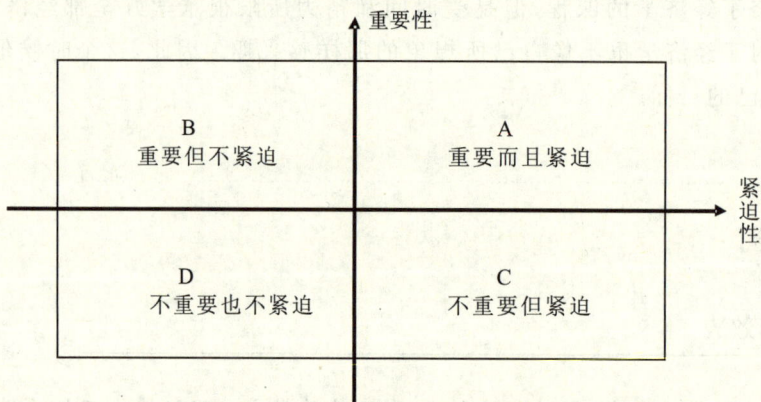

图 6-10　时间管理优先矩阵

假如把你一年、半年、一个季度乃至一天需要完成的学习工作分别归入上面的 A、B、C、D 四个类别里,你会怎么归类?

你感觉这四类事情,哪一类最先要去完成呢?相信你的答案是 A 类。那么,接下来做哪一类呢?也许你回答是"C 类:不重要但紧急的事情"。时间管理大师的研究表明,很多人都会这样回答。而真正厉害的人做完"重要且紧急的 A 类事情"之后,立即会转而去做"重要但不紧急的 B 类事情"。

"重要"的内涵,正是指你做这些事情是用于时间的"存储",可以有效提高未来的产能。就像寓言所说:两个和尚上山挑水,都很勤劳,但一个和尚每天挑水的时候还带一节竹子回寺。五年之后,那个和尚用带回来的竹子做了一个管道,把泉水从山上引到了寺里,从此以后不用再去挑水了。

　　时间管理的秘诀就是有条理地强制自己关注那些重要的事情,抑制住对紧急的事情的冲动。人类天生喜欢关注那些需要立即回应的事情,比如手机响了,但是对那些最重要的事情往往是会拖延到后面才会去管的,比如去健身房。你需要把这两种情况反转,抵抗你的天性。

拓展阅读→

没有正确的学习方法,笨鸟先飞也没用

　　学渣去问学霸该怎么学习,得到的答案对学渣帮助并不大。因为双方的实力悬殊,适合学霸的方法对于基础薄弱的学渣没有可行性,照着做得到的结果反而会打击他的自信心。

　　因此,我们要找到适合自己的方法,努力回忆一下自己的学习习惯、行动模式以及思维倾向。

　　用什么方法记得最快?

　　在什么地方注意力更容易集中?

　　在什么时候最有干劲?

　　每个人的性格和学习能力各有不同,越是强迫自己就越容易心生厌恶。与其这样,还不如找一个自己喜欢的学习方法,找准跟自己契合的学习方法才能有效提高学习成绩。而想要掌握学习法,必须明确自己学习的目的是什么,考高分,上大学还是赢比赛?确定目标之后就开始寻找适合自己的学习方法。最后一定要有自己"制胜球"——自己能熟练运用的独门秘籍。

　　1.献给很努力却没收获的你

　　想要保持学习的紧迫感,必须制订目标与期限。学生时代的考试都有期限,这让我们无形之中多了一份紧迫感,而成年之后的学习基本就没什么时间限制了。所以,我们给自己定一个具体的"行动计划"。有以下三个原则:

　　(1)制定目标;

　　(2)决定期限;

　　(3)根据实际情况进行调整。

　　根据你3年后想要达到的水平,换算出第一年、前3个月以及今天应该完成的任务,把它们写下来,放在看得见的地方。遇事多想想该如何为其命名,这样才能提高抓住事物本质的能力,在命名过程中获得准确把握事物概念的关键。不能满足于获取情报,而是要做到用自己的知识对这些情报进行归纳总结。

　　2.献给爱找借口的你

　　有的人学习效果不好,是因为他们从开始学习到全身心投入学习,花费了太长时间。如果能快速集中注意力,就能在短时间内完成高密度的学习。想要快速进入状态,首要任务是调整好自己的心态。告诉自己:"我一定要在这段时间内完成这件事!"

　　斯蒂芬-金给自己定下每天写10页的目标,设定一个时间段然后忘我投入,不完成任

务决不罢休。他把自己关在房间里,彻底屏蔽外界,沉浸在自己的世界里。我们容易受到外界干扰,一点儿风吹草动就扰乱学习节奏。因此,我们要有意识地锻炼自己集中注意力。选定一个能与外界彻底隔绝的时间段,营造一个让自己容易专注的环境,并在规定时间内完成目标。

3.献给无法明确目标的你

歌德虽然精通多门语言,但他在写作时规定自己只用德语,正因为他只专注于一件事,才能做到与众不同。尽管取得了很高的成就,他在晚年时仍感到遗憾,要是以前能把精力花在写作而不是研究矿物上,肯定会写出更多文学作品的。

观察那些厉害的人,我们会发现他们都有一个共同点,就是都专注于某一领域并不断深入,最终达到顶尖水准。我们也应该学会限定一个方向,让自己在这条路上与众不同。

4.献给正为努力了却看不到成效而发愁的你

村上春树说:"不论是写作还是跑马拉松,做任何一件事,都需要在了解自己的性格、身体特点的前提下不断进行锻炼,才能做到持之以恒。"

写作的过程是辛苦的,需要你将注意力像激光一般集中于某一点。从无到有,精心编织出一个完整的故事,这是个漫长的过程,会消耗大量精力,非常需要好的身体做支撑。

能做到二十年如一日的长跑,长期坚持是唯一的办法。而坚持的诀窍在于掌握好节奏。村上春树写长篇小说时,就算还想继续往下写也要学会适当放下笔头,这样第二天才会写得更轻松。

很多人做事情不能长久坚持的原因就在于做事没有节奏。心情好有精力时,就超额完成任务;心情低落犯懒时,就把当天要做的事情延期。在坚持某件事的初级阶段,一定要想办法让身体的良好状态持续到明天。

前面提到的我们一定要有自己的"制胜球",这需要长时间的坚持积累。上述这几种伟人们原创的学习方法,也是在坚持执行一段时间之后才会有成效的。

学海无涯苦作舟。苦,更多时候是因为自己没有掌握合适的学习方法。很多学霸说自己学习很快乐,因为他们找到了符合自身性格特点的学习法,并坚持了下去。

思考题

1.有人认为努力学习是为了好成绩,然后可以找到一份好工作,你对此怎么看?你认为学习是为了什么?

2.你都用哪些方法来学习?可以推荐给同学们吗?

推荐阅读→

莫提默·J.艾德勒.如何阅读一本书.北京：商务印书馆,2004.

推荐理由：《如何阅读一本书》是一本阅读指南,介绍了阅读的方法、技巧,阅读所应具备的广阔视野。这本书自 1948 年问世以来,在西方世界好评甚多,重版多次,是一本指导人们如何阅读的名作。它告诉你在每本书的封面之下都有一套自己的骨架,作为一个分析阅读的读者,你的责任就是要找出这个骨架。一本书出现在你面前时,肌肉包着骨头,衣服包裹着肌肉,可说是盛装而来。你用不着揭开它的外衣或是撕去它的肌肉,才能得到在柔软表皮下的那套骨架,请是你一定要用一双 X 光般的透视眼来看这本书,因为读懂本书是你了解一本书、掌握其骨架的基础。

第七章　掌舵人生的航向

——择业心理调适和职业生涯规划

让我们将事前的忧虑,换为事前的思考和计划吧!

▶本章导读

　　本章围绕大学生择业这一主题,从常见的择业心理困境入手,列举了几种不良的择业心理,探讨了择业心理问题调适的方法。职业生涯规划作为避免择业心理问题发生的一种方法,应该如何制订,我们将在本章的最后一同探讨。

第一节　大学生择业心理问题

→→→→→

【身边案例】

　　张丽,女,法学专业大四学生,性格较为内向,少有朋友,人际关系不佳。刚入学时成绩处于中等水平,随着专业课的开设及专业课内容不断加深,她发现自己对这个专业不是很感兴趣。曾向已毕业的学长咨询就业方向和未来发展,但发现专业对口工作竞争激烈,外地人在上海就业形势严峻,很多毕业生签约工作和专业方向大相径庭,于是对是否要学习产生怀疑,对未来发展感到迷茫。经常假想如果毕业以后找不到合适的工作该怎么办,自己到底要做什么工作,在剩余的大学时光里,该顺其自然还是应该做些准备。这种对未来的迷茫使她的思想进入不稳定期,焦虑不安,处于进退两难的抉择中,不知路在何方。

　　案例引发的思考

　　其实很多大学生在择业的时候都会面临跟张丽相似的问题。湖北某学院毕业生郑某找工作时屡次受挫,一怒之下将大学毕业证烧毁,并把烧证的场景拍成视频传到网上。怒烧毕业证,虽然可能是一种发泄方式,但也从另一个方面说明许多大学生的心态开始发生了变化。面对严峻的就业形势,不少学生似乎有点手足无措。"工作不好找,回家找父母"的"啃老族"和"干得好不如嫁得好"的"急嫁族",成为高等教育和社会发展中出现的一种独特现象。

　　针对以上现象的产生,不少专家认为,这一方面反映出社会转型时期,大学生就业难问题在不断扩大,另一方面也折射出部分大学生因择业难导致其心理上的多重困境。因此,关注大学生职业取向和就业率的同时也要关注他们的心理健康。

←←←←

一、择业心理问题

所谓择业心理,指的是大学生在选择职业的过程中,对与职业选择有关的事物的一种认知、情感、态度等。

大学生的择业出现的心理困境主要有以下两种。

困境一:心理冲突增多。有的毕业生心理冲突明显,表现为有远大理想但不能正确面对现实,注重实现人生价值但缺乏艰苦创业的心理准备,渴望公平竞争但又期待自己特殊化,希望独当一面又渴望别人帮助。除此之外还有所学专业和未来工作的矛盾,择业工作和继续求学的矛盾,亲情与爱情的矛盾。

困境二:择业目标模糊。目前,由于高校培养人才的模式,在专业理论、课程设置等方面与市场需求脱节,毕业生专业不对口,职业知识和技能相对匮乏,大学生缺乏足够的"就业力",导致"毕业生不知何处找工作",表现为或急功近利、缺乏远大理想,或见异思迁、朝秦暮楚,或职业目标长时间没有确定。

二、择业不良心理

当代大学毕业生择业不仅受社会、家庭诸多外因的影响,而且还会遇到自身心理、生理因素的限制,很容易产生各种心理问题,不良心理对大学毕业生择业是十分不利的。

主要的不良择业心理包括自我认知失调心理、情绪心理问题、人际交往障碍问题以及社会心理问题。

(一)自我认知失调心理

自我认知失调心理指大学生不能够准确地认识自我及对自我进行合理定位,由此而产生的自负、自卑、对外围环境的错误认知等心理问题。

1. 自卑心理

自卑是由于自尊心受到伤害或挫折,由此产生的心理矛盾和心理冲突得不到及时解决而形成的。自卑常和怯懦、依赖等心理交织在一起,大学生的自卑感主要表现在三个方面:一是过低地评价自己的智力;二是过低地评价自己的能力;三是过低地评价自己的意志力。

在择业时,一些大学生会有一种胆怯和自卑的心理,总担心自己不如别人,尤其是在面试时,更是紧张得言行拘谨,词不达意,生怕一言不慎翻了船,结果是该说的未说,该谈的未谈,白白错过一次机会。所以,大学生在择业时,要客观地评价自己。过分地低估自己,就会缺乏自信,产生自卑,使自己的个人潜力不能正常发挥。当择业的关键时刻到来时,面对错综复杂的择业状况,大学生要把握自己的情绪,正确地对待暂时的困难和失败,永葆竞争的勇气和信心,正确看待自己,尽量避免自卑。

2.自负心理

与自卑心理相反,有的大学生在择业过程中自我评价太高,对就业条件要求苛刻,即形成自负心理。有这种心理的学生,往往是一些学习成绩好、工作能力和社交能力强的人,或者是毕业于重点高校,他们不怕找不到工作,因此对社会提供的就业岗位总是左挑右选,考虑的因素太多,什么地区、职务、报酬、工作环境、发展前途、出国机会等都在考虑之列。这时双向选择变成了单向选择,不是用人单位挑他们,而是他们挑用人单位。去国有大型企事业单位,觉得条条框框太多,工作不自由,不利于个人发展;去民营企业,又觉得不太光彩,有失身价;去国家政府机关,觉得晋升困难等。如此一来,他们就失去了本来应有的机会,反而成了择业的困难户。

3.盲目心理

大学生择业中的盲目心理主要有表现为:一是不顾自己的专业、特长等实际情况,一味地追求社会热点,跟着感觉走;二是对所要选择的单位缺乏清楚和全面的了解,甚至连单位的性质、现状和前途都不清楚,仅仅通过一两次的人才交流会就与用人单位盲目签约;三是到了毕业前夕,看到别人都已经签了约,于是心里着急也就随便找个单位签约。近年来,毕业生违约现象不断增多,这就说明了当初签约的盲目性,而盲目签约的后果,必然造成资源的浪费。

(二)情绪心理问题

情绪心理问题指大学生求职过程中表现出急躁、焦虑、易受挫等心理。

1.焦虑心理

大学生在择业准备期普遍存在着程度不等的心理焦虑,这是在择业心理压力下所产生的一种不踏实感、失落感、危机感和迷惘感,通常表现为焦躁、忧虑、烦恼、困惑、恐慌、紧张等。他们可以为小小的得失耿耿于怀,为尚未到来的困难忧心忡忡,同时既不想迷失自我,但又不能勇往直前,对未知的求职单位感到莫名的害怕。有关研究表明,引起毕业生焦虑的问题主要是:自己的理想能否实现,自己的专业是否受重视,用人单位是否会选中自己,被拒绝了怎么办,选中了却不能胜任怎么办。焦虑一旦形成,往往是一提择业就心情紧张。一般来说,出现暂时的焦虑并不是什么问题,也不一定会影响择业的成功,相反,有一定的心理焦虑还是有好处的,因为适度的焦虑可以催人奋进,促使大学生为自己的前途做全面的规划。如果毕业生对自己的择业成功与否满不在乎,对什么都抱无所谓的态度,这倒应该引起全社会的忧虑。

2.挫折心理

挫折心理是指人在从事有目的的活动时遇到障碍所表现出来的情绪反映。当一个人产生心理挫折后,就可能陷入苦闷和失望等复杂的情绪体验之中,因此它是一种消极的心理状态。大学生在就业时受到一定的挫折在所难免,这一方面是因为就业竞争的压力不断增大,另一方面是大学生的挫折承受能力比较差。目前,我国的高等教育还处在由精英教育阶段向大众化教育阶段的过渡中,适龄青年中大学生的比例还比较低,从而使大学生的自我评价较高,而且社会对其的期望值也较高,因此,当他们的意向和抱负不能施展时,就容易产生怀才不遇的心理,因而抱怨自己生不逢时,怨天尤人。

挫折感产生之后,如果不能在挫折中认真反思,而是失去理智,盲目地一意孤行,或者悲观消沉,长此以往就可能形成人格障碍,并引起内心世界的扭曲。在日常生活中,人们的心理挫折承受程度有较大的个体差异,面对同样的挫折,有的人反应轻微,持续时间短,有的人则反应强烈,持续的时间也较长。这种差异的原因,在于个体对挫折的认识不同。心理学的研究表明,个体受生理条件、心理状态、生活阅历、个体需要等影响,表现出不同的挫折承受能力。我们一方面要尽可能消除引起挫折的原因,另一方面要提高抗挫折能力,采取合理的心理防卫机制,增加建设性行为,减少破坏性行为,做到正确对待挫折,进而战胜挫折。如果我们能做到充满自信和脚踏实地,就一定能克服择业过程中的挫折心理,进而抓住社会提供的每一次机遇,找到施展自己才华的空间。

(三)人际交往障碍

人际交往障碍包括择业过程中出现依赖心理以及问题行为等方面的问题。

1. 依赖心理

"在家靠父母,出门靠朋友",这句流传很广的社会俚语也在左右着当代大学生的择业心理。很多大学生在高考填报志愿时就是由家长或中学老师做的主,临近毕业时,这些人又把就业的希望寄托在学校和老师身上,怀着"车到山前必有路"的依赖心理。即使毕业分配制度已经发生了巨大变革,但仍有为数不少的大学生盼望国家继续"统分统配"。他们一方面希望找到称心的工作,另一方面又不愿意自己到处奔波。于是有的向千里之外的家长寻求帮助,有的对职业左顾右盼,拿不定主意,以致错失良机。

2. 问题行为

问题行为即违背社会行为规范的适应不良行为。毕业前,一些大学生因某些主体需要不能满足或遭遇强度较大的挫折感,加之平日缺乏应有的品德与个性修养,可能发生各种各样的问题行为。常见的有逃课、损坏东西、对抗、报复、迁怒于人、进行不良交往、过度消费、嗜烟、嗜酒等。问题行为的存在,不仅影响学生的顺利择业,还可能导致严重的违纪或违法。

(四)社会心理问题

社会心理问题主要是指择业过程中的攀高心理、虚荣心理、嫉妒心理、从众心理等。

1. 攀高心理

在大学生的职业选择中,心理期望值偏高的现象也非常普遍。一般表现为起点高、薪水高、职位高。这种攀高心理还可概括为"六个一点",即单位名声好一点,牌子响一点,收入高一点,工作闲一点,离家近一点,要求松一点。很明显,这些大学生的择业带有极强的功利色彩和求名求富动机,这本无可厚非,但如此的攀高心理,势必导致大学生在择业中碰壁。大学生盲目攀高的求职心态,说明当前大学生的职业意识带有浓厚的主观意念,认为是自己去选择职业,而不是职业在选择自己,从而导致脱离社会,对自我认识不足。

21 世纪是人才竞争的世纪,随着科学技术的不断进步,市场经济的不断发展,各项改革的不断深入,我国社会的就业岗位与就业人数的矛盾在一段时间内将会显得非常突出。对此,当代大学生要有清醒的认识,使自己的择业意识与社会的脉搏保持一致,到社会所需要的地方去。从1999年起,教育部直属院校毕业生的就业情况每年都要公布一次,据此可以预测毕业生就业的发展趋势,而大学生了解了这些情况,对于克服自己的盲目攀高心理是有好处的。

2. 虚荣心理

虚荣心理也是妨碍大学生择业的一种不健康心态。虚荣心强的人,在择业中往往把注意力集中在一些社会知名度高,经济上可带来实惠的岗位。他们不从发挥自己的专长出发,不考虑自己是否具备相应的竞争能力,也不管这个职业是不是自己喜欢的,他们选择职业的目的就是要让别人羡慕,并不是为自己寻找用武之地。只要是他们所看好的单位,便义无反顾地强行择业,而且他们会根据用人单位的特点来编造自己的自荐材料,想进党政机关的,就说自己曾担任多年的学生干部,组织管理能力强;想进大专院校的,就说自己知识面宽,语言表达能力出众;想进新闻出版单位的,就说自己擅长交际,文思敏捷,能言善辩。总之,除了自己的性别不能编造外,一切都是为我所需,随心所欲,说到底,都是虚荣心在作怪。

应该提醒这部分毕业生的是,任何一个人的才能都是有限的,任何一种谎言也都是不能长久的,因此既不要拔高自己,也不要伪装自己,只要你没有天生的缺陷,客观地介绍自己的优势就可以了。由于拔高和伪装,即使侥幸被录用,签了约也不等于进了保险箱,因为进了单位通常都有一个试用期,瞒天过海只能得逞于一时,而不能保证永远成功。如果到时不能胜任,被单位辞退,得不偿失,那时大家就不会羡慕你而是嘲笑你,那么你再后悔也没有用了,所以择业时切不可让虚荣心作祟。一定要量力而行,实事求是。

3. 嫉妒心理

嫉妒,是对他人的成就、名望、特长或者优越地位的一种既羡慕又敌视的情感,而这种情感的内化就是嫉妒心,它是一种属于情感范畴的狭隘心理。嫉妒心理有两个明显的特征,一是指向性,即指向比自己能干和幸运的人;二是发泄性,绝大多数的嫉妒都伴有发泄行为,如讥讽、诽谤、造谣中伤甚至陷害。择业中的嫉妒心理,就是看到别人在某些方面超过了自己,于是变得眼红和不甘心,恼怒别人。从大学生择业中表现出来的嫉妒现象来看,嫉妒者和被嫉妒者,通常是专业相近、才能相近、空间相近、兴趣相近或是性别相同等。在择业中,由于嫉妒,会疏远自己与他人的关系,使朋友远离,人际关系冷漠,从而使自己处于孤立的境地,并导致内心的矛盾与痛苦。

嫉妒心理有很大的危害性。积极进取的大学生,千万不要因为嫉妒而贬损别人,以求得自己的心理平衡。假如择业中的嫉妒是针对别人的才干和能力的,那么自己就要设法拥有这种才干和能力,不断地追求新的知识,并创造条件发展对方不具备的才能,不仅欢迎别人超过自己,更有勇气不断超越别人。假如别人的某些才能具有绝对优势,那就要转移竞争方向,审时度势,朝其他方面去努力。凡人都有所长和有所短,关键要在择业中充分发挥特长,客观承认自己与他人的差异,破除狭隘的嫉妒意识,与广大毕业生进行公平和正当的竞争。

4.从众心理

从众心理是在社会或群体的压力下个人放弃自己的意见而采取顺从大众行为的心理倾向。当个体认为群体的规范、他人的行为是正确的时候,他的从众表现才是自愿的。有时候群体的规范、他人的行为在个体看来并不合适,但又没勇气加以对抗,这时的从众表现是我们要克服的心理现象。从众心理重的人容易接受暗示,无主见、依赖性大、不能独立思考、迷信名人和权威,往往说违心的话、办违心的事。

在大学毕业生择业问题上,从众心理表现在愿意到大城市、大机关去工作。其实到大城市、大机关工作并不一定是你最佳的职业选择,只是从众心理影响的结果。古往今来,大多能成才者都具有很强的创造力和思维能力,力求摆脱从众心理的束缚。作为大学生,应当具有很强的独立思考能力,并注重培养自己独立分析问题、解决问题的能力,从而克服从众心理的影响,为今后走向社会打好基础。

三、学生择业过程中心理问题的趋势和特点

分析和认识这些择业心理问题,通过调查研究和分析比较,他们还会交织在一起,相互影响,相互作用,还表现出四大趋势。

1.人数在逐步增多

随着大学生的增多,高校的大规模扩招,同时用人单位的门槛也随之加高,就业形势愈加严峻。现在存在择业不良心理的大学生与日俱增,集中表现在敏感焦虑、急功近利等方面。

2.出现的范围在逐步扩大

大学生择业存在的心理问题已经由早期集中在个别专业的学生身上,目前已逐渐扩展到大多数本科、研究生身上。

3.地域差异、性别差异越来越明显

根据咨询观察和调查统计,农村大学毕业生的心理问题比城镇大学生多;女生就业心理问题症状多于男生;选择到沿海及省会城市工作的学生的心理问题多于选择偏远地区及基层工作的学生。

4.大学生择业不良心理导致的后果已日益加重

目前因不良心理问题出现的伤人、违法违纪甚至自残轻生的恶性事件时有发生,对社会已造成了恶劣的影响。

拓展阅读→

给毕业生的 10 点就业忠告

心理导读:从校园到职场,毕业生难免会有一些迷茫和不确定。虽说初生牛犊不怕虎,但是懂得一些方法会让你少走弯路。10 点职业设计的忠告,你可以不赞同,但至少能引起你的思考。

如果你尚在校园,即将走上职业之道,这是一篇很好的"三字经";如果你已经工作,但

对前途迷惘,不知道将来往何处发展,这是一篇"警世言",触发自己更好地思索未来;要是你对自己的工作已胸有成竹,那么请你来验证一下吧。

1.无论你现在或将来从事的职业是什么,对职业要负责。这一点切切不可忘记。

2.切记和谐融洽的人际关系非常重要。事实证明,与同事间人际关系融洽将使工作效率倍增。

3.要优化你的交际技能。优良的交际技能可为你谋职就业提高成功概率。

4.要善于发现变化并适应变化。不管周围环境及你人生某一阶段出现何样的变化,你都应该善于发现其中的各种机遇并驾驭这些机遇。

5.要灵活。未来时代的工作者们可能必须要经常转换职业角色,这就是说你要善于灵活地从一个角色迅速转换到另一个角色,方能适应时代环境的变化。

6.要善于学用新技术。或许你想当一名作家,但在当今时代,作家欲获成功也必须不断学习并掌握新技术技能才行。

7.要舍得花钱、花时间认识新领域、新学科。目前各大学、社会研究机构、其他组织开办了各式各样的行业试学或基础培训班,这类试学可能是预探新领域"水深度"的最简便易行的方法。

8.摒弃各种错误观念。当你考虑某新职业或新产业时,观念一定要更新,以防被错误思维误导。

9.选择就业单位时事前应多做摸底研究。

10.要不断开拓进取、不断开发新技能。一个复合的社会将不仅需要专业化知识,同时还需要通用的技能。

第二节　择业心理问题的调适

就业本身就是我们认识和适应社会的一个过程,在求职过程中遇到困难,甚至经过几次挫折才最后成功是正常的,在就业中遇到许多心理冲突、困惑,产生一些不良情绪也是正常的。遇到就业问题时,要学会调节自己的心态,使自己能从容、冷静地面对就业这一人生重大课题,并做出正确、理智的选择。如果你遇到了就业心理困扰,可以试着从以下几个方面来调节。

一、摆正心态,树立正确的择业观

根据当前的就业形势,大学毕业生要想顺利就业,就必须转变观念,抛弃"等、靠、要"的依赖思想,树立自主择业、勤奋创业、终身学习的观念,抛弃那种盲目赶时髦、追热门的毫无自主性的做法;要充分发挥自身能动性,主动推销自己,相信只要是能发挥自己才能的地方就是能有所作为的地方;要打破一步到位、一劳永逸、从一而终的就业观,而应树立不断进取的职业流动观念,并学会在流动中发现机会、抓住机会、把握机会;要找准自己的位置,不要好高骛远、夜郎自大。要充分认识到基层以及中小城镇、农村和西部人才奇缺,要抓住西部大开发、小城镇建设和城市社区建设的有利时机,到西部去,到农村和基层去,那里的广阔天地同样为大学毕业生施展才华、实现理想创造了条件。

二、认清自我,树立自信

在科学的心理测评的基础上,客观全面地分析自我,了解自己的优势和不足,能充分全面而又不失时机地向用人单位展示自己的才华,以自己较高的素质、良好的形象和独具魅力的人格征服用人单位。当前大学生就业形势严峻,竞争激烈,要想获得择业的成功,自信就成为择业的动力、成功的保证。要做到这一点,第一应充分认识自己的潜能,相信自身的能力。自信心是建立在正确评价自己的基础上,如果认识不到自身的价值,低估自己,是不利于自信心确立的。第二要善于发挥自身优势,自信不是盲目自负、自傲,而是以坚实的基础、良好的素质、雄厚的实力做后盾。大学生择业时,要在充分分析自我,评价自我的基础上挖掘自身的优势和潜能,在竞争中占据主动。

三、提早进行职业生涯规划,确定学习目标和职业目标

职业生涯规划设计的核心是根据一个人的特点和特长接受的教育、兴趣爱好、家庭背景,对他一生职业发展道路的设想和规划,包括如何在一个职业领域中得到发展,打算取得什么样的成就等问题,指导其找到一个适合自己的工作目标。在校大学生缺乏职业生涯规划意识和缺乏指导的现象比较普遍,由于事先缺少对职业发展方向的清楚认识和明确的职业规划,导致他们在进行工作选择和参加招聘活动时存在盲目心理和侥幸心理,缺乏严肃性,在对待所承担的工作方面明显缺少责任感。在大学期间可以从以下几个方面进行职业生涯规划:首先,大学生可以在一、二年级的时候选修人力资源或职业生涯设计方面的课程或阅读相关书籍,争取对个人事业选择和职业发展方面的理论有所了解。其次,仔细思考并分析本人的生活兴趣和个性特点,在此基础上大致形成自己的事业追求和事业方向选择。再次,了解社会上的各类工作。选择其中能够实现本人事业追求或符合自身事业发展方向要求的工作作为职业。为自己确定基本的职业目标,划分出大致的职业发展阶段。最后,选择符合职业目标要求且能够实现自己特定职业阶段要求的工作作为开始个人职业生涯的第一站。

四、提高心理素质,学会自我心理调适

人生是一个不断发展变化的历程,也是一个人对环境不断适应的过程。在人生的某些阶段,由于环境、条件的变化,使个人感到适应困难。此时,如果个人能主动自觉地改变自己或改变环境,使个人与环境保持协调,就可以渡过难关,顺利进入下一个新的人生阶段。相反,如果个人不能调适自己以符合环境的要求或不能克服环境的某些限制,就无法渡过难关,在发展的道路上会出现停滞现象。停滞时间越长,适应难度越大,这样既影响事业发展,又危及身心健康。因此,大学毕业生在求职择业过程中,应当充分认识自我心理调适的作用,提高自我调适的自觉性。通常,自我心理调适有如下几种:

(一)冷处理疗法

所谓冷处理,就是冷静。其核心是"静心、静思"四个字。"静心"就是控制自己的情

绪,从焦虑、烦躁的心境中平静下来,避免感情用事,或盲目行动。所谓"静思"就是要冷静地反思,总结经验教训,正确分析择业现状,恰当地确立自己的择业期望值,得出或选择切实可行的择业方案,从而避免行动的盲目性,并有效调节自己的急躁心理。要清醒地认识到,失败并不意味着断送自己的前程,失败往往孕育着成功的希望,没有理由令其成为压抑自己的包袱。因此,一旦发现择业心理障碍要及时地自我调适。例如有的人心急如火,连火柴都划不着,还怪火柴质量不好。等他冷静下来后,火柴自然就划着了。心理障碍也是如此,不及时调适就会坐立不安,等问题严重了,自我调适也难以奏效,需要主动找心理医生咨询,积极配合心理医生治疗,否则有可能发展为"抑郁症",后果将不堪设想。

(二)情绪转化法(分散法)

有时不良情绪是不易控制的,这时可以采取迂回的办法,把自己的感情和精力转移到其他活动中,不要总是沉溺在焦虑和苦闷之中,可以通过一些集体活动或参加一些社会工作来分散注意力或者升华心境,在学习上多下功夫,以提高自我素养,增强竞争力。

(三)适度宣泄法

因择业挫折造成焦虑和紧张时,消除不良情绪最简单的方法莫过于宣泄,切忌把不良情绪埋藏于心底。可以找朋友、同学、老师倾诉,也可以痛哭一场,还可以去打球、爬山,参加比较轻松愉快的活动,但是一定要注意场合,宣泄应是无破坏性的。

(四)自我慰藉法

择业过程中遇到困难和挫折,已尽了主观努力仍无法改变时,可以说服自己适当让步,不必苛求,承认并接受现实、以求得解脱。

(五)松弛训练法

松弛训练法是一种通过练习学会在心理和躯体上放松的方法,它可以帮助人们减轻甚至消除各种不良的身心反应,如焦虑、紧张、恐惧、心理冲突、入睡困难、血压增高、头疼等症状。大学毕业生在择业中如有此类心理反应,可在有关人员指导下尝试进行放松练习。

除此之外,还有合理情绪疗法、自我重塑法、环境调节法、广交朋友法、自我暗示法、幽默疗法等。可以根据自己的偏好选择不同的方法。

五、培养职场能力

除了学习成绩、心理健康等因素外,良好的职场适应能力也越来越受到用人单位的重视。现在很多企业在招聘时特别青睐有一定工作经验的大学生,这也正反映出就业市场对大学生职场适应能力的看重,提高职场适应能力要经过反复的实践和体验。

(一)参加学生工作

大学期间的学生工作通常不会很复杂,但比较琐碎,很多甚至看起来微不足道,但直接或间接参与一些事情的组织工作,可以有效地提高个人的办事能力,清楚解决问题的程序和方法,改善应对事情的态度,增长胆量、见识,提高获取信息的能力和思考判断的能力,提高未来职场的竞争力。

(二)参加专业实习

通过专业实习,能够较好地将所学的专业理论知识与实践相结合,检阅、修正和巩固已有的专业知识和理论体系,训练和提高专业技能并强化专业思维和职业伦理修养。专业实习除了有助于培养专业基本能力之外,还能培养自我学习和发展、独立分析和解决问题、组织和协调以及判断与决策的能力。

(三)参加课题调研

这是指在专业老师的指导下,以学生为主体,组成科研(课题)小组,根据相关单位的需求,选定研究课题,经过一段时间的调研,完成调查报告或提出解决方案。一方面,参加课题调研有助于培养学生的交流与合作能力,锻炼人际交往和沟通能力,强化团队合作意识;另一方面,在课题调研的过程中,有助于培养管理和完成任务的能力以及如何应对挫折和处理问题的能力。

拓展阅读→
5 个有趣又富有创意的工作,你喜欢哪个?

1.地铁推手

高峰期的东京地铁,人们都是被推进去的。地铁推手们负责在早晚高峰期把人们推进拥挤的车厢里。当他们第一次出现在地铁站的时候,他们被称为乘客疏散人员,大都是兼职的学生。如今,地铁推手已经成了一种固定的职业,有兼职也有全职。

想象着每一个清晨,你目光如炬,步伐坚定,朝人最多的地方走去,对着人群轻轻问候一声,紧接着用盘龙根般粗壮有力的双手使出乾坤大挪移,有条不紊地将国家机器的螺丝钉们推向装配线,难道不有趣?

2.味觉测试员

味觉测试员包括但不限于以下几类:糖果测试员、巧克力测试员、蛋糕测试员。有一部电影,叫《欢乐糖果屋》,在这部老电影的最后,小男孩查理通过层层测试得到了终身享用巧克力的奖励,糖果厂老板威利也找到了自己的继承人,整部片温情满满。假设我们活在楚门的世界里,分不清虚拟和真实的界限,那片中的老板威利便可以被认为是世界上第一个招聘巧克力测试员的人。

对于广大的味觉测试员来说,他们大抵都跟查理一样,心里装了一个纯真的梦,是一群无比柔软的家伙(不信你看看他们脸上的脂肪)。他们每个白天都徜徉在斑斓的美食里,晚上还可以伴着甜甜的风沉沉睡去,味蕾里的每一个分子都鲜活有力地裹挟着幸福——这样一份工作难道不有趣?

3. 鞭策师

人们在长期进行一项工作时,注意力会时而转移,那如何防止分心从而提高工作效率呢?鞭策师这一职业便应运而生,指的是能够在客户工作分心时给予提醒的人,说白了就是"当客户无心工作时,给他一巴掌"。

美国黑客兼独立博客作家塞西是一名独立博客作家,拖稿对他来说是常态。他最近发现自己泡在社交网站上的时间有点长,痛定思痛,决定改变自己工作时不专心的坏习惯以提高工作效率。于是他就在网络上贴出招聘启事,专门请人坐在他身边,看到他在玩社交网站就扇他一巴掌,塞西按小时付工资给专人,每小时8美元。

一项通过扇巴掌、狮子吼来帮助重度拖延症患者取得工作成就、从而让这个世界的运行更加有效率的工作,难道不有趣?

4. 逗笑师

顾名思义,"逗笑师"就是一种能引人发笑的职业。引人发笑要做什么?——拍照。在温州的一家儿童影楼里,一名逗笑师正在工作。"来,宝宝,看这里。"逗笑师一边说,一边挥舞着手中的玩具,做出各种动作,吸引小孩子的注意。孩子一咧嘴,快门就"嚓嚓嚓"地不停响动,这一轮逗笑工作圆满完成,逗笑师也舒了口气。

感情是意志的产物,如若没有意志,感情便会很快消散。能几年如一日,坚守在摄影一线,拥抱自己的意志,逗笑孩子的人,他们在做的工作,难道不温暖不有趣?

5. 防晒"消防员"

法国知名的萨布勒多隆纳海滩就招聘过暑假期间在沙滩上帮游客涂抹防晒油的打工者,周薪达到850欧元(约合人民币6800元)。当时,法国旅游局是为了提升萨布勒多隆纳海滩的人气,而打出的这则甄选防晒员的广告,结果吸引了超过700名年轻人报名,每位参赛选手都要通过面试,并现场展示涂抹防晒霜技巧。面试结果出炉后,两名大学生得以被录用。

第三节　择业前的准备

→ → → → →

【身边案例】

小程为什么失败

今年三月,小程在招聘会上投出了第一份简历,应聘某公司的文案策划。半个月后,笔试通知来了。虽然小程很看重这个机会,但不知该做什么准备,只能硬着头皮参加了笔试。笔试的题目出奇的简单,半个钟头后公布面试名单,胜负都将于一天内定夺。

在等待面试的时间里,小程开始回忆各类参考书上的面试技巧。但由于平时没把这当一回事,此类文章看过就忘,轮到小程时,她一脸茫然地走进了面试室。

小程略一沉思，用尽量平静的声音说："我姓程，是某校毕业生。"

"请用五分钟简单介绍一下自己。"中文系的应届毕业生，在班上担任宣传委员，擅长音乐、美术、舞蹈等。不到一分钟。

"为什么想要应聘这份工作？"

小程答："我喜欢做策划，每天寻找创意。我喜欢的某作家就是做广告策划出身的，我一直都想像她那样，有一份充满朝气和创造力的工作。"

"对我们工作的实质了解吗？"

小程据实回答："我没有见过，但可以想象那种同心协力做策划的感觉。我的组织协调能力还行。"

"可能会经常加班，熬夜。你能够接受吗？"

"能。而且，我觉得我适合这份工作，我从小语文成绩就好，也很有创造的激情。"

"你语文怎么个好法？"考官开始语气轻松。

小程心想：是不是问得差不多了，所以闲聊？便答："我中考语文考了140多分，又是中文系的，家里的侄子、侄女都争着请我辅导。"

"你的侄子、侄女多大了啊？我看你年纪也不太大！"

"我的辈分大啊……"就这样，小程与考官聊了起来，气氛十分和谐，面试结束走出大门的时候，小程还听见考官的笑声。

请思考：你认为小程能否被录用？为什么？如果你是小程，你将会怎样准备这次面试？

案例引发的思考

小程同学主要存在的问题是对面试准备不充分，更深层的原因是对自身内在的认识不清楚，同时也对这份工作的缺乏了解，没有对自身进行准确的定位。这一切可能是小程在大学期间没有进行职业生涯规划的原因。那什么是职业生涯规划呢？

←←←←

大学生涯是整个人生的重要阶段，3～7年不等的大学生活往往为个人日后的发展奠定了坚实的基础。我们在大学选择一个专业进行学习，是为今后做职业准备，因而大学生涯可称为职业准备阶段，是职业准备期。这是个人职业生涯的起步阶段，是决定能否赢在起点的重要阶段。

一、职业生涯规划

大学生职业生涯规划是指学生在大学期间进行系统的职业生涯规划的过程。它包括大学期间的学习规划、职业规划。职业生涯规划的有无好坏直接影响到大学期间的学习生活质量，更直接影响到求职就业甚至未来职业生涯的成败。从狭义职业生涯规划的角度来看，此阶段主要是职业的准备期，主要目的是在为未来的就业和事业发展做好准备。在大学里要学习如何做人，如何做事，要学会学习，学会与人交往，通过提升自己的整体素质，为毕业选择一份职业做准备。准备得越充分就越能快速找到理想的职业，顺利进入职业角色,拥有成功的职业生涯才可能实现完美的人生。因此,职业生涯规划只要开始,就永远不晚。

二、大学期间职业生涯规划的阶段任务

学生在大学阶段每个学年的心理特征和发展任务都不相同,呈现明显的阶段性,因此职业生涯规划的任务在各个学年也不尽相同。

一年级为试探期:这个阶段的职业生涯规划任务主要是完成大学生的角色适应,树立新的学习目标。初步了解职业,特别是自己未来所想从事的职业或与自己所学专业对口的职业,初步设计大学四年的生活,打好专业学习基础,学好本专业的相关课程,加强英语和计算机的学习,掌握基本的技能,熟悉大学的环境,建立新的人际关系,培养人际沟通能力。多和学长学姐们交流,尤其是要向大四的毕业生询问就业情况。在学习任务不重的情况下,可以多参加学校的各种社团活动,提高综合素质。多利用学生手册,了解学校的相关规定。为了将来可能转系、读双学位、留学等做好准备。

二年级为定向期:该阶段的主要任务是了解自己的性格和兴趣,确定自己的价值观和动机。初步确定毕业后的去向是深造还是就业,并了解相应的能力和素质。积极参与学生会或社团部门的活动,锻炼自己的组织能力和团队合作能力。大二期间也可以开始尝试兼职、社会实践活动,最好是和自己本专业或未来想从事的职业有关的,并能长期坚持做下去,增加对未来职场的了解和认知,提高抗挫能力。提高英语和计算机应用能力,通过相关证书等级考试,有选择地辅修其他专业的知识,拓宽知识面和技能。

三年级为准备期:这个阶段职业生涯规划的主要任务是掌握求职就业技能,为将来择业求职做好准备,这个阶段除了加强专业知识的学习,还要加强和未来就业有关的知识学习,考取与目标有关的资格证书,提高求职技能,收集目标单位的信息。课余时间和寒暑假积极参加与专业有关的兼职、实习工作,提高职业技能,开始撰写简历、求职信,了解发布求职信息的渠道,并开始尝试去收集。向已经毕业的学长学姐了解往年的求职情况,对本专业的就业去向进行总结。如果是决定就业的学生,就要开始参加各种招聘活动,积极利用学校提供的条件,了解用人单位的资料信息,强化求职技巧,进行模拟面试等训练,摆正心态,提高求职技能;如果是决定考研的学生,就要做好复习准备,了解考研的意向学校;如果是打算出国留学的学生,就要开始接触留学中介机构,参加一些活动,准备托福、雅思等考试,关注留学资讯。

四年级为分化期:这个阶段的毕业去向基本已经确定下来,可对前面三年的准备进行回顾和总结,检验之前确立的目标是否正确,准备是否充分,若准备不够充分,可以根据求职目标有针对性地"补课"。撰写毕业论文,锻炼独立思考、解决问题的能力。调整心态,以开朗而积极的心态去迎接未来职场的挑战,珍惜岗前实习的机会,在实习中宏观了解单位的运转情况和工作流程,微观了解个人的岗位职责和技能要求,尽快完成校园人到职场人的心理转变和角色转换。

三、职业生涯规划的制订

那么,如何制订系统、完整的职业生涯规划呢?我们将通过生涯规划模式来进行详细

解读。生涯规划分为三个阶段,即生涯探索、生涯决策和行动以及生涯调整。

生涯探索包含知己知彼。这里的知己是就了解自己的性格特质、兴趣倾向、职业理念和优势,其中优势包含专业技能,占据着核心的地位。知彼则包含解读职业和准确定位。任何一个因素的缺位,都将导致这个规划系统出现问题。

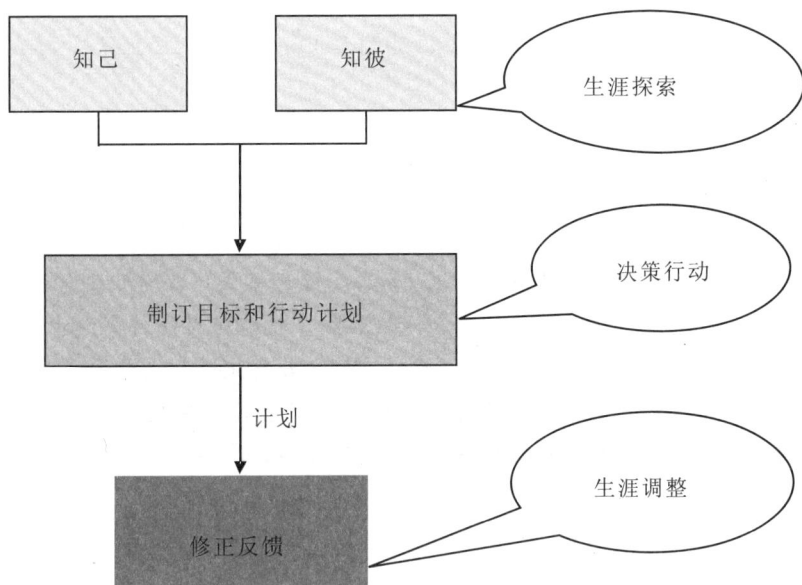

图 7-1 生涯规划模式图

(一)生涯探索

1. 知己——认清自我

择业首先要认识自我,了解自己的性格、气质以及能力、兴趣、特长,给自己恰当的认知和定位,搞清自己适合干什么,能干什么,从而确定大致的选择方向和范围。之后,必须明确职业价值观,即确定自己在职业中最看重什么。通过工作,是为了赚钱,还是希望有个良好的发展空间,或是为将来的长远发展积累经验和技能? 在搞清楚阶段性目的和价值取向之后,才会有一个相对明确的求职方向和目标。

(1)优势是首要地位

克里夫顿认为优势是做某件事情的持续的近乎完美的表现。优势具有如下特征:①持续的、稳定的、可预测的;②出色的、高超的,比周围人做得好;③轻易的、不费劲的;④做起来兴奋的、积极的;⑤产生积极的结果、有效益的;⑥与生俱来的。

盖洛普公司通过长达 25 年、对超过 200 万人进行了数据统计和调查,提出了著名的"优势理论":只有充分发挥一个人的优势,才有可能在工作中达到持续完美的业绩表现。盖洛普认为,一个人的优势由才干、知识和技能组成。知识和技能可以学会,而才干则不能,因为它是受人的大脑神经思维支配的、天生就具备的一种本能的行为反应。如果你干一件事情,一是出于你的本能去做,二是违背本能、硬着头皮去做,哪一种情况更容易做出业绩呢? 答案是显而易见的。不仅如此,盖洛普的调查还发现,与那些不能发挥优势的人相比,那些有机会每天都能做擅长之事的人全身心投入工作的可能性要高出 5 倍,认为自己整体生活质量较高的可能性会高出其 2 倍还多。如何发现自己的优势?可以通过平时的参与各项活动、自我的评价、他人的评价以及心理测验。下面介绍的盖洛普优势识别器是一个很好地了解自己优势的心理测验。

·【知识链接】·

盖洛普优势识别器

才干是你油然而生并贯穿始终的思维、感觉或行为模式。优势识别器所评测的便是你的各种才干主题。知识由所学的知实和课程组成。技能是做一件事的步骤。这三者——才干、知识和技能合在一起就构成了你的优势。盖洛普首先通过大量的实证研究,把五彩缤纷的人类才干归纳为"交往""奋斗""影响"和"思维"这 4 组共 34 个主题。如思维方面,有分析、关联、统筹、前瞻、理念和战略等主题,交往方面,有和谐、体谅、交往、个别、沟通和责任等主题。

拓展阅读→

帮你找出自己优点的 10 个小方法

优点的不同造就了我们每个人的唯一性,我们也能用我们的优点为周围的人提供帮助,如果我们还不知道自己的优点,就没法充分地利用它,我们也可能就错过了实现个人价值和成就事业的机会。在本文中有 10 种方法可以帮你找出自己的优点。你会发现,以下的某些方法可能对你会更有效,择优挑选那些对你有用的方法吧。

1. 留心一下自己喜欢的是些什么

我们很喜欢做的往往就暗含着我们原本就很喜欢用的方法,花几分钟去思考一下你真正喜欢做的是什么,找出能增加你经验的重要因素。看看你是否能找到一些固定的模式或者一些共通方法呢?

2. 问问你信赖的家人和朋友

有时我们自己很难精准地找出我们自己的优点。许多人所认可的文化是谦逊礼貌型的,所以如果没有别人的帮助,我们很难弄清我们自己的优点。问问你信赖的家人和朋友,在他们心中,你的优点是什么,看看是否会有让自己吃惊的答案出现呢?

3. 你喜欢自己身上的哪些品质呢?

你喜欢自己身上的这些品质特点往往也暗示着你个人的优点。比如,你喜欢你自己坚持完成目标,并一直付诸行动的特点。尤其是当事情变得棘手的时候,你依题坚持做完这件事的决心,这说明有决心和毅力就是你的优点。

4.你做的是什么工作呢? 是什么让你胜任这份工作的呢?

仔细想想你喜欢做什么样的工作? 为什么喜欢? 如果你很难找出你喜欢的,思考一下,是不是其中缺少了点什么。

5.做个心理测试

如果你想要一个更公正地反映你优点的方法,那就试试一些网络的在线测试吧。

6.是什么让你觉得精神百倍呢?

我们已经讨论了你喜欢的活动和方法,现在也该找出让你精神百倍的原因了。另一个方法就是回想米哈里·契克森米哈赖教授在"流模型"中所提到的时间问题。在这个"流模型"中,当我们沉迷于正在进行的工作的时候,我们就会感觉精力充沛,时间过得也非常快。找到做这些工作所需的技能也会为你找出自己的优点提供更多的线索。

7.是什么让你引以为豪?

想想让你在生活中真正引以为豪的三个例子,是你的什么行动或反应让你觉得很自豪呢? 是什么原因让你觉得很自豪呢?

8.谁是你的偶像呢? 他们的哪些品质是你所敬佩的呢?

在我们的工作和生活中,偶像的一些优点也能帮助我们发现自己的优点,找出偶像身上你特别敬佩的那些优点,然后思考你自己是不是也有这些优点。

9.在平时的生活中别人反馈给你的是一些什么信息?

这一点可能看起来与第二点相似,但这里有一个很重要的区别:第二点它包含试探和询问别人的意见,而这一点涉及你在与别人的交流互动中寻找反馈信息。这一点是很有用的,因为它可以从别人客观的感知中给你提供一个更准确的反馈信息,而不是他们主观的感知。

10.你所赞同的是你的哪些优点?

看一看你所列出的优点,观察一下是哪些优点让你脱颖而出。我们通常都向别人展示出这些优点,想想,通常我们的这些优点都表现在哪些地方。

(2)兴趣是辅助

①兴趣产生的内在机制

心理学对于兴趣的定义为"人们力求认识某种事物和从事某项活动的意识倾向,它表现为人们对某件事、某项活动的选择性态度和积极的情绪反应"。假如你今天休息,摆在你面前的有两项选择:一是逛街,一是看足球比赛,假如在这两个选项中,你认为看足球比赛比逛街更有吸引力的话,我们就可以认为你对足球赛更感兴趣,因为你对这件事情呈现出了选择性态度和积极的情绪反应。

现在问题来了:为什么选择看足球赛能够带给你更加积极的情绪反应,而逛街不能? 假如换一个人,还是这种选择结果吗? 答案是否定的。

人为什么会产生思想,会有感觉,会对一些事物呈现出积极热烈的追求,原因就在于我们的大脑是由数千亿条神经元构成的,这些神经元在受到外部刺激时,能够产生一种传递神经信号的物质——多巴胺,并且,这种物质只传递令人亢奋和愉快的信息。假如这件事情能够给你带来愉快的、积极的感受,我们就认为对此感兴趣,并且会尽可能多地寻找机会,刺激这种愉悦感受的再次产生。相反,如果只能带来痛苦的感受,我们就会对其失去兴趣,不会再去碰它。比如,同样是处理数据,有人乐此不疲,而有人则表示再也不愿意干了,而影响这种行为差异的根本原因就在于这件事情本身是否刺激了你大脑中多巴胺的产生。

兴趣产生的前提,就是有某个外部条件刺激我们的神经元产生多巴胺,进而给你传递亢奋、愉悦的感受,并导致这种行为的重复发生。这种行为也被称为大脑的"奖赏机制",也叫"奖赏效应"。在心理学中,当人做出某一决策后如果被证实正确并产生了好的结果,大脑会向负责决策的区域发送"奖赏"信号,这会促进人的认知能力进一步提升,形成良性循环,这就是"奖赏效应"。

在我们所接触的众多事情当中,并不是所有的事情都会刺激多巴胺的产生,只有一小部分才会刺激到,会带给我们愉悦的感受,并促进奖赏效应的形成,我们的行为开始了正向循环,并形成了我们所认为的"兴趣"。

在日常的学习中,这样的例子会有很多。比如,有人因为数学学习成绩不好,怎么学都学不好,他无法从这种行为中得到奖赏,无法分泌令大脑感觉更兴奋的多巴胺,所以就不喜欢数学,也不愿意在这上面花工夫。相反,他语文每次都能考高分,他就会把更多的兴趣分配在语文的学习上。

总而言之,兴趣的产生是这样一个过程:在不断接触到外部事物的过程中,有些过程会产生积极的结果,给予我们一种正向激励,从而刺激多巴胺的分泌,让我们的大脑产生一种亢奋、愉悦的感受,并从情绪上产生"兴趣"的概念。人们总是会贪恋美好的感受,所以,为了让这种愉悦的感受再次产生,我们会重复尝试这种行为,并因此形成一种正循环,刺激更多积极结果的产生。相反,如果在接触的过程中,产生的是一些不愉悦的感受,我们则会产生"讨厌""不喜欢"的感受,并放弃这种尝试。

②如何找到兴趣

从现实的角度来说,我们长期所处的成长环境和教育方法对我们的兴趣培养产生了负面影响,导致很多人没有固定的兴趣,甚至根本就没有兴趣。比如,有很多同学会对很多东西都感兴趣,但每种兴趣往往都是三分钟热度,这种情况,如何确定兴趣呢?在现实中,我们经常遇到的是只会埋头读书的"好学生",他们除了读书,完全不知道自己感兴趣的是什么。这种情况下,如何确定兴趣呢?另外,我们经常对于自己得不到或不具备的东西感兴趣。比如现实中经常遇到的情况:内向的人说对销售感兴趣,因为他们觉得销售人才的口才很好,而自己又不具备,所以就对销售产生了兴趣,而这种情况下所产生的兴趣,根本就不具备参照性,因为这是一种典型的"伪兴趣"。

兴趣的产生不是凭空的,而是在不断接触外部事物的过程中形成的。有的人经历非常丰富,他能够从众多的行为中比较出哪些行为能够给他形成正向激励,而哪些行为只能够给他带来负面反馈。通过这样的比较,他就会自然而然地重复那些能够形成正向激励的行为,并且在不断的重复过程中将这一行为变得更强。比如,喜欢数据分析的人,他能够从这份工作中获得足够的正向激励,所以他就愿意花更多的精力,学习更多数据分析方面的知识和技巧,将这一能力变得更加强大。相反,如果他看到数字就头疼,他就没心思在这方面花费更多的精力了。再比如,适合做销售的人能够很快拿到订单,这对他形成一种正向激励,即使工作中遇到了难搞的客户,他也会去研究如何搞定这样的客户。而对于不适合做销售的人来说,长期拿不到订单,会让他的信心丧失殆尽,进而产生怀疑自己的念头。

·【经典实验】·

美国杜克大学行为经济学教授、《不理性的力量》一书的作者丹·艾瑞利和他的同事进行了一个有趣的"乐高实验"。这个实验有 A,B 两个对照组,A 组的参加者被告知要执行一个任务,就是将手上的积木组成一个标准的机器人。完成第一个成品可以获得两美元,第二个完成可得到 1.89 美元,总之每完成一个机器人都可以赚钱,但每次金额减少11 美分,当参加者觉得不值得继续下去的时候可以随时喊停。B 组的规则和 A 组几乎一样,唯一不同的是,A 组完成的每一个机器人都会被收好保存起来(至少在实验过程中),但 B 组参加者开始组装第二个机器人时,实验人员会宣称积木不够用,就当着他们的面把刚刚完成的第一个机器人分析。两组志愿者都宣称自己是乐高迷,但结果却大相径庭:A 组平均每人组装 10.6 个机器人,赚取 14.40 元,他们在实验结束后的问卷中都表示这是个有趣的活动,有机会还想参加。但 B 组平均每人只完成 7.2 个,赚取 11.52 元,而且很多人在问卷中表示,这个活动不怎么样,下次不想再参加了。

为什么会有这样的差别呢? 当兴趣没有成为工作的时候,你之所以对它爱不释手,仅仅是因为它带给你的是精神上的愉悦和心理上的满足,而这对于你来说就已经足够了。对于喜欢玩积木的人来说,把积木搭成不同形状的机器人时,单单是看到自己费尽心思搭出来的"作品",就足以令他们身心愉悦。但是,一旦兴趣成为工作,你所要考虑的就不只是这些了,还包括"成就感",因为这是推动你前进的内在动力。在这个实验中,A 组的人既能够看到自己的作品,又能够依此赚钱,所以在内外双重的刺激下,动力十足,每个人都表现良好;而 B 组的人因为组好的积木立刻被拆掉,这让他们的成就动机大大降低,因此也失去了继续下去的意愿,动力下降十分明显。因此,在兴趣明确的情况下,假如这份工作不能够给你带来足够的成就感,你也会相应降低前进的意愿。

---

(3)性格特质

以"性格特质"作为职业决策选择的依据,其显然要比"兴趣倾向"更具科学性,因为性格特质往往会在相当长的一段时期内保持稳定,并因此而产生固定的行为模式,而行为又决定结果。

然而,如果以此对具有相同性格特质的人进行模式化解读,则是步入了另外一种极端。对于"性格特质"的过分解读,是生涯规划中的误区之一。我们毫不否认性格在生涯决策中的重要作用,但我们反对对其进行过分解读(类似的言论如"性格决定命运")或者模式化解读。

假如我们相信"性格决定命运",那么,拥有相同性格特质的人是不是应该拥有相同的命运呢?从理论上来说,应该是这样的。而从现实的角度来说,这种说法却缺乏最基本的常识,因为每一个人都是不同的,都不可能复制他人的命运。

性格是一个人在生活中,对人、对事、对自己、对外在环境所表现出来的一致性应对方式。性格是个体社会行为的特征,表现了人们对现实和周围世界的态度,并反映在他的行为举止中。性格主要体现在对自己、对别人、对事物的态度和言行上。

职业与性格的最佳匹配可以使我们成为更有效的工作者。

·【知识链接】·

那怎样知道自己的职业性格呢? 我们可以通过心理学的测验来了解

1. MBTI(myers-Briggs type indicator)性格类型测试

MBTI性格理论始于著名心理学家荣格的心理类型的学说,后经美国的库克与伊莎贝尔深入研究而发展成型。目前它已被翻译成十多种文字。近年来,全世界每年有200多万人次接受MBTI测试。据统计,世界前一百强公司中有89%的公司引入使用MBTI用于帮助员工和管理层自我发展、改善沟通、提升组织绩效。

2. 霍兰德职业兴趣量表

除了的MBTI职业性格测试,在职业选择的时候,还有其他工具可以作为参考吗?答案是有的——霍兰德职业兴趣量表便将职业与兴趣做出了某种更为直接的关联。你儿时或现在的兴趣点到底可以转化为哪些实际的工作?霍兰德职业兴趣测试将给出你答案。

约翰·霍兰德是美国约翰·霍普金斯大学的心理学教授,是著名的职业指导专家。他于1959年提出了具有广泛社会影响的职业兴趣理论,认为人的人格类型、兴趣与职业密切相关,兴趣是人们活动的巨大动力,凡是具有职业兴趣的职业,都可以提高人们的积极性,促使人们积极地、愉快地从事该职业,且职业兴趣与人格之间存在很高的相关性。Holland认为,人格可分为现实型、研究型、艺术型、社会型、企业型和常规型6种类型。

(4)职业理念

职业理念也就是职业价值取向,是人们谋取一份职业的社会行为目的,决定人的职业方向和职业行为,影响人在职业活动中的态度,是人在从业过程中的驱动力。职业价值取向可以分为三类:一是维持并提高物质生活的需要,通过从事职业活动取得报酬,满足衣食住行等方面的需求;二是满足精神生活,实现人生价值特别是发展个性的需要,在物质生活水平大大提高的今天,人们的这种需要越来越强烈了;三是承担社会义务的需要,即通过从事职业活动,履行社会分工中应尽的职责,为祖国、为人民多做贡献,尽一个公民应尽的义务。一般来说,绝大多数人的职业价值取向不是单一的,往往有多种,是综合性取向。不同思想境界的人,对这三种需求排列的次序不同,但多数人追求的是多种满足,既希望为社会多做贡献,又希望个人的物质、精神需要得到满足。我们要善于根据实际情况,处理好三者之间的辩证关系。一般脱离本人实际(包括个人实际能力和家庭的实际情况)和脱离环境(包括国家经济社会发展的大环境和本人生活的区域环境、社区环境)实际的职业价值取向不容易得到满足,所以要经常反思自己的职业价值取向,并及时调整使之符合实际,让自己经常处于心情舒畅、精神焕发的心境之中。

然而,即使在优势、兴趣、性格、职业理念存在一致性、可以很肯定地确定方向的情况下,我们依然不能贸然选择方向。因为,此时的方向选择还依然停留在理论层面上,属于纸上谈兵,下一步必定要考虑如何执行的问题。如果方向不能执行,这个方向永远只是停留在理论上,无法具备现实指导意义。

2.知彼——外部环境分析

当今世界在迅速变化,科技进步逐渐改变着整个社会的生活方式和企业的运营模式。只有与社会环境相适应的企业才能成功地生存,也只有能够适应环境变化的人才能够在这个社会有所成就。因此,我们在进行个人职业生涯规划的时候,必须结合当前社会的客观实际,认真分析社会需要什么样的人,目前社会的发展趋势是什么,可能存在哪些发展机会。只有在充分考虑社会环境的基础上,衡量和评估各种可能会影响到职业发展的因素,才能保证职业生涯规划的正确性。

(1)行业定位

"知彼"因素中,首先要考虑的是行业定位问题。

大学生求职难的真正原因在于,他们不能为自己确立一个清晰的行业定位,不能给自己制订一个职业规划。相同的职位在不同的行业,对于人才的要求也会出现侧重和不同。另外,从发展趋势来看,不同行业的生命周期也是不一样的,对于职业发展的影响也需要从长远考虑。这就要求我们在求职时对于国家政策能够深度解读,关注资本市场动态,关注前沿发展趋势,才能避免在行业危机到来时被淘汰出局。

(2)解读职业

对自己想从事的职业要进行深入综合的分析,了解该职业所需的专业训练、能力、年龄、性格特点等要求,了解职业的性质、工作环境、福利待遇以及发展空间和就业竞争机会。除此之外,还要清楚公司文化和人文环境。这样就不会在费尽心思找到工作后,因为与自己的期望相差甚远而放弃工作机会。数据显示,职场新人总是在频繁地更换工作单位,许多人或以薪资作为参考,或以环境舒适度为指标,很少有人从行业发展现状、优劣势、发展前景预测等出发,理性而全面地思考问题,最终导致个人得不到长远发展。

这些不同的因素之间相互影响,缺少了任何一个环节,都将导致未来的生涯发展产生种种问题。比如,忽略了对于"优势"因素的考量,你可能会发现工作没有了成就感;忽略了对于"职业理念"的考量,你可能会发现工作不符合你的价值观;忽略了"行业定位",你可能发现这个行业缺乏活力,没有前景可言。而对于上述所有因素的考量,都是建立在对于自身、企业、人力资源环境的综合认知和衡量之上而产生的一种综合性的判断。

(二)制订目标和行动计划

1. 目标的制订

在准确地对自己和环境做出评估之后,我们可以确定适合自己、有实现可能的职业发展目标。职业生涯发展目标,分为长远目标和阶段目标。

确定长远目标是职业生涯规划的关键环节,其他环节全围绕长远目标的确定展开。进行职业生涯设计时,所定的目标必须实事求是又激人向上。眼高手低或自惭形秽,是许多青年人走向社会,初涉人世时易犯的毛病。为了确定发展的长远目标,我们必须理清个人职业价值取向,认真分析个人生理和个性特点、学习情况和行为习惯等方面的现状和变化趋势,对自己有一个比较准确的综合判断。只有在实事求是地分析发展条件的基础上选择发展目标,才能使自己的学习、工作以及各种行动措施沿着职业生涯规划预定的路线前进。

当然沿哪一路线发展,是走技术路线还是管理路线,是走"技术+管理"即技术管理路线,还是先走技术路线再走管理路线等,此时要做出选择。由于发展路线不同,对职业发展的要求也不同,所以必须做出适合自己的路线选择。

2. 行动计划与措施

在确定了职业生涯的终极目标并选定职业发展的路线后,行动便成了关键的环节。这里所说的行动,是指落实目标的具体措施,主要包括工作、培训、教育、轮岗等方面的措施。对应行动计划,可将职业目标进行分解,即分解为短期目标、中期目标和长期目标,其中短期目标可分为日目标、周目标、月目标、年目标;中期目标的周期一般为 3~5 年;长期目标的周期为 5~10 年,分解后的目标有利于跟踪检查,同时可以根据环境变化制订和调整短期行动计划,并针对具体计划目标采取有效措施。职业生涯中的措施主要指为达成既定目标,在提高工作效率、学习知识、掌握技能、开发潜能等方面选用的方法。行动计划要对应相应的措施,要层层分解、具体落实,细致的计划和措施便于进行定时检查和及时调整。

(三)修正反馈

影响职业生涯规划的因素很多,有的变化因素是可以预测的,而有的变化因素难以预测。在此状态下,要使职业生涯规划行之有效,就必须不断地对职业生涯规划执行情况进行评估。首先,要对年度目标的执行情况进行总结,确定哪些目标已按计划完成,哪些目标未完成。其次,要对未完成的目标进行分析,找出未完成的原因及发展障碍,制订消除障碍的对策及方法。最后,要依据评估对职业目标和路线进行修正,但这一步一定要深思熟虑。

·【知识链接】·

专业、学业、职业与事业的关系

1. 学业包含专业,是职业与事业的基础

学业,是指学生在学习期间应该在德智体等方面全面提升自己,不仅包括专业学习,更包括思想道德素质培养、文化知识技能掌握、个人综合素质提高等各方面。学业是事业、职业发展的基石。

2. 职业是学业的展现、事业的载体

只有在具体的职业、具体的工作岗位上,才能真正地认识自己、调试自己、完善自己,找准自己的职业定位,实现自己的事业理想。如果职业不适合自己,没有关系,可以转行,可以从事多个职业。但是,无论你多么不喜欢这个职业,在干这个工作的时候,你都要敬业,因为职业是你赖以生存和发展的载体。通过就业指导,一下子就找到了最适合自己发展的职业,一直干下去并取得了巨大成就,这是学业、职业和事业协调一致的理想境界。

3. 事业是实现自己价值的目标

追求成功的事业,实现自身的价值,是每个学生的人生理想。同学们实现了自己的价值,也就能体现出教育的价值,创造出社会价值,达到了学生、学校、社会协调发展的良好局面。这无疑是以自己优秀的学业、顺利的就业和适宜的职业为基础的。

工作可能很辛苦,事业一定很快乐;职业获得报酬,事业创造价值;努力适应职业,在就业中成就一番事业。

拓展阅读→

职业选择是迈向职场的第一步,与其在一个完全无法胜任的岗位上苦苦支撑、无所适从,倒不如找一个自己能游刃有余的岗位好好发挥专长。在人的整个职业生涯,乃至整个人生中,职业选择是极其重要的环节,正如伟大哲学家罗素所说:"选择职业是人生大事,因为职业决定了一个人的未来。铁匠捶打铁砧,铁针也捶打铁匠;海蛤的壳在棕黑深邃的海洋里变色,人的心灵也受到生命历程的染色,只是所受的影响奥妙复杂,不易为人觉察而已。所以说,选择职业就是选择将来的自己。"

职业生涯好比爬大山,要参加工作的时候,我们仿佛站在一个四面环山的山谷中,不同方向的山代表不同的职业生涯,当然也代表着不同的人生路。我们要做的,就是在爬山以前,花足够多的时间来考虑,这辈子我们究竟是应该爬哪座山,山上地形如何,是否适合自己爬,该准备什么爬山装备——怎样规划自己的职业生涯。只有这样我们才能更容易地爬到山顶,实现自己的职业目标,获得成功的事业,成就成功的人生。

许多人由于没提前考虑清楚自己这辈子究竟要爬哪座山,要走怎样的人生路,很盲目地就去爬了。爬了三五百米后突然发现这座山不适合自己,准备的工具没用上,于是就去爬另一座山。然而通常的情况是,在这座山爬的三百米、五百米不能水平地移到另一座山上去,你必须退到山脚从最低点开始爬。或者是在这座山的三五百米移到另一座山上只能抵一百米,那么你就只能从这一百米的高度再往上爬。时间很快地流失,几年后发现爬了不少,整体爬的高度却不高,再想爬——发现已经没有当初的好机会、好体力了。

有时选择地努力更重要,想想真是这样的。

· 【心理测试】·

职业规划从岛屿选择开始

如果有机会让你到以下 6 个岛屿旅游,不用考虑费用等问题,你最想去的是哪个? 可以按照喜欢程度选出 3 个。

(1)A 岛

美丽浪漫的岛屿。岛上充满了美术馆、音乐厅,弥漫着浓厚的艺术文化气息。同时,当地的原住民还保留了传统的舞蹈、音乐与绘画,许多文艺界的朋友都喜欢来这里找寻灵感。

(2)B 岛

深思冥想的岛屿。岛上人迹罕至,建筑物多卑处一隅,平畴绿野,适合夜观星象。岛上有多处天文馆、科学馆以及图书馆等。岛上居民喜好沉思、追求真知,喜欢和来自各地的哲学家、科学家、心理学家等交换心得。

(3)C 岛

现代、井然的岛屿。岛上建筑十分现代化,是进步的都市形态,以完善的户政管理、地政管理、金融管理见长。岛民个性冷静保守,处事有条不紊,善于组织规划。

(4)R 岛

自然原始的岛屿。岛上保留有热带的原始植物,自然生态保持得很好,也有相当规模的动物园、植物园、水族馆。岛上居民以手工见长,自己种植花果蔬菜、修缮房屋、打造器物、制作工具。

(5)S 岛

温暖友善的岛屿。岛上居民个性温和、十分友善、乐于助人,社区均自成一个密切互动的服务网络,人们多互助合作,重视教育,弦歌不辍,充满人文气息。

(6)E 岛

显赫富庶的岛屿。岛上的居民热情豪爽,善于企业经营和贸易。岛上的经济高度发达,处处是高级饭店、俱乐部、高尔夫球场。来往者多是企业家、经理人、政治家、律师等,衣香鬓影,夜夜笙歌。

6 个岛屿代表着 6 种典型的职业生涯兴趣类型,你选出的 3 个岛屿中,第一个是主要兴趣,第二、三个是辅助兴趣。

（1）选择 A 岛

类型：艺术型

喜欢的活动：创造，喜欢自我表达，喜欢写作、音乐和戏剧。

喜欢的职业：作家、艺术家、音乐家、诗人、漫画家、演员、戏剧导演、作曲家、乐队指挥和室内装潢人员。

（2）选择 B 岛

类型：研究型

喜欢的活动：处理信息（观点、理论），喜欢探索和理解、研究那些需要分析、思考的抽象问题，喜欢独立工作。

喜欢的职业：实验室工作人员、生物学家、化学家、物理学家、社会学家、工程设计师和程序设计员。

（3）选择 C 岛

类型：事务型

喜欢的活动：组织和处理数据，喜欢固定的、有秩序的工作或活动，希望确切地知道工作的要求和标准。愿意在一个大的机构中处于从属地位。

喜欢的职业：会计师、银行出纳、行政助理、秘书、档案员、税务专家和计算机操作员。

（4）选择 R 岛

类型：实用型

喜欢的活动：愿意从事事务性的工作，喜欢户外活动或操作机器，不喜欢在办公室工作。

喜欢的职业：制造业、渔业、野外生活管理业、技术贸易业、机械业、农业、技术、林业的相关工作。

（5）选择 S 岛

类型：社会型

喜欢的活动：帮助别人，喜欢与人合作，热情关心他人的幸福，愿意帮助别人解决困难。

喜欢的职业：教师、社会工作者、牧师、心理咨询员、服务性行业人员。

（6）选择 E 岛

类型：企业型

喜欢的活动：喜欢领导和影响别人，或为了达到个人或组织的目的而善于说服别人，希望成就一番事业。

喜欢的职业：商业管理、律师、政治运动领袖、营销人员、市场或销售经理、公关人员、采购员、投资商、电视制片人和保险代理。

思考题

1.很多同学喜欢旅游，你是否也喜欢？你会根据你的兴趣爱好选择工作吗？

2.请你用 MBTI 测试自己的性格,看看跟你对自己性格的认识有什么不同?

3.你可以制订一份自己的职业生涯规划吗?

推荐阅读→

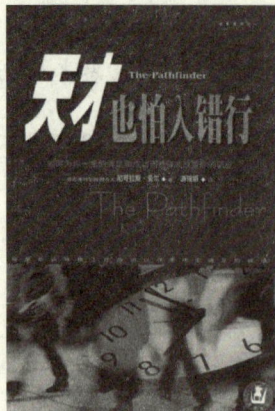

尼可拉斯·劳尔.天才也怕入错行.姜飞月译,长春:吉林人民出版社,2000.

推荐理由:你可以日日生存在世界上,而不去探索一切;你可以探求只有一个答案的问题,以了解你原本不知道的答案;你也可以日日生存在世界上,却总是提出疑问,总是欣赏万物,总是想要发现。探求神奇,你的生命就充满神奇! 本书将引领你探究职业生涯的各个层面,以全新的视角审视你不曾思考的领域,并以最有效率的工具帮你理清种种不确定因素,解决现有的难题,让你重拾工作的热情。

第八章 珍惜青春的年华
——生命教育与危机应对

给生命以时间,给时间以生命。

▶ 本章导读

　　本章围绕生命的主题,从生命的发展历程开始,让大学生了解什么是生命,认识生命的价值和意义,从而感悟、尊重与珍爱生命,介绍心理危机的概念,分享心理危机应对的态度与方法。

- 为什么有时候会觉得生命中有那么多阴暗?
- 为什么有时候会觉得活得很累?
- 为什么越来越多的大学生宁愿放弃最宝贵的生命?
- 你有没有发现生命的可贵之处?
- 你有没有欣赏过生命的可爱?
- 你有没有探究过生命的价值和意义?
- 你有没有思考过生命是"一去永不复返"的?

第一节　生命的历程与意义

一、生命的来源

　　人的生命能来到这个世界,必须经历一场殊死竞争,50万个卵子中的一枚被排出到母亲的卵巢里,但是它只有24小时的生命,如果24小时内父亲的精子没有进入,卵子就将死亡。想要竞争这个机会的精子有4亿个之多,一路上的关卡考验层出不穷,只有最迅速、最强大的才能拼搏到最后,为了在24小时内赶到,竭尽全力,但是有的体力不支,有的选择放弃,有的献出了生命,有的迷失了方向,能够到达卵子附近的只剩下100个,最后一场考验是必须穿破卵子壁方能开始孕育生命。最终,一枚最强壮、最有生命力的精子成功与卵子合为一体,开始了全新的生命。在母亲的子宫中经过约280天的孕育分娩而出,成为一个独立的生命个体。可以说,我们每个人的诞生,都是一个极小概率的事件,我们曾在人生第一场战役中全面胜出——这是生命的奇迹。

二、生命存在的特征

(一)生命的不可逆性

生命的宝贵,就在于它的不可重复性。人的生命只有一次,失去了就永远不会回来。从胚胎起,生命便一直生长、发育、发展,直到衰亡。它绝不会时光倒流,返老还童。正是生命的这种特征,才使得人们更加关注、珍惜和呵护自己的生命。因为生命是不可能走回头路的,生活中懊恼、悔恨的事情也不可能推翻重来。

(二)生命的有限性

人的生命有限性表现在三个方面:第一,生命存在时间的有限性。人的寿命一般七八十岁,最多百十来岁。第二,生命的无常性。生老病死、旦夕祸福等的不可预测,任何人都逃脱不了,都必然会走向死亡。第三,个体生命的存在不能离群索居,不食人间烟火,每个人都需要别人的帮助、支持和关怀。正是生命的有限性,才促使人去努力思考、发奋创造、积极生活,以实现自己生命的意义。

(三)生命的不可换性

生命为个体所私有,相互不能交换,彼此不可替代。生命对每个人来说只有一次,任何人都是无法复制的孤本。每个人都有自己的需要、兴趣、特长和认知思维方式,人总是赋予自己的生命以不同的内涵,从而形成个人化的精神世界,使生命展现出不同的特色。

(四)生命的双重性

在人的生命体中存在着两种生命:一种是人作为肉体的存在物,它是自然界的一部分,受自然规律的决定和制约,具有自然性。二是人作为精神的存在,要受到道德规则的决定和支配。每个时代、每个人都必须面对这种矛盾。人的这种双重性、矛盾性及其之间的相互作用,是人的生命存在的最根本的动力。人就是在生命的双重性中寻求到生命的意义,实现了生命的价值。

(五)生命的完整性

人的生命也是完整的。人是生理、心理和社会性的统一体,是自然生命和价值生命的统一体,人的生命是一个不可分裂的整体,人通过实践活动在认识世界和改造世界的同时,也发展了人自身,使人能不断超越自我。

(六)生命的创造性

人的生命本身就是一个不断成长、发展、生生不息的过程,生命是创造的、超越的。生命就是不间断的运动,但生命比单纯的持续运动更为丰富,生命乃是在此基础上不断产生新内容的创造性运动。人通过创造去把握生活的变化,通过创造去发现生命的意义,通过创造去实现对自己生命的认识与超越。生命的过程就是超越自我、追求意义的过程。

三、生命的历程

·【心理故事】·

图 8-1　生命的历程

　　斯芬克斯是希腊神话中一个长着狮子躯干、女人头面的有翼怪兽。它坐在忒拜城附近的悬崖上,向过路人出一个谜语:"什么东西早晨用四条腿走路,中午用两条腿走路,晚上用三条腿走路?"如果路人猜不出,就被杀害。俄狄浦斯猜中了谜底是人,斯芬克斯羞愧万分,跳崖而死。

　　人的一生要经历出生、成长成熟,直至衰老死亡。我们会经历婴幼儿期、儿童期、少年期、青年期、中年和老年期,不同的生命发展阶段有着不同的成长状况和不同的生理心理状况,需要解决不同的心理危机。

·【知识链接】·

心理学不讨厌衰老

"你害怕衰老吗?"这世上大概没有不害怕衰老的人。秦始皇奢望能够长久统治,为求长生不老,派人四处寻药、炼药,最终还是抵不过岁月的侵蚀。对于女性而言,衰老更加可怕,衰老意味着皮肤松弛长皱纹,最初美好的容貌只能在以前的照片上寻找。衰老的可怕不仅表现在容貌上,还表现在能力上。人一旦衰老,就会记忆力减退,忘性很大,还很容易得老年痴呆症;再加上身体上的病痛,老人们往往行动迟缓,办事不便,需要他人照顾。

所以,你瞧,衰老是一件多么可怕的事情!

闭眼一遥想,等到年老的时候,牙口不好吃不了想吃的大鱼大肉,爬不了想爬的大山,这老年的生活该是多么的沉闷单调。但令人意外的是,大多数老年人却没有那么多遗憾和悲伤,他们甚至十分坦然地接受了衰老的现实。美国多项民意调查发现,老年人是最幸福的人群。近日,中国人口宣教中心进行的一项针对6000余人的入户调查也同样显示,老年人的家庭幸福感较高。这么看来,也许大多数人都想错了,老年并没有我们想象的那么苦不堪言,甚至缺少了丰富的社交活动的老年生活也可以温馨幸福。

布兰迪斯大学的德里克教授通过实验发现,与浮躁的年轻人相比,老年人更容易去留心那些积极的事物,同时他们很容易知足,不会对那些不快的事耿耿于怀。他们往往会发现和关注生活中的美好小细节,一件小小的事就能让他们幸福好久。

社会情绪选择理论认为,当人们意识到人的生命历程缩短时,注意力往往更专注于当下发生的事而非未来所要去追求的目标。对于老年人而言,由于知道自己的生命时间有限,他们常常想到的是自己现在所拥有的东西——孩子、亲人、朋友,不会再像年轻人那般被渴望得到更多东西的欲望情绪所困扰,因此老年人也更加关心目前还在自己身边的人,关注身边的小事物。生命的短暂和有限往往让人们格外容易注意到美好的事物,而忘记那些曾经或眼前不好的事情。

老年人也没有我们想象中的那么脆弱和消极,起伏的人生经历让他们在面临失败时,往往善于调节自身情绪,看淡并接受现实。"毕生控制"理论认为,当老年人面临失败时,他们往往会坦然承认和接受自己无法达到目标的现实,转而选择改变自己的策略,采取补偿性的控制措施。因此他们很容易放过自己,看淡荣辱得失。当他们越来越接近死亡时,就不会把死亡放在心上。平时,我们一听到家里的老人说"再过几年就到地下了""不知道还能过几次生日呢"时总要怨老人胡思乱想,其实是因为我们比他们更加担心死亡的到来罢了。老年人比中年人更能坦然接受人终究要归于尘土的客观现实,因此他们保持着一种乐观向上的生活状态,珍惜每一天,享受着现有的生活。

衰老并没有我们想象中的那么可怕,我们不可能改变人类要变老并死亡的现实,因此我们应该学习老年人的坦然心态和幸福秘诀,且行且珍惜,用尽全力过好余下的每一天,便不负此生。

然而不可否认的是,随着社会节奏的加快,如今年轻人的工作压力越来越大,尤其是中年人家庭,上有老下有小。许多人对老人的照顾往往不周全,容易忽视老人,因此我们也应该给予老年人更多关爱,防止他们患上"空巢综合征"、忧郁症。

四、生命的意义

正确认知生命意义要分清生命与生活之间的关系,在现实生活中,人们常常把生活的感受看得比生命还重要,一味追求生活的享受而不注重生命质量的提高及生命意义的实现。当前,一些大学生专注于物质生活的追求而忘记了生命的意义,一味地追求生活感受,却放弃了生命的本真追求。因此,他们常常会感到自己不快乐、生活无意义。

而对生命意义或价值的客观探求、正确认识、自觉珍惜是心理健康者的基本特征。

·【知识链接】·

维克多·弗兰克(意义疗法创始人)

维克多·弗兰克,奥地利心理学家、精神病学家,意义治疗与存在主义分析的创办人。出生于奥地利维也纳一个贫穷的犹太家庭,因心脏衰竭逝于奥地利维也纳。

他的父亲是一个忠厚老实的公务员,为人严厉,责任感和原则性强,母亲则是一名来自布拉格的虔诚而心地善良的犹太教徒。他在家中排行第二,上有一兄下有一妹,童年生活贫困,曾在农场里乞讨。15岁时,他的化学老师认为有机体的生命分析到最后,也只不过是一种化学燃烧作用,引起弗兰克对生命意义的质疑与好奇。

第二次世界大战期间,由于是犹太人,全家被投入奥斯维辛集中营。三年里,双亲、哥哥、妻子陆续死于非命,自己也几次险遭毒气和其他方式惨杀,在身心遭受极度摧残且随时都有死亡威胁的环境中,弗兰克仍不由自主地思考人生的意义与解脱苦难之道,并以睿智和悲悯的眼光来看待人类的处境。

"在集中营中我所见到的人,完全与之相反。虽然所有的囚徒被抛入完全相同的环境,但有的人消沉颓废下去,有的人却如同圣人一般越站越高。"有一天,当他赤身独处囚室时,忽然顿悟了一种"人类终极自由",这种心灵的自由是无法被剥夺的,也就是说,它可以自行决定外界的刺激对本身的影响程度。因此"什么样的饥饿和拷打都能忍受"。"在任何特定的环境中,人们还有一种最后的自由,就是选择自己的态度。"据他的观察研究,从奥斯维辛集中营活下来的人不到5%,幸存者几乎毫无例外,都是深知生命的积极意义的人,而且心里都有一个明确的目标。

战争结束后,他回到维也纳才发现他的家人都在纳粹集中营中死去了,唯有他因为医生身份而被认为有用才幸免于难。正因为集中营中的悲痛经验,反而使他发展出积极乐观的人生哲学,正如他常引用尼采的一句话:"打不垮我的,将使我更加坚强",使他后半生能活得健康快乐。弗兰克67岁时领取了飞行员驾驶执照,80岁时仍能攀登阿尔卑斯山,并到世界各地演讲推广意义治疗。

如何获得生命的意义呢?

弗兰克认为有3种途径可以获得生命的意义:创造和工作、体验意义的价值以及对不可避免的苦难所采取的态度,这3种获得生命意义的途径分别对应于3种价值群,即创造性价值、经验性价值以及态度性价值。

创造和工作是与实现创造性价值相关的。工作是发现生命意义的一个重要途径,工作使人的特殊性在对社会贡献中得以体现,从而使人的创造性价值得以实现。但简单的机械工作是不够的,人必须把握背后的意义和动机,只有这样,人才能在对工作的价值和意义的感悟中实现生命的意义,具有积极的、创造性的、有责任感的态度,赋予工作以意义。

发现生命意义的第二个途径与实现经验性的价值有关,可以通过体验某种事物,如工作本质或文化,尤其可以通过爱的体验,实现经验性价值,从而发现生命的意义。弗兰克认为,爱是深入人格核心的一种方法,它可以实现人的潜能,使人们理解到自己能够成为什么,应该成为什么,从而使他们的潜能发挥出来,爱可以让人体会到强烈的责任感,能够激发人们的创造性,在体验爱的过程中,可以发现生活的意义和价值。意义疗法引导人们学会乐于接受爱以及伴随而来的责任。

与对不可避免的苦难所采取的态度对应的是态度性价值。弗兰克认为,人对命运的选择完全取决于人的精神态度,即使面对无法抗拒的命运力量,人仍然可以选择自己的态度和立场,通过实现态度性价值,人们可以改变看待事物的视角,了解对于自己而言什么是最重要的,从中获得新的认识。人们面对苦难时,重要的是用怎样的态度承担苦难。弗兰克认为,许多症状都是由不良态度导致的,通过改变态度可以使这些症状得到缓解。大学生可以从弗兰克提出的寻求人生意义的3个途径中获得启示,在自己的生活中实现生命的价值,从而超越空虚,获得生命意义感,达到良好的心理健康状态,使自己的人生更加精彩。

·【心理测试】·

生命意义自测

1. 自测

如果你对自己关于生命意义的看法感兴趣,请仔细阅读题目后,根据自己的实际情况在每题后面方格内打"√"。

表 8-1　生命意义自测

分维度	题号	题　　目	完全不符合	大多不符合	部分符合	大多符合	完全符合
死亡	3	想到死后很少有人会记得我,令我感到沮丧					
	7	我对死亡的担心是:害怕自己消失在世界上					
	11	我害怕谈论有关生前契约等的话题,因为它象征生命的结束					
	15	我对死亡有强烈的恐惧感					
	19	听到亲友死亡的消息,会引发我的焦虑与不安					
自由	2	遇到困境时,我常感到局限而觉得没有其他办法可解决					
	6	在团体中,我因不想负责任,所以常选择服从命令					
	10	面对困境时,我总会想出不同的办法,让自己有更多的选择					
	14	做选择时,我总是游移不定。因为不确定自己真正想要的东西是什么					
	18	我总是用相同的方法解决问题,不想变通					
	21	我会为我的选择负责任					
	23	我不相信自己拥有改变现状的能力					
孤独	4	我总是感到孤单,缺少被关爱的感觉					
	8	没有人可以让我依靠的话,我会感到空虚与失落					
	12	我不喜欢独立,因为独立的代价就是孤独					
	16	面对他人生命的消逝,令我有种被遗弃与孤单的感觉					
无意义	1	当我回顾我的一生,会觉得过得很有意义					
	5	每个人都需要有坚定的信念,以作为我们一生遵循的指南					
	9	我相信人活着是因为有某种待实现的目的					
	13	我很满意目前的生活,因为我已经找到我生命的意义与目的					
	17	因为每一个人都会死,做什么事情其实最后都没有意义					
	20	每个人都可以创造属于自己的生命意义					
	22	我知道自己生命的意义					

2.评分

采用李克特五点评定量表的方式,完全不符合为 1 分,大多不符合为 2 分,部分符合为 3 分,大多符合为 4 分,完全符合为 5 分,整份量表共 23 题,其中 2、3、4、6、7、8、11、12、14、15、16、17、18、19、23 共 15 题为负向题,其余 7 题皆为正向题,负向题目需要反向计分,当选择"完全不符合"时计为 5 分,选择"大多不符合"时计为 4 分,依此类推。4 个维度得分之和为总分。分维度总分越高,表示测试者于此分量表之正向态度越强,反之,则表示测试者于此分量表之正向态度越弱。

3.解释

大学生生命意义量表以终极关怀理论为基础编制,从忧虑生命的有限性、面临选择的苦恼和缺乏生命意义而痛苦等维度所发展而来,其说明内在的基本冲突是来自个体面临的一些既定而又无法逃避的事实。欧文·亚隆把这些既定的事实称为"终极关怀",全量表包含4个分维度,即死亡、自由、孤独与无意义。

(1)死亡

该维度的负向态度,包含个体担心生命的终结(结束、毁灭与消灭);而正向的态度,包含了因时间的有限性而对死亡有所觉察与更加珍惜生命。

(2)自由

该维度的负向态度,包含个体逃避责任和选择、不愿为自己的生活与改变负起责任,推卸责任;而正向的态度,包含个体愿意面对自己应负的责任、愿为自己的选择和决定承担责任等。

(3)孤独

该维度的负向态度,包含面临死亡的孤独、为自己孤军奋战感到害怕,面对分离所产生的焦虑;而正向的态度,包含个体可以坦然地面对死亡孤单的感觉、承受为自己决定时的孤独与了解成长时所需面临个体化的孤独。

(4)无意义

该维度的负向态度,包含个体对生命感到未知、迷茫与逃避;而正向的态度,包含个体了解人有追求意义的动机,即使意义本身没有可依循的脉络,唯有借助自身的选择与决定,来创造属于自己的生命意义。

五、生命的信仰

·【心理故事】·

信仰的力量

美国著名心理学家马丁·加德纳,原来是位医生。他竭力反对把实情告诉癌症患者。他认为,在美国死于癌症的病人中,80%的病人是被吓死的,其余才是真正病死的。

他曾做过一个实验:让一死囚躺在床上,告之将被执行死刑,然后用木片在他的手腕上划一下,接着把预先准备好的一个水龙头打开,让它向床下的一个容器滴水,伴随着由快到慢的滴水节奏,那个死囚昏了过去。1988年,他把实验结果公布出来时,遭到了司法当局的起诉,但他用事实告诉世人:精神才是生命的真正脊梁,一旦从精神上击垮一个人,他的生命也就变形了。

这种巨大的精神支持,就是一种生命信仰。生命信仰使人拥有力量,征服死亡恐惧。倘若一个人没有生命的信仰或失去了生命的信仰,则就失去了生命的活力和应对挫折的动力。圣严法师说:"信仰是自己对生命的体验,属于个人的体验。由此再继续深入,就可以渐渐体会到生命的意义和价值。生命的意义和价值,通常是指对他人付出、对社会关怀"。因此有研究指出,如果想获得幸福,帮助他人是一个很好的办法。

而存在于生命和信仰之间的,是爱。爱是生命的主题,我们来自爱,最后又归属于爱。爱是一种能力,包括爱己、爱人、爱自然等。爱的本质是给予,包括四个特质:关怀、负责、尊重、了解。爱让生命和信仰更绚烂夺目,爱让人更自信、更执着。

第二节　感悟生命与珍爱生命

一、正视死亡

我们每个人都是"赤条条"来到这个世界上,出生的时候什么都没有,只有生命。

当我们离开这个世界的时候,同样不带走任何事物,唯有生命。

生命的完整内涵包括了生与死两个方面。人的本质存在就是"向死而生"。生命是有限的,每个人都在走向死亡,我们只有从容地面对死亡,才能积极地把握人生,让人生更加精彩。正如泰戈尔描绘的:让生如夏花之绚烂,让死如秋叶之静美。

孔子说:"不知生,焉知死?"但现在有人提出"不知死,焉知生"?

法国思想家蒙田说:"你获得的每一天都是从生命中盗取的,你以消耗生命来生活。你生命的毫不间断的工作就是建造死亡。你在生的时候便已在死的途中。"

你害怕死亡吗?

欧文·亚隆说:"我明白死亡本身虽然会使我们毁灭,但死亡的观念却可能拯救我们。这也是为什么多少世纪以来,僧侣修士总是把头颅骨骸放在室内。对死的知觉使我能摆脱琐事羁绊,而着重在真正宝贵的事物上。"

尼采说:"不尊重死亡的人,不懂得敬畏生命。"

拓展阅读→

巴黎墓地书

许多东方人无法理解,在巴黎这样独一无二的大都会竟然会有拉雪兹神父、蒙巴那斯和蒙马特等大型公墓,让死人挤占活人的地盘。然而,每当我路过那些墓园,想起那里依然屹立着几百年前的坟墓,栖息着无数我对其生平或许一无所知的思想巨子与市井凡人的时候,我的脑子里便有了一个奇怪的念头:今日巴黎之伟大就在于它不但让活着的人有安全感,可以诗意地栖居、自由无拘地写作,而且它还让死去的人有安全感……

巴黎的公墓像是一座座微缩的建筑艺术博物馆。在这里,没有地狱,没有天堂,甚至没有死亡。当你在墓地里徜徉，就像走在一座安静的尘世之城里。它全然不像中国鬼魂缠绕的坟岗，灵火飘荡，骷髅出没，让害怕鬼打墙的人们纷纷敬而远之。对于这些活人而言，似乎除了自己的所谓祖宗，其他逝者都是孤魂野鬼。中国丧葬多讲究排场，好哭棺材时的行为艺术，却很少有文化观念上的温暖与创造。

巴黎不只是一座城市，它让我时常想起那些偎依着祖坟的村庄。不同的是，居住在巴黎的人们从不畏惧"与鬼为邻"。在蒙巴那斯公墓，法国发明家查理·皮永一家的墓是一张名副其实的墓床，在岁月、雨水的侵蚀之下虽然早已泛满铜绿，却经年不改地为过往行人展示往日的尘世。就这样日复一日，陷入沉思的皮永半身斜卧手持纸笔，靠在尚未入睡的妻子身边。他们的墓床紧靠着公墓的外墙，与一幢居民楼正好连在一起，让你觉得这是邻居家的露天卧室。

巴黎人不仅在生活中爱书，给所有爱好读书与写作的人以自由。在几大墓园里，"书墓"同样随处可见。比如在拉雪兹神父公墓，我曾无意中撞见一位社会学家的墓，它是一本打开了的书。墓主马德·多甘教授今年已经 85 岁高龄。我曾冒昧地与他通了一次电话，电话那头多甘先生气定神闲，他说这墓是七八年前请人修建的，目的是想提前知道自己将来栖身于拉雪兹神父公墓里时是什么样子。由于多甘的墓穴紧靠着作家巴尔扎克，以致我在写作此文时眼前总有一种挥之不去的幻觉。我仿佛看见寂寞的老巴尔扎克坐在墓地的阳光下发出意味深长的叹息：邻家的房屋空置多年，怎么一直没人来住呢？恍惚之中，我似乎又听见了多甘先生的回答：墓里墓外幸福安康，我何必着那份急呢！

或许，人的高贵就在于他能够像修建墓穴一样安排自己的一生。对于一个思想者而言，文字就是他的墓穴。亲爱的，当你知道我为这座城市眷恋到心痛、时常为之潸然泪下的时候，你是否读懂我在心底破冰而出的欣悦与呼喊——在这短暂的一生中，如果不曾爱上巴黎，我的世界将是怎样黯淡无光！而我在心底仍有无限盼望：什么时候，当我路过东方的城市与墓地，没有一点阴森与恐惧。生者与死者，墓里墓外，阳光可以温暖我们的身骨？

【体验活动】

请参考下面的"死亡意愿书"，设计一份自己的死亡意愿书。

死亡意愿书

致我的家人、我的医师、我的律师及所有关心我的人：

死亡就如出生、成长、成熟、老化一样真实——这是生命的必然结果。若死亡时刻来临，而我不能再为己身之未来作任何决定时，本文件就是我意愿的一种表达，这是我在心智健全时签署的。

当我无法自严重的身体或心理残障中复原时，我希望能安然死去，切勿借助药物、人为方式，或"英雄式的处置"来维持我的生命。当我苦于疼痛时，希望各位能持怜悯之心给我止痛剂，即使会缩短我残余的生命亦然。

这份自白书是深思熟虑后才签署的，它乃根据我强烈的意愿与信念，渴望我所表达的意愿能在法律所允许的限度内得以实现。虽然截至目前，法律尚未有强制权，但我希望看到我的意愿书的人,能持道德勇气执行之。

日　　期:_____　　　　署名者:_____

见证人:_____

见证人:_____

此份请求的副本已交付:_____

_____

二、生命关怀

"科技发展到今天,医生面对的最大问题不是病人如何活下去,而是如何死掉。"不得"好死"——这可能是现在最被我们忽略的幸福难题。

美国是癌症治疗水平最高的国家,当美国医生自己面对癌症侵袭时,他们又是如何面对和选择的呢?2011年,美国南加州大学副教授穆尤睿,发表了一篇轰动美国的文章——《医生选择如何离开人间?和我们普通人不一样,但那才是我们应该选择的方式》。

"几年前,我的导师查理,经手术探查证实患了胰腺癌。负责给他做手术的医生是领域内的顶级专家,但查理却丝毫不为之所动。他第二天就出院了,再没迈进医院一步。他用最少的药物和治疗来控制病情,然后将精力放在了享受最后的时光上,余下的日子过得非常快乐。"

穆尤睿发现,其实不只是查理,很多美国医生遭遇绝症后都做出了这样的选择,"医生们不遗余力地挽救病人的生命,可是当医生自己身患绝症时,他们选择的不是最昂贵的药和最先进的手术,而是选择了最少的治疗"。他们在人生最后关头,集体选择了生活品质!

中国的死亡质量为什么这么低呢?一是治疗不足。"生病了但缺钱就医,只有苦苦等死。"二是过度治疗。直到生命最后一刻仍在接受创伤性治疗。尤其是后者,最让人遭罪。

肝癌晚期,老太太维多利亚问:"我可以去旅游吗?"医生亨利回答:"当然可以啊!"于是维多利亚便去了向往已久的地方。经济学人发布的《2015年度死亡质量指数》中,英国位居全球第一,中国大陆排名第71。何谓死亡质量?就是指病患的最后生活质量。英国为什么会这么高呢?当面对不可逆转、药已无效的绝症时,英国医生一般建议和采取的是缓和治疗。何谓缓和治疗?"就是当一个人身患绝症,任何治疗都无法阻止这一过程时,便采取缓和疗法来减缓病痛症状,提升病人的心理和精神状态,让生命的最后一程走得完满有尊严。"

缓和医疗有3条核心原则:

1.承认死亡是一种正常过程;

2.既不加速也不延后死亡;

3.提供解除临终痛苦和不适的办法。

英国建立了不少缓和医疗机构或病房,当患者所罹患的疾病已经无法治愈时,缓和医疗的人性化照顾被视为理所当然的基本人权。这时,医生除了"提供解除临终痛苦和不适症状的办法"外,还会向患者家属提出多项建议和要求:

1.要多抽时间陪病人度过最后时刻;

2.要让病人说出希望在什么地方离世;

3.听病人谈人生,记录他们的音容笑貌;

4.协助病人弥补人生的种种遗憾;

5.帮他们回顾人生,肯定他们过去的成就。

也许对于生命即将走到尽头的人来说,如何有尊严地死比痛苦地活着更有意义。那么,对濒临死亡者的照顾重点不再是如何延长生命的长度,而是如何丰富生命的密度。

✿ 三、珍爱生命

There isn't time, so brief is life, for bickerings, apologies, heartburnings, callings to account. There is only time for loving, and but an instant, so to speak, for that.

—Mark Twain, Letter to Clara Spaulding, 20 August 1886

100多年前,马克·吐温回首自己的人生,写下这样一段话:"时光荏苒,生命短暂,别将时间浪费在争吵、道歉、伤心和责备上。用时间去爱吧,哪怕只有一瞬间,也不要辜负。"

有人说生命大道的探寻如下:

珍惜生命——你只拥有一次生命!

自我做主——没有谁能代替你来活!

活在当下——假如明天不再来临?

全面拓展——你就是你与世界!

极限开发——创造自己都难以相信的奇迹!

很多同学说,要珍惜生命,但是"珍惜生命"四个字说起来非常的简单,做起来却不容易。在大学里,我们经常会看到这样的一幕:喝酒,打牌,通宵玩游戏,上课睡觉,抽烟。有人说,这是因为大学太自由了,不知道如何度过。那么,请大家体验"沉船游戏",或许会让你有所启发。

【体验活动】

活动主题:沉船游戏

活动目的:经历一次死亡的洗礼,体验一次生死抉择!珍爱生命,感受活着的美好。

活动方法:

1.拥抱幸福生活

今天,心情很好,天气晴朗。早上醒来,打开窗户,迎面吹来凉爽的风,还能听见小鸟动人的歌声!一切都是那么自然,那么协调。你深深地吸一口充满花香的空气。你伸一下懒腰,哇!一切都那么美!花香吸入你的鼻中,浸入你的肺腑,整个身心都是那么的舒畅。今天,你将要乘坐一艘豪华轮船到夏威夷旅行,一想到阳光、沙滩、碧海、蓝天,心情就像大海一样宽阔起来!

于是你背上了行李,来到了大海边,你大步踏上了一艘豪华的游轮。你走上去一看,哇!这条游艇上竟然有这么多个和自己一样心情愉悦的朋友也要去旅行。其中有好多人

图 8-2　美好旅途开启啦

竟然是自己认识的朋友。啊,感觉真好! 真是一个美妙的早晨! 游轮开始启动了,你站在甲板上,任海风吹拂着自己的面颊还有头发,好爽! 大海是那么的美,它把你的心都灌醉了。现在,你情不自禁地对着大海喊道:"大海,我爱你! 生活,我爱你! 我的朋友,我爱你! 我的家人,我爱你!"你沉浸在一片喜悦和欢乐的思绪里。

2.体验生死抉择——面临死亡

图 8-3　船难

　　突然"嘣!"的一声,你感到船被什么东西撞击了一下,接着开始剧烈地抖动。你预感到将有什么事情发生了。不幸真的降临了。船长悲伤地告诉大家,实在很对不起,非常抱歉,这条船撞上了冰山,还有 10 分钟就要沉掉了,但是只有一艘仅能容纳 4 个人的小船可供逃生,也就是这船上所有的人中只能有 4 个人可以生还。事实上,没有其他任何的办法可以让更多的人活着出去,即使你有再好的水性,只要你不上救生船,你就根本不可能活着回去。早上出来的时候,你连个招呼都没给家人打,一切都在这刹那间变化得这么快。你来不及想那么多了。现在只有 10 分钟的时间,你们这么多人只有 4 个人能上救生船。

由于时间紧急,在这生死攸关的时刻,请允许我行驶船长的权利,决定通过投票的方式决出谁可以上救生船逃生。

3. 体验生死抉择——为生命投票

所有的人站成一个"u"字形。每人发 4 张生死牌,随后大家依次走过船上所有的人面前,根据自己对生命的理解,进行投票,每次只能投一张。投票时大声告诉他:"×××,我愿意把生的机会留给你!""×××,你好好活着!"如果不投票给他,请给他一个拥抱或者握手,说声"对不起""很抱歉"。你可以给自己留住手中的票,也可以将手中的票全部奉献给他人。

4. 体验生死抉择——写下生命遗言

投票结束,手中牌最多的 4 个人坐在 4 张椅子上,其他所有的人围着椅子坐下。

朋友们,现在在离沉没还有一点时间,你们有什么话想对你的亲人说的吗?你们身上带有笔和纸吗?请你用 30 秒留下你给亲人最后的话语,写好后请救生船上的人帮带回去。写好之后就躺下……

5. 感受生命期盼

小船慢慢地离开了我们,渐渐地离你越来越远了。这个时候,你感觉到身体很冷很冷,身体慢慢地下沉,好冰好冰,这时候,你想起了你的父母亲、你的爱人、你的孩子,还有你的事业、你的理想,你不甘心生命就这样终结。你用尽了全身力气,想再一次把头挣扎出水面,可是你再也无能为力,再也办不到了,你感到自己越来越沉,越来越沉,慢慢地,慢慢地,你的头埋到了海水中,你停止了呼吸。

海难发生了以后,海事局出动了很多很多的救护船,到海上救援,打捞。消息很快就传到了你的家人那里。他们悲痛万分,你白发苍苍的父母,悲痛欲绝,带着一丝希望,纷纷赶到了海边,焦急地等待救护船归来。

听说救护船很快就要靠岸的时候,他们不顾一切地发疯一样向码头冲去,他们眼巴巴地看着,刚刚靠岸的救护船,抬下来一个人,不是你,第二个人也不是你,第三、第四个人还不是你。此刻,你的父亲、母亲悲痛欲绝,再也忍不住,瘫倒在地上。

亲人们一致要求哪怕是用尽所有的财产,砸锅卖铁,也要把亲人的尸体打捞上来。

一具具尸体从船上抬下来,还有六具、五具、四具——你的家人还有希望,他们盼望你能从船上走出来。又抬下一个,你的家人一看还不是你,他们还有希望,希望抬下来的不是你。又抬下一个,你的亲人一看,天啊,那就是你。

你的母亲轻轻地抚摸着你的脸颊,你那白发苍苍的老父亲微驼着背,红着眼睛,眼里已经没有一滴泪水,紧握的双手,已经在流血,站在风中,望着你的尸体,在他的心里,坚信你是不会死的,不会就这样离去的,你是那么爱他们,爱这个家,你是他们生命的延续,你是他的骄傲,怎么可能白发送黑发?这时候,你感觉到你的母亲像小时候一样,给你穿衣服,但这一次是寿衣。你感觉到你的身体被抬进一个空棺材,你看了这个世界最后一眼,棺材盖盖上了,上面传来了钉棺材的声音,你的周围也越来越黑,越来越黑,终于没有了一丝亮光。

6.分享生命遗言

请在"沉船游戏"的活动中得以逃生的 4 位同学,念一念其他同学交给你们的生命遗言。

全班同学分组,围成一圈坐好,每一位同学在小组内分享你刚才在"沉船游戏"的体验活动中,感受最深的东西。这个活动最触动你的地方是什么,你有哪些收获和思考,今后又有什么打算?

小组代表发言:每个组一个代表站起来分享。

活动要求:在活动过程中每一个同学都要身临其境地体会自己的心理历程,认真做好角色扮演。

体验过上面的活动,大家都有哪些感悟和思考? 我们应该怎样珍爱生命呢?

建议可以从以下 3 个方面做起:

(一)热爱生命

一方面,热爱自己的生命,永不放弃生的希望。一个人只要真正地热爱自己的生命,不管他遇到什么挫折、何种困难,他都不会轻易放弃自己的生命。另一方面,是珍惜和尊重他人的生命及生命的价值,也就是说,当他人的生命处于危难之时,需要我们伸出援手的时候,我们能够尽己所能,义不容辞地去帮助他人。

(二)提升生命的价值

提升生命的价值可以从这几方面做起:一是树立明确的人生目标;二是提前做好学业规划、职业规划;三是要脚踏实地,从一点一滴的小事做起。可以从树立自己的目标做起,首先分析自己的目标需要具备哪些条件,其次对照自己目前的情况跟目标之间还有哪些差距,最后分步骤、分阶段去培养、去努力,这样,就不至于在大学生活中感到空虚无聊并沉迷于网络和游戏中,而是脚踏实地做好每一件事情。

(三)拓宽生命的内涵

一是常怀感恩之心。我们在生命的旅程中,要常怀一颗感恩之心,感恩那些帮过我们的人和事,也要感恩那些给过我们挫折和磨难的人和事,正是这些人和事促使我们不断成长成熟;二是要善待身边的人,学会关爱他人。

拓展阅读→

年　轻
——塞缪尔·厄尔曼

年轻,并非人生旅程的一段时光,也并非粉颊红唇和体魄的矫健。

它是心灵中的一种状态,是头脑中的一个意念,是理性思维中的创造潜力,是情感活动中的一股勃勃的朝气,是人生春色深处的一缕东风。

年轻,意味着甘愿放弃温馨浪漫的爱情去闯荡生活,意味着超越羞涩、怯懦和欲望的胆识与气质。而 60 岁的男人可能比 20 岁的小伙子更多地拥有这种胆识与气质。没有人仅仅因为时光的流逝而变得衰老,只是随着理想的毁灭,人类中才出现了老人。

岁月可以在皮肤上留下皱纹,却无法为灵魂刻上一丝痕迹。忧虑、恐惧、缺乏自信才使人伛偻于时间尘埃之中。

无论是 60 岁还是 20 岁,每个人都会被未来所吸引,都会对人生竞争中的欢乐怀着孩子般无穷无尽的渴望。

在你我心灵的深处,同样有一个无线电台,只要它不停地从人群中,从无限的时间中接受美好、希望、欢欣、勇气和力量的信息,你我就永远年轻。一旦这无线电台坍塌,你的心便会被玩世不恭和悲观失望的冷雪所覆盖,你便衰老了——即使你只有 20 岁,但如果这无线电台始终矗立在你心中,捕捉着每个乐观向上的电波,你便有希望活出年轻的 80 岁。

只要勇于有梦,敢于追梦,勤于圆梦,我们就永远年轻!

第三节 大学生心理危机与应对

一、心理危机的含义

1954 年,美国心理学家卡普兰首次提出心理危机的概念。他认为,当一个人面临困难情境,且其先前处理危机的方式和惯常的支持系统不足以应对时,这个人就会产生暂时的心理困扰,卡普兰把这种暂时性的心理失衡状态称为心理危机。

可见,危机是个体的一种认识,当个体对当前境遇及自身解决境遇的能力进行综合评估后,发现不能及时应对或解决困难时,危机就会出现,除非及时缓解或转移危机,否则会导致情感、认知和行为方面的功能失调甚至紊乱。

·【知识链接】·

创伤后应激障碍

创伤后应激障碍指人在遭遇或对抗重大压力后,其心理状态产生失调的后遗症。这些经验包括生命遭到威胁、严重物理性伤害、身体或心灵上的胁迫。主要症状包括做噩梦、性格大变、情感解离、麻木感(情感上的禁欲或疏离感)、失眠、逃避会引发创伤回忆、易怒、过度警觉、失忆和易受惊吓。

二、大学生心理危机的分类

根据布拉默的应用危机理论,大学生的心理危机主要包括发展性危机、境遇性危机和存在性危机三个方面。

(一)发展性危机

发展性危机是指在个体正常成长的发展过程中,急剧变化或转变所导致的异常反应。例如,小孩出生、大学毕业、中年生活改变或退休都可能导致发展性危机。对大学生而言,新生入学不适应、不喜欢所学专业、考研受挫、找不到合适的工作等都可能导致发展性危机。发展性危机被认为是正常的,但是每一个个体、每一个发展性危机都是独特的,因此,必须以独特的方式进行评价和处理。

(二)境遇性危机

境遇性危机指当出现罕见或超常事件,且个体无法预测和控制时出现的危机。交通意外、被绑架、被强奸、集体抵制和失业、突然的疾病和死亡都可以导致境遇性危机。区分境遇性危机和其他危机的关键在于它是随机的、突然的、震撼的、强烈的和灾难性的。

(三)存在性危机

存在性危机是指伴随着重要的人生问题,如关于人生目的、责任、独立性、自由和承诺等出现的内部冲突和焦虑。存在性危机可以是基于现实的,如一个人进了大学后觉得自己对专业压根就不感兴趣,因此讨厌读书;存在性危机也可以是基于后悔的,如某男生大学四年都未曾有勇气向自己暗恋的女生表白,结果对方出国了,自己再也没有机会;存在性危机还可以是基于一种压倒性的、持续的感觉,如某学生觉得自己的大学生活是毫无意义的,无法正确管理时间,只能在网络游戏中找寻充实和成就感。对于大学生而言,是否转专业、是考研还是工作,选择哪一个工作等冲突都有可能发展成存在性危机。

危机其实包含了两层含义,它既是危险的挑战,也是一种机遇,即危险与机遇并存。正确面对危机,能让我们获得成长的收益,在下次面对危机时,更加从容成熟。

三、自杀及危机干预

自杀是一种严重的心理危机。人在选择死亡之前往往有很多种想法,或者已经找寻了几种办法自救。一条条路都是他们的希望,只有当其他道路都标示着"此路不通"时,自杀者才会真正考虑死亡。而这种"标示"往往是当事人自己的想法,当人们看不到希望的时候就会选择逃避之中最极端的行为——死亡。在自杀之前,自杀者用各种方法考察自杀的可行性,最后开始实施。

人们往往有一种误解,认为欲自杀者不过说说罢了,"好死不如赖活着",谁会真的去死呢?但是人们在极大的挫折或应激情况下,如果不能处理当前问题,往往觉得只有死路一条,进而采取自杀行为。

以下是几种对自杀的错误认识:

(1)自杀是突发的,无规律可循;

(2)谈论自杀的人不会自杀;

(3)情绪好转后,自杀意愿就没有了;

(4)一般人不会有自杀念头;

(5)对有自杀倾向的人不要谈论自杀。

研究发现自杀者具有一些特征:

(1)境遇特征:欲自杀者遇到的刺激是不能忍受的心理痛苦,心理需求遇到强烈的挫折。

(2)意动特征:欲自杀者认为自杀是为了寻求解决问题的办法。

(3)情感特征:情感上欲自杀者绝望无助,对自杀的态度又是矛盾的。其实欲自杀者希望与别人交流,通常欲自杀者会在真正付诸行动之前,有意识或无意识地引起他人的注意,谈论到自杀。

因此,自杀不是无迹可寻的,自杀前往往有一些预兆,如:

(1)把自己想死的念头对周围的人诉说或在日记、绘画中表现出来;

(2)情绪性格明显反常,表现出焦虑不安,或无故哭泣;

(3)抑郁状态,食欲不好,失眠;

(4)回避与人接触,与集体不融洽或过分注意别人;

(5)行为明显改变,对生活麻木且冷漠的人,自杀前像突然变了一个人,变得敏感与热情;

(6)无故送东西、送礼物给亲人或同学,无来由地向他人道谢或致歉;

(7)上课无故缺席,迟到早退,成绩骤降。

当出现以上情况时,要引起老师和同学们的注意,及时帮助有自杀倾向的同学。

在危机干预过程中,可以遵循以下步骤:

(1)确定问题。从求助者的角度理解并确定求助者本人所认识的问题。以求助者的眼光来看问题非常重要。如果干预者确定的问题不是求助者所认知的,那么以后的干预行动很可能就失去了靶心,没有任何意义。

(2)保证欲自杀者的安全。这是整个过程中都要首先考虑的。

(3)给予支持,让对方相信"这里有一个人确实关心你"。

(4)帮助欲自杀者认识到还有其他方式可以选择,并帮助欲自杀者制订计划,提高他们的自控性和自主性,恢复他们的自制能力。此外,还应该得到欲自杀者的承诺,特别是不再采取自杀行动的保证,以确保计划的有效性。

自杀危机干预时非常重要的是倾听,了解他此时的心理状态。

面对自杀这一沉重的话题,我们更需要做到的是预防。预防自杀很重要的一点,是要加强生命意义的教育。

研究发现,自杀的人缺乏对生存的重要信仰和价值的认识,当他们遇到较大的压力时,往往会放弃解决问题的努力和尝试,选择轻生。许多人自杀是由生存的空虚感造成的。因此,人们需要认识到生命的意义,绝不仅仅在严重压力之下,也在他们的日常生活中。而对于生命意义的教育,是目前大学课堂里十分欠缺的。

中国人民公安大学教授李玫瑾做过一场《人生没有迈不过的坎》的讲座,有人问他:"生命是自己的,我为什么不能决定了断自己的生命?"生命究竟是谁的? 一个人凭什么长大? 这个世界上最灿烂的现象是什么? 生命究竟意味着什么?

他说,生命的意义首先需要一种告知:

我们是否告诉过孩子:生命是情意的牵连,从出生起,妈妈每天的期待就是看着你一天一种变化,生命在于源源不断,生命更在于一种报恩与情意的美……

我们是否告诉过孩子:个人生命虽然有限,但有限的生命可以创造无限的奇迹,这世上最伟大的奇迹都是生命活动的痕迹,从思想名著,到令人陶醉的音乐,从让全世界受益的电的发明到深究生命起源的科学探索,生命的价值就在于让这个世界丰富多彩。

我们是否告诉过孩子:生命也像变化莫测的天气,急风暴雨后会有绚烂的彩虹。人生没有过不去的坎,磨难能使生命更有力量。而有力量的生命才能有更多的生命感受与奇迹。

·【知识链接】·

世界预防自杀日 ◎

2003 年 9 月 10 日被世界卫生组织定为首个"世界预防自杀日"。为了唤起公众对自杀的关注,世界卫生组织和国际自杀预防协会呼吁各国政府、预防自杀协会和机构、当地社区、医务工作者以及志愿者们,加入当天的各项地方性行动中,共同提高公众对预防自杀问题的重视,降低自杀率。

四、幸福之道

探究生命,寻求生命的意义,感悟人生,追求生活的质量、生命的品质,都是为了更好地活着,为了追寻快乐与幸福。那如何才能获得幸福呢?

(一)学会感恩

感恩是一种积极的、乐观的心态。感恩可以是病床上奄奄一息的患者看到第二天初升的太阳,可以是沙漠中断水口渴之人举步维艰时发现了一片绿洲,也可以是迷茫无助时的"柳暗花明又一村"。感恩不同于一般意义上的感谢、感激,而是一种更深的、发自内心的生活态度,对生活感恩,其实也是善待自己。

哪怕是痛苦,哪怕是磨难,也要以开放的心态去接受它,感谢它,而不是逃避或压抑它。

📖 **拓展阅读→**

不经历痛苦，不生而为人
——罗洛·梅

在19世纪中叶，海德格尔、尼采和克尔凯郭尔等哲学家挑战社会教条并要求人们放开思想去完全理解人类的经验，这场运动被称为"存在主义"。自由意志、个人责任感和如何解释我们的经验等是存在主义学家最感兴趣的问题，他们想要知道人类存在的意义到底是什么。

心理学家罗洛·梅在《焦虑的意义》中第一次将这种以人为本的哲学取向引入心理学，因此罗洛·梅通常被后人称为存在主义心理学之父。

罗洛·梅将人生看作人类经验的集合，痛苦是人生的普通成分，而非病态的标志。不言而喻，作为人类，我们倾向于追求让我们感到舒服的经验。我们享受着熟悉的环境，喜欢能让心理和生理感觉保持平衡和放松状态的经验。然而，这种倾向导致我们将经验标记为"好的"或"坏的"，依据仅仅是它们所带来的快乐或不适的水平。罗洛·梅说，这样做对我们是有百害而无一利的，因为如果我们不把这些自己正在抵抗的东西视为人生的自然组成部分，那么我们的人生就不会得到无限的成长和发展。

罗洛·梅提出，在人生中，我们要平等地接受所有形式的经验，而不是逃避或否认那些我们判断为不舒服或不愉快的经验。我们还需要接受"消极"感受，而不是逃避或压抑它们。他说，痛苦和悲伤并不是病态，它们是人生的本质和核心，它们非常重要，因为它们促使我们得到心灵的成长。

（二）把握当下

相传幸福是个美丽的玻璃球，跌碎散落在世间的每个角落。有的人捡到多些，有的人捡到少些，却没有人能拥有全部。爱你所爱，选你所选，珍惜现在所拥有的一切。人活着就是一种心情，把握今天，设置明天，储存永远。只要用心感受，幸福就会永远存在。

个人增加幸福感的方式：把每天做的事情、花的时间，带来的内心感受全部记录下来。有了这样一份清单，你能很清晰地看到，自己在一天的时间里做了哪些事情是拥有幸福感的，又有哪些事是不得不做但对自己并不是那么有价值，看了这一份清单，你对于一切都了然于心。你可以坚定地对一些事说"不"，同时也可以把自己的时间和精力投入到更值得的事情中。

金钱和幸福并不是成正相关。在拥有了良好的经济条件后，并不能百分百地拥有幸福感。因为要获得幸福感，还需要有很多其他的条件，如感恩、同情、坦率、健康等，很重要的一点就是要活在当下。

一天天地过，日子可能不好过，可是一分一秒地过，日子可就轻而易举了。如果我们把每件事都分解成一小段一小段的话，所有的事都会变得很容易。如果你认真对待每一寸时光，你就没时间后悔，没时间担忧，而只专注于眼前的事情。

拓展阅读→

佛和蜘蛛的对话

　　从前，有一座圆音寺，香火鼎盛，在庙前的横梁上有只蜘蛛，由于多年来受到香火和虔诚祭拜的熏陶，逐渐有了佛性。一日，佛祖光临圆音寺，不经意抬头，看见了横梁上的蜘蛛，便问蜘蛛："你我有缘相见，问你一个问题，看你修炼了这一千多年来，认为世间什么才是最珍贵的？"蜘蛛想了想，答道："世间最珍贵的是'得不到'和'已失去'。"佛祖点点头，离开了。

　　又过了一千年，一日，刮起了大风，风将一滴甘露吹到了蜘蛛网上。蜘蛛望着甘露，见它晶莹透亮，心中顿生欢喜之意。蜘蛛每天看着甘露很开心，觉得这是三千年来最开心的事。然而好景不长，一阵大风将甘露吹走了。蜘蛛一下子失去了甘露，内心感到万般失落和惆怅。这时佛祖又来了，问蜘蛛："这一千年来，你可好好想过：世间什么才是最珍贵的？"蜘蛛想到了甘露，对佛祖说："我已经深深领悟到世间最珍贵的就是'得不到'和'已失去'！"佛祖说："好，既然你有这样的体悟，我让你到人间走一回吧！"

　　就这样，蜘蛛投胎成了一位富家千金，名叫蛛儿。一晃眼，蛛儿已经长成一位婀娜多姿的少女。这一日，新科状元郎甘鹿中第，皇帝在后花园为他举行庆功宴席。席中邀宴许多妙龄姑娘，包括蛛儿，还有长风公主。状元郎在席间大献才艺，令在场的少女为之倾倒，但是蛛儿既不吃醋也不紧张，因为她知道，这是佛祖赐予她的姻缘。

　　几天之后，很凑巧的，蛛儿陪同母亲到圆音寺上香拜佛的时候，正好甘鹿也陪同母亲前来。蛛儿和甘鹿便来到走廊上聊天，蛛儿很开心，终于可以和喜欢的人在一起了，但是甘鹿并没有表现出喜爱蛛儿的意思。因此蛛儿便问甘鹿："你难道不曾记得十六年前，发生在圆音寺的事了吗？"甘鹿很诧异地说道："蛛儿姑娘，你人长得漂亮，也很讨人喜欢，但你的想象力未免丰富了点吧！"说罢便和母亲离开了。

　　蛛儿回到家，心想，佛祖既然安排了这场姻缘，为何不让他记得那件事，甘鹿为何对我没有一丝一毫的感觉？几天后，皇帝下诏，恩赐新科状元甘鹿和长风公主完婚，蛛儿和太子芝草完婚。这一消息对蛛儿来说宛如晴空霹雳，她怎么也想不透，佛祖竟然这样对她。几日来，她不吃不喝，穷究急思，灵魂就将出壳，生命危在旦夕。太子芝草知道了，急忙赶来，扑倒在床边，对奄奄一息的蛛儿说道："那日，在后花园众姑娘中，我对你一见钟情，我苦苦哀求父皇，他才答应将你许配给我。如果你死了，那么我也活不下去了。"说罢便拿起了宝剑准备自刎。

　　就在这时，佛祖来了，他对快要出壳的蛛儿灵魂说："蛛儿，你可曾想过，甘露（甘鹿）是由谁带到你这里的呢？是风（长风公主）带来的，最后也是风将它带走的。甘鹿是属于长风公主的，他对你而言不过是生命中的一段插曲。而太子芝草是当年圆音寺门前的一棵小草，他看了你三千年，爱慕了你三千年，但你却从没有低下头看过它。蛛儿，我再来问

大学生心理健康教育

你：世间什么才是最珍贵的？"蛛儿听到这些真相之后，顿时大彻大悟。她对佛祖说："我明白了，世间最珍贵的不是'得不到'和'已失去'，而是当下能掌握的幸福。"刚说完，佛祖就离开了，蛛儿的灵魂也回位了，睁开眼睛，看到正要自刎的太子芝草，她马上打落宝剑，和太子紧紧相拥……

是啊，世间最珍贵的不是"得不到"和"已失去"，而是现在能把握的幸福。

我们曾不止一次地听到这样的怨叹："我竟然等到现在，等到癌症缠身，才学会如何生活，多么可悲啊！"生命是不能延迟的，一定要活在当下，不能拖到周末、度假、孩子们长大，或是退休以后。那么，就请你把握当下，活好现在，幸福也就会随之而来。

思考题

1.有人说："生命的成长没有界限，没有假期，也没有终点。"你认同这种观点吗？为什么？

2."生命的意义是要在其历程中体会，而不是仅在其目的中寻找。"你如何理解这句话？

推荐阅读→

陆幼清.生命的留言.北京：华艺出版社，2000.

推荐理由：这是一本晚期癌症患者写下的日记，记录了一个即将告别世界的癌症患者的生命体验。2000年，陆幼清走完了自己37岁的短暂人生，为我们留下了这本书以及一种对待生命的方式。他与死神有约，但他的文字里没有黑色，始终充满了坦然、智慧和感悟，带给我们深深的感动与震撼。

参考文献

[1]本书编写组.心理学百科[M].徐玥,译.北京:电子工业出版社,2014.

[2]陈济川.大学生心理健康教程[M].厦门:厦门大学出版社,2013.

[3]陈家麟.学校心理健康教育[M].北京:教育科学出版社,2002.

[4]邓丽芳,郑日昌.大学生心理健康教育[M].北京:开明出版社,2012.

[5]樊富珉.大学生心理健康教育研究[M].北京:清华大学出版社,2002.

[6]樊富珉.当代大学生心理健康教程[M].湖北:武汉大学出版社,2006.

[7]郭丽.心花幽香:大学生恋爱心理个案解析[M].广州:华南理工大学出版社,1999.

[8]胡德辉.大学生心理与辅导[M].广州:中山大学出版社,2000.

[9]胡凯.大学生心理健康新论[M].湖南:中南大学出版社,2003.

[10]胡佩诚.青年科学性教育[M].南昌:二十一世纪出版社,2003.

[11]黄希庭.心理学导论[M].北京:人民教育出版社,1991.

[12]黄希庭,徐凤姝.大学生心理学[M].上海:上海人民出版社,1988.

[13]黄希庭,郑涌.大学生心理健康教育[M].2版.上海:华东师范大学出版社,2009.

[14]蒋乃平.职业生涯规划[M].北京:高等教育出版社,2009.

[15]廖斌.大学生心理健康教育[M].厦门:厦门大学出版社,2016.

[16]连榕,张本钰.大学生心理健康[M].2版.北京:北京师范大学出版社,2016.

[17]刘晓明,杨平.大学生心理健康教育——体验.认知.训练[M].北京:科学出版社,2009.

[18]梅传强.大学生心理健康教育[M].北京:中国法制出版社,2001.

[19]申继亮.大学生心理健康教育读本[M].北京:高等教育出版社,2007.

[20]唐柏林.大学生心理健康教育[M].四川:四川教育出版社,2006.

[21]覃壁清.有趣的心理学 -心理学这样解读世界[M].北京:时事出版社,2016.

[22]唐仁郭,唐文红.致心灵——大学生心理健康教育课程教案集锦[M].桂林:广西师范大学出版社,2015.

[23]王球云,聂晓文.大学生假性同性恋的问题与对策[J].当代教育理论与实践,2012(12):86—87.

[24]文书锋,胡邓,俞国良.大学生心理健康通识[M].2版.北京:中国人民大学出版社,2013.

[25]王文鹏,王冰蔚.高校学生心理健康教育与指导[M].北京:清华大学出版社,2011.

[26]谢炳炎.大学生心理健康教育与指导[M].长沙:湖南大学出版社,2006.

[27]熊培云.巴黎基地书[J].南风商,2005(09):88—89.

[28]姚本先.大学生心理健康教育[M].安徽:安徽大学出版社,2011.

[29]姚本先.心理学[M].北京:高等教育出版社,2005.

[30]叶琳琳.大学生心理健康教育与心理素质训练[M].北京:北京师范大学出版社,2013.

[31]赵冰洁.大学生心理健康教育理论与实践[M].长春:吉林大学出版社,2004.

[32]祝蓓里.青年期心理学[M].上海:上海人民出版社,1986.

［33］张大均.大学生心理健康教育［M］.北京:科学出版社,2010.

［34］张宏如,曹雨平.当代大学生心理学［M］.北京:首都经济贸易大学出版社,2004.

［35］张继如.大学生心理素质教育［M］.内蒙古:内蒙古大学出版社,2003.

［36］张增杰.论大学生心理［M］.武汉:西南师范大学出版社,1986.

［37］郑洪利.大学生心理素质训练教程［M］.上海:上海交通大学出版社,2005.

［38］周家华,王金凤.大学生心理健康教育［M］.3版.北京:清华大学出版社,2010.